法律社会学论丛

本书由上海文化发展基金会图书出版专项基金资助出版

法律方法

李瑜青⊙等著

华东理工大学出版社
EAST CHINA UNIVERSITY OF SCIENCE AND TECHNOLOGY PRESS
·上海·

图书在版编目(CIP)数据

法律方法/李瑜青等著. —上海：华东理工大学出版社，2017.4
法律社会学论丛
ISBN 978-7-5628-4894-3

Ⅰ.①法…　Ⅱ.①李…　Ⅲ.①法律-方法-高等学校-教材　Ⅳ.①D90-03

中国版本图书馆 CIP 数据核字(2017)第 003701 号

内容提要

本书聚焦法律方法的问题。法律方法为法律判断的形成提供工具，并为法律判断提供合法性保证，对法治社会的建设有着重要的作用。然而，要实现这些价值和作用，首先必须解决几个基本问题，即什么是法律方法、为什么要用法律方法、法律方法和其他的方法是什么样的关系、怎样运用法律方法等。为此，本书试图深刻而全面地解答、阐释这些问题，为广大需要运用法律方法的读者答疑解惑。总体来说，本书是应用性的，也是理论性的；而在法治中国、法治社会建设颇受重视的当下，本书更是具有使命感的。

项目统筹 / 刘　军
责任编辑 / 高　虹
装帧设计 / 戚亮轩
出版发行 / 华东理工大学出版社有限公司
地址：上海市梅陇路 130 号，200237
电话：021-64250306
网址：www.ecustpress.cn
邮箱：zongbianban@ecustpress.cn
印　　刷 / 上海崇明裕安印刷厂
开　　本 / 710 mm×1 000 mm　1/16
印　　张 / 14.25
字　　数 / 194 千字
版　　次 / 2017 年 4 月第 1 版
印　　次 / 2017 年 4 月第 1 次
定　　价 / 56.00 元

序

这是一部专门讨论法律方法问题的专著，是李瑜青教授和他的团队经多年研究的新成果，书中有不少具有重要意义的新见解。

从法学方法到法律方法，本书在结构设计上就显得颇有态度。从方法论广阔的视野到方法在具体案例中的细腻阐述，本书将宏大和深刻、细腻和可操作糅于各个章节之中，将这两种评价作为坐标系，恰可以画出有序可循的余切函数，结构设计颇显功底。全书无不体现出作者对于法教义学和社会法学的学说知识的把握以及其所持的社会法学立场，特别是在附件中关于立法方法的论述，亦有颇深的立意和理论深度，而这一附件不仅仅构成文章的补充，亦能跳脱出文章的框架，独立成篇而又与全书态度相互呼应。

通过本书，我们不仅可以对法律方法的问题产生更为深刻而全面的认识，也可以感受到作者在理论研究中努力探索的心路历程。因此，这部凝结着作者知识和汗水的书稿，不仅仅是一座知识库，也促使人们就这个题目不断地做深入的探究。

李瑜青

2017.1.6

前　言

20 世纪 90 年代，笔者在做法哲学学习研究时，对法学方法、法律方法等问题有一定的关注，1999 年发表的《方法论的运用和法哲学的定位》一文，算是对这个志趣的一个明确表达。跨过世纪之年后，笔者有幸进入法社会学领域进一步研究法学的一些基本问题，而其中的方法论问题更是笔者研究的重点。之后的几年，笔者的《法理学》《法律社会学理论与运用》《人文精神与法治文明关系研究》《法律社会学导论》等专著出版，其中都谈到了对于法学方法、法律方法的一些见解。而这几年来，随着对法律实践的接触日渐加深，对于法学方法、法律方法的相关问题亦有了更为深刻、更为全面的认识。这样一回顾，写作此书，似乎不仅是为了更为深刻、更为全面地解答关于法律方法的困惑，也是向这么多年来所坚持的志趣迈出新的一步。于是乎，经过几年来忙里抽闲的辛勤写作，我和我的一些研究生合作，本书的初稿终于完成了。虽然经过多次修改和重整的书稿依旧显得有些粗糙和肤浅，但是对于笔者来说，这本书稿意义非凡。

笔者特别要说明两点。其一，本书从方法论的视野谈起，把区分法学方法和法律方法作为首要的问题，由对法学方法的研究转入对法律方法的研究。这种结构设计在法律方法的相关著作中是鲜见的。笔者亦考虑到这种结构设计可能引起的一些疑惑。之所以如此，正如笔者在前面讲到的，该书稿是笔者这些年来对于法律方法研究的一些心得，而笔者对于法律方法的研究与之前对于法学领域方法论的研究是有着密不可分的联系的。这一结构设计不仅是笔者思学历程的一种呈现，而且，笔者也相信这一结构设计能更深刻、更全面地帮助读者认识和运用法律方法。其二，笔者在本书中努力做到深刻、全面地把法律方法呈现出来，较系统地阐述法律方法的运用过程，但这只是一厢情愿而已。摆在读者和同仁面前的本书，对于法律方法的分析是否深刻，对于法律方法的阐述是否全面，还有待大家的评说。因此，真诚地希望读者、同仁能不吝赐教。

目　录

第一章　方法上的一个问题

——法律方法运用中为何要重视法学方法

第一节　问题的提出

围绕法律方法和法学方法这两个概念，学理界和实务界有不少讨论。在法律方法与法学方法的概念认识上，多数学者趋向一个共识性的结论，即认为法律方法一般是指法律适用的方法，而法学方法主要是指法学研究的方法。虽有这般共识，法律方法与法学方法之间的关系，也还是如同"Juristische"与"Rechtswissenschaft"概念一样，难以在所谓狭义与广义的范畴内谋求到真正清晰的结论。[①] 因而，有我国学者尝试用某种概念，或是法

① 郑永流主张法学方法与法学研究方法同义，法律方法则是应用法律的方法；参见郑永流："法学方法抑或法律方法"，载《法哲学与法社会学论丛（六）》，中国政法大学出版社2003年版，第25页。陈金钊主张法学方法是有关学术研究和探讨的方法，而法律方法则是有关法律实践的方法，是理解、解释和应用法律的方法；参见陈金钊：《法律方法论》，北京大学出版社2013年版，第28页。林来梵认为将法学研究方法与法学方法此类概念等同，是一种误解；参见林来梵、郑磊："法律学方法论辩说"，载《法学》 （转下页）

学方法论，又或是法学方法与法律方法中的一者，来统筹法律方法与法学方法。[①]但是，“法学方法论”一词，在我国大陆地区，被用来专指法学研究方法的总体，已有时日。[②] “法学方法”与“法律方法”的广义与狭义之分，又难免有混同之嫌，陷入语言学的泥沼，不利概念价值与意义的彰显。

事实上，德国学者卡尔·拉伦茨的著作《法学方法论》未删减版中，同时兼有法律适用方法以及法学研究方法的内容。这已揭示，法律方法与法学方法，两者即使在概念内涵以及价值、意义等方面有着显著的不同，其也有着密切、不可分割的联系。[③] 追本溯源，我国大陆理论界对法律方法、法学方法的研究承袭自我国台湾地区，而我国台湾地区又源自德国。正如有学者总结的那样，德国的“法学方法论”一般在两种意义上使用：第一，把它作为一个与法哲学、法律理论、法教义学等并列的学科，进行了哲理化的处理；第二，把它作为一个与法律解释等同的概念，探讨法律适用中的各种法律解释的方法。在德国，即使是以案件的正确解决为主要目标的法律方法适用，通常也都会被归结或涉及哲学意义上的法学方法。[④] 可见，很多时候，法学研

(接上页) 2004 年第 2 期。戚渊主张法律方法是应用法律的方法，表现为创制、执行、适用、衡量、解释、修改等，法学方法则是研究法律和法律应用的方法，表现为分析、批判、综合、诠释、建构等；参见戚渊：“法律方法与法学方法”，载《政法论坛》2009 年第 2 期。此外，法学方法还被视为法学方法论，认为其就是民法的解释学，其与现在的法律方法概念的范围并无二致；参见梁慧星：《裁判的方法》，法律出版社 2012 年版，第 3 页。进而，也有学者认为，法学方法就是指法律适用的方法；参见舒国滢：《法学方法论问题研究》，中国政法大学出版社 2007 年版，第 36 页。诸如黄茂荣、杨仁寿等台湾学者，也秉持类似的观点；参见黄茂荣：《法学方法与现代民法》，法律出版社 2007 年版；杨仁寿：《法学方法论》，中国政法大学出版社 2013 年版。本书就法学方法与法律方法等定义，采用理论界共识性的结论，即前者为法学研究的方法，后者为法律适用的方法。

① 例如周永坤主张法学方法包含价值评价、实证方法以及技术意义的方法，其是将法律方法吸收入法学方法体系中；参见周永坤：“法学的学科定位与法学方法”，载《法学论坛》2003 年第 1 期。胡玉鸿主张“法学方法论”作为法学研究中方法的总体架构与体系，涵盖法学研究方法和法律生成与适用的方法两种具体方法；参见胡玉鸿：“方法、技术与法学方法论”，载《法学论坛》2002 年第 1 期。黄竹胜倾心于法律方法与法学方法共收于法学方法论体系的做法；参见黄竹胜：“法律方法与法学的实践回应能力”，载《法学论坛》2003 年第 1 期。严存生主张以广义的法律方法，来统筹法律法学方法与狭义的法律方法，他认为广义的法律方法包括立法的方法、司法的方法和从事法律研究与教育的方法，后者即法学方法；司法的方法，即适用法律的方法，属于狭义的法律方法；参见严存生：“作为技术的法律方法”，载《法学论坛》2003 年第 1 期。

② 张文显：《法哲学范畴研究》，中国政法大学出版社 2001 年版，第 15 页。

③ 以拉伦茨为代表的一批德国学者在对待法律方法的问题上，并没有排斥法学研究方法。参见郑永流：“法学方法抑或法律方法”，载《法哲学与法社会学论丛（六）》，中国政法大学出版社 2003 年版，第 22－23 页。

④ 葛洪义：“法律方法与几个相关概念的比较”，载《法制与社会发展》2010 年第 3 期。

究方法与法律适用方法是被用于同一语义范畴的。[①] 法律方法与法学方法间，也是存在着密切的、近乎概念本源性的、根本性的联系。哪怕是在法律适用方法的实践应用过程中，法学方法的身影也衔尾相随。这不是一般对这个问题做一个简单说明就完事了，当我们讨论法律方法时，如何从理论和实践的两个方面进行论证，这是本书所要做的工作。

一、法学研究方法与法律适用方法的区别

法学方法与法律方法间本源性的密切关系，并不意味着模糊两者的区别。恰恰相反，正是法学方法与法律方法在概念内涵等方面的种种不同，才赋予了法学方法之于法律方法的本源性意义与影响。“方法”是为解决特定问题或实现特定目标而采取的手段或工具。按照我国理论界共识性的观点，法学方法是指法学研究领域中所使用的研究方法；法律方法则是在法律适用、应用领域中所使用的方法，其进一步可归纳为在特定的法律制度内适用以及发现相关法律规则和原则，并据此解决具体法律纠纷或争议问题的方法总和。[②] 在此基础上，法学研究方法与法律适用方法两者的区别，主要有以下几方面：

第一，从方法的归属上看，法学研究的方法属于法哲学的范畴，其所指向的问题是哪种理论更为正确地对存在的法律问题或法律现象做出说明这一法哲学问题。这里面包括了对法律适用过程中所涉及方法进行的研究，是法学研究中的形而上的问题。因此可以这样说，法学研究方法更关注法的本身、法的本原、法的本质，什么样的法律是良法以及使用何种方法可以更能够在当下对法律做出说明之类的问题。而法律适用的方法属于实践方法论的范畴，解决的是如何在当下适用法律这一法哲学的第二问题，是法的形而下的问题；它关注的是在法律实践过程中，运用何种方法，如是运用三段论演绎推理的方法还是援引司法判例，是固守法律规则还是为了实现个

---

① 潘德勇：《实证法学方法论研究》，中国政法大学出版社 2015 年版，第 11 页。
② 刘治斌：《法律方法论》，山东人民出版社 2007 年版，第 4 页。

案的正义而采用某些法律原则来处理具体案件的问题。

第二，从方法追求的目的来看，法学研究方法重视价值和意志的实现，关注的是法旨在实现怎样的价值，体现怎样的意志的问题，研究的是法与正义、自由、秩序、人权、效率的关系等诸如此类的问题，探讨法体现的是神的意志、君主的意志、统治者的意志抑或普通民众的意志等这样一类问题。而法律适用方法强调的是知识与理性的运用，即在法律的实践领域如何运用所掌握的知识和理性进行司法裁判的问题。法律方法是法律职业者运用专有的法律知识和经过长期培养形成的特有的法律思维来分析社会生活中具体的案件，进而作出理性的判断，从某种意义上说法律的实践活动是排斥主观感情色彩浓重的感性因素的。

第三，从方法的内部构成上来看，法学研究方法有不同的层次之分，包括法学研究方法的方法论问题，主要指马克思主义的唯物辩证的方法，还有法学研究的基本方法，如阶级分析方法、价值分析方法、实证分析方法、历史考察的方法、比较的方法、语义分析方法、社会效益和经济效益的分析方法等，更多的是学术界在进行理论研究时所涉及的方法。法律适用方法中的诸多方法则是一种平行关系，包括法律发现、法律推理、法律论证、法律解释、漏洞补充、价值衡量等，更多的是司法行政等执法部门在具体适用法律的过程中使用的方法。

第四，从方法运用的方式来看，法学研究方法是一种人文活动，法学本身是一门人文科学，法学方法的运用具有创造性、评价性，是一种价值实现和意志体现的活动。而法律适用方法是一种“技术”活动，它注重逻辑推理，寻求个案的正确处理。在具体的司法实践中，大多数情况下运用的都是逻辑上的三段论的演绎推理方式，即把某一规则用于某一具体案例，作出一项司法判决。它主要是针对个案进行的，是一种针对具体案件的解决方法。

第五，从方法运用的主体来看，法学研究方法的使用者大多是理论研究者，包括法学的理论研究者和教育者。他们关注的无论是理想中的法还是现实中的法，都是从理论层面来思考问题，即使有一些法学家或者法学教育者有从事法律实践的经历，但在进行法学研究时也是从理论层面加以抽象、概括、分析，以求对法律实践有更好的指导作用。法律适用方法的使用者多是法律实践中的实务工作者，包括立法者、执法者和司法者，其中最主要的是法官、检察官、律师。他们是法律在社会生活中的直接运用者，是将文本中的法律转化为实践中的法律的实际操作者。他们在实践中运用各种法律方法使法律在解决具体纠纷中发挥作用。

二、法学方法的特征

法学研究方法与法律适用方法之间所存在着的诸多区别，其实是一种表象的反映，这些表象受制于法学研究方法的核心特征的作用与影响。以法学研究方法为主要内容的法学方法，其特征表现多样，然而其核心的特征则较为集中，一般表现为本质的理论性特征、灵魂的批判性特征与具体的多元性特征。

（一）理论性的本质特征

理论，可以解释为是关于对客观事物的本质及其规律性形成的系统认识，它经过逻辑论证和实践检验并由一系列概念、判断和推理表达出来。[①]因此，描述一个方法具有理论性的特征，这个理论性一定是在强调对一定对象所形成的系统性解释，这种系统性解释被转化为方法应用于对一定事物的说明或分析。此外，在不太严格的意义上，某种观点，或者是有关现实某一领域的任何抽象的、一般性的陈述，也可宽泛地称其为理论。[②] 所以，事物的理论性特征也在很大程度上说明其表现出一般性、抽象性、主观性的色彩。法学方法所具有的理论性特征，不但是其区别于法律方法指向内容的体现，也是其自身最为本质性的特征。

以法学研究方法为主要内容的法学方法所指向的对象当然十分丰富，

---

① 杜吉泽、李维香：《自然辩证法简明教程》，高等教育出版社 2007 年版，第 85 页。

② 关于理论的定义，不同的学科、不同的学者有着不同的见解。参见风笑天：《社会学研究方法》，中国人民大学出版社 2001 年版，第 22 页。

它所指向的一些领域是法律方法所无法进入的，如法的本质问题。这是一个事实，从古希腊、古罗马时期直至今日的法学研究，都涉及“法律(法)是什么”以及“法律(法)应该是怎么样”等问题。各种各样的法学研究方法，无论在外部表象上有何种差异，但其方法所指向的落脚点却是共同的，都涉及对这些问题的解释。例如在法理学研究中，法学方法被运用来实现对法一般性问题的诠释，在一般性的意义上阐释何为法律。而在部门法的法学研究中，法学方法被运用来构建具体的部门法体系，其在具体的部门法与法律问题中，进行法律应然性的论证。而“法律是什么”与“法律应该是怎么样”等这些法学研究的问题，均是理论问题，意在解决如法律的本质、特征、内在发展的规律性、法律体系构建的基础等。据此，作为具体研究理论性问题的手段，法学方法也就与生俱来地拥有了理论性的属性特征。

同时，法学研究方法在对法律内在规律的研究过程中，也实现了其自身内容的理论化。这样的理论化在早期，表现为法学方法的抽象性和主观性，以古希腊、古罗马乃至中世纪、近代的法学研究最甚。此时，人们一般是通过对自然现象以及社会现象形而上地思辨，对外部事物观察之后的抽象的主观思考和想象来对“法律是什么”这个命题进行回答。古希腊的亚里士多德、斯多葛学派，中世纪的托马斯主义法学，以洛克、霍布斯、卢梭等为代表的古典自然法学，在法学研究方法上都表露出上述特征。[①] 17、18 世纪之后，虽然法学研究方法逐渐摆脱了形而上的抽象性、主观性，但也在理论性的另一个维度，即系统性的知识体系上有所发展。这一时期的法学研究方法，由于经历了较长时间的沿革，知识体系已近完善。以实证分析研究方法、历史研究方法、社会学研究方法等为代表的主要法学方法，经过发展，孕育了分析实证主义法学、历史法学、法社会学等拥有独特研究方法的法学流派，其

① 古希腊时期的法学研究方法并不独立，其主要依托对外部社会事物的观察。奥古斯丁、托马斯·阿奎纳的经院主义法学研究所倚重的也主要是想象。而古典自然法学，有着实证的一面，即引入笛卡尔、莱布尼茨等人在数学上的方法。参见舒国滢：“17、18 世纪欧洲自然法学说：方法、知识谱系与作用”，载《比较法研究》2014 年第 5 期。但诸如洛克与霍布斯二人对自然状态完全不同的描述，以及卢梭的社会契约理论，仍然具有强烈的“先验”想象色彩。

方法也成了独立的理论学说。法学方法的理论性特征，也在新的时期彰显出新的表现形式。

（二）批判性的灵魂特征

批判性，即对正确与错误的思想、言论或行为的系统地分析、否定、发展。作为法学方法的特征，批判性不仅居于核心地位，同时也是法学方法的灵魂所在。灵魂，原意指附着于人躯体上作为主宰的一种非物质性的事物，后被用来比喻那些起指导和决定作用的因素。[①] 批判性在法学方法发展过程中的作用，正是决定性的，是其发展的内在动力。可以说，放弃了批判性的灵魂，法学方法也就陷于停滞，流于躯壳。

一方面，对法律问题、社会现象的批判，是法学方法存在的基础，不同的法学方法也被拿来作为不同时代、不同语境下的法律批判甚至社会批判的工具。由于法学方法致力于实现法律的合理化，其当然性地怀疑实然存在的法律的正当性，不以实在法律规范为绝对权威，因此其具有“天然”的反抗色彩。这使得法学方法在早期进而成了人们进行社会批判的工具。正如英国历史法学学者梅因对自然法学所作的评价一样：“时代越黑暗，则诉诸自然法和自然状态便越加频繁。”[②]在人类历史中，自然法学呼唤理性、价值分析的研究方法，在中世纪后成了人们反抗封建君权、宗教神权的工具。而告别了“革命”时代，实证主义的法学研究方法又成为人们批判实在法律的有力武器。在理论研究中，学者们以不同的法学研究方法，来对具体的法律问题进行研究，又以不同的法学研究方法来对自己提出的“应然内容”予以论证。人们对法律问题认识的变化，其背后正是不同法学研究方法的批判性运用。假使离开了对法律问题、社会现象的批判，则法学的研究方法也就失去了用武之地，沦为装饰之物。

---

① 参见《现代汉语词典》，商务印书馆 2004 年版，第 802－803 页。
② ［英］梅因：《古代法》，沈景一译，商务印书馆 1959 年版，第 53 页。

另一方面,法学方法间的相互批判,是法学方法发展的活力源泉。法学方法的发展历史,可以分为非实证主义时期与实证主义时期。非实证主义时期的法学方法体现出价值分析的特点,以托马斯主义法学与经院主义法学的意志论以及古典自然法学的理性论为主,两者分别是以神的意志与理性作为法学研究的方法。[①] 但该时期,法学方法整体种类有限,与古希腊、古罗马时期并没有本质性的区别。相比之下,法学方法的实证主义时期,则是法学方法的发展高峰,而这高峰源于18、19世纪,绵延至今。其最初的发展形态,是边沁、奥斯丁等对自然法学研究方法的批判。此后伴随着分析实证主义对自然法学研究方法的批判,萨维尼、梅因等提出了法学研究的历史实证主义进路,埃利希、庞德等人提出了法学研究的社会实证主义进路,马克思与恩格斯则提出了法学研究的经济阶级分析的进路,新的研究方法在这一时期开始不断涌现。这些新的研究进路与方法,不只是对非实证主义法学研究方法的批判,同时也是对分析实证主义等其他法学实证主义研究方法的批判。在批判与被批判之中,法学方法也开始了自我丰富、自我完善的过程。以分析实证主义法学研究方法为例,时至今日,在与历史研究方法、社会学研究方法、新自然法研究方法等的碰撞中,其研究方法也已经不再局限于实在规范的实证分析,在语义分析的基础上也开始强调对法律规则以外的社会因素进行分析。[②] 各个不同的法学研究方法,在彼此间的批判中,迎来了各自的发展新纪元。

(三) 多元性的具体特征

"多元性",专指在某种程度上相似但又有所不同的事物的组合。法学方法的多元性,既是对现状的具体描述,也是一种未来的发展趋势。[③] 较长的历史沿革之后,法学方法已由单一的方法种类发展到多元化的表现形式。在与其他学科研究方法的不断融合、相互借鉴过程中,多元性,作为法学方

① 曹茂君:《西方法学方法论》,法律出版社2012年版,第178-179页。
② 何勤华:《西方法学流派撮要》,中国政法大学出版社2003年版,第92-93页。
③ 李其瑞:"论法学研究方法等多元化趋向",载《法律科学》2004年第4期。

法的具体特征，表现得也愈发明显。

传统法学研究方法是以意志论、理性论等为代表的形而上的价值分析法，至18世纪，实证分析的研究方法渐渐成了法学研究方法的主流。此时的法学方法之间，处于互相批驳的阶段，即认为不同的法学方法之间存在取舍关系。然而随着19、20世纪的到来，以及法学方法间的碰撞，使得原先对立的法学方法开始了共存的融合，多元的局面开始形成。而这种多元性，首先在法学方法内部以共存的形式出现。还是以分析实证方法为例。在奥斯丁时期的分析实证主义法学，以规范分析方法作为法学研究的主要方法，但至凯尔森的"纯粹法学"时期，凯尔森开始认同法律社会学、法史学等方法的意义，而到了哈特的新分析实证主义法学时期，价值分析法作为"最低限度的自然法"的要求也得到了承认。在当代，任何一个人意图运用一种法学方法进行法学研究，都不再可能不接触其他法学方法。因为无论是价值分析法还是实证分析法，或者是社会分析法等法学方法，都在内部实现了与其他不同法学方法间的多元共存。

法学方法的多元性特征还在于对其他学科研究方法的吸收、引入，尤其是社会分析法等社会科学的研究方法。传统法学研究方法，无论是形而上的价值分析，还是实证分析法，都只是在法律的范畴内进行研究。而随着多学科的交融，一些学者将原本属于社会学的研究方法引入法学研究中，使得法学方法不再只是具备法学属性，而是开始具有了多元化的学科方法属性。与社会学研究方法进入到法学方法行列一样，历史分析法也在此时成了法学方法的一员。除了社会学研究方法等的引入，20世纪后，经济学的经济分析法甚至一度成了法学研究中的主流方法之一，并以此方法形成了独具特色的法经济学，强调法律实效的研究。哲理法学所提倡的哲学方法、马克思主义法学所主张的阶级分析法虽然并不是法学研究方法的主流，但也构成了法学方法多元性的一角。近年来，心理学的研究方法在法学方法中也越发得到重视，并有逐渐形成法律心理学的趋势。可以说，社会分析法、历史分析法、经济分析法、哲学分析法、阶级分析法、心理学分析法等来自其他学科的研究方法，正在不断丰富、强化法学方法的多元性具体特征。

由于法学研究方法的多元性，就要求法学研究方法不能是一个封闭的、自足的体系，而是一个开放的体系。从法学发展的历史来看，可以发现法学研究方法也随着人类知识和经验的积累不断发展和完善，在不断吸收和借鉴其他学科的研究方法时更新自身的方法体系。随着法学自身的不断发展，法学研究方法也在发展。以自然法学理论为例，就经历了古典时期法学的哲学思考、中世纪的经院主义式的论证方法、中世纪后期的以注释分析为主兼采用历史和比较的方法、近代自然法学的以纯理性和逻辑思辨的方法进行的法律推导、20 世纪自然法学在吸纳其他理论的基础上的再生等阶段。当代法学研究的方法复杂多样，如哲学方法、历史方法、逻辑分析方法、语义分析方法、经济分析方法、社会学方法、比较方法等。可见法学研究方法的体系随着法学的不断发展而不断更新和深化。

三、法学方法对主体的要求

在法学方法的主体认识上，一直存在一种观点，即认为法学方法要求主体是高等院校或科研院所的学者、法学研究人员，而律师、法官等人则不是法学方法的主体。但事实却是，律师与法官同样也是法学方法的主体。律师与法官在从事法律活动时，典型的特征是在法律的范围内使用法律方法，但有时候，律师与法官也会自觉或不自觉地使用其他法学方法。

“布兰代斯诉讼法”(Brandeis brief)是美国司法史上十分有趣的律师辩护方式，其主要是指律师在书面辩护意见中并不援引过多的法律先例，而是罗列案件所涉及的社会事实以及统计数据，以此来实现辩护的目的。该方法是由美国知名律师、后担任联邦最高法院大法官的路易斯·布兰代斯于穆勒诉俄勒冈州案(Muller v. Oregon)中首创的。[①] 在这之后，哈默诉戴根

① 该案争议的焦点涉及判定俄勒冈州制定的一项将女工的工作时间限制在 10 小时内的社会福利法案是否违宪，而当时美国最高法院在之前的洛克纳诉纽约州案中(Lonhner v. New York)判定纽约州的此类立法违宪。因此，布兰代斯放弃了传统的法律辩护方式，转而援引 100 多页的医学报告等材料，证明女工在长时间劳动中所受到的伤害，以此来证明俄勒冈州立法的合法性。当时，布兰代斯的书面辩护意见书中涉及法律先例的援引内容仅有两页。可参见 *Muller v. Oregon*，208 U. S. 412. 421. (1908)。转引自任东来、陈伟、白雪峰：《美国宪政历程：影响美国的 25 个司法大案》，中国法制出版社 2005 年版，第 155 页。

哈特案（Hammer v. Dagenhert）、布朗诉教育管理委员会案（Brown v. Board of Education）中，“布兰代斯诉讼法”被多次引入和使用，尤其是在布朗诉教育管理委员会案中。[①] 理论上，社会调查等社会科学方法并不是法律方法，甚至也不是传统的法学方法。但在与社会学研究方法的融合中，法学方法已经越发重视社会调查的作用，社会调查作为进行法学社会分析的重要具体方法，也在法学方法中取得日益重要的地位。而以布兰代斯、约翰·戴维斯、瑟古德·马歇尔等人为代表的美国律师，在援引判决先例不利的情形下，都不约而同地使用社会调查等社会科学方法来处理具体的法律争议纠纷。他们放弃了规范实证分析的先例，转而使用社会分析的实证路径。[②] 可见此时的律师，是有意识地选择了一种法学方法，而不是原有的法律方法进行法律活动。

与律师类似，法官也会不自觉地成为法学方法的主体，尽管这样的情形在法官的日常法律活动中并不多见。在21世纪初的中国，就发生了一起典型的法官放弃规范分析法，使用社会分析法、价值分析法裁决案件的情形，即四川泸州遗赠案。[③] 在该案的审理中，主审法官并没有依据《继承法》的规范分析路径，承认张对黄财产基于遗赠的所有权，而是以《民法通则》公序良俗的道德价值分析，以黄的遗赠行为违反公序良俗为由，否定了其行为的法

---

① 布朗案中，当时的律师，后来的联邦最高法院大法官瑟古德·马歇尔直接向法院提交了《强制隔离的心理作用：一个社会科学意见的调查》的证据，以社会科学的方法来作为支持己方的论据。虽然马歇尔的调查报告最终没有被最高法院引用，但法院依然引用了大量社会科学研究成果，在判决中有7份社会调查方法和心理学试验方法的引用，在这里法官也成了法学方法的主体。除此以外，还有一些案件中，类似的社会调查方式也在不同程度上被运用，相关信息可参见[美] 汉斯·采泽尔、戴维·凯：《用数字证明——法律和诉讼中的实证方法》，黄向阳译，中国人民大学出版社2008年版，第139页。

② 布兰代斯与戴维斯面临的判决先例不利，主要是洛克纳诉纽约州案（Lonhner v. New York），可参见胡晓进、任东来：“保守理念与美国联邦最高法院——以1889—1937年的联邦最高法院为中心”，载《美国研究》2003年第2期。马歇尔主要面对的是普利西诉弗格森案（Plessy v. Ferguson）确立的“隔离但平等原则”，该案可参见*Plessy v. Ferguson*，163 U.S. 537(1896)。

③ 该案发生在20世纪末的中国四川省。四川省泸州市的黄永彬与妻子蒋伦芳结婚多年，后与张学英来往，并公开同居，但黄与蒋并未离婚。2001年2月起，黄病重住院，立下遗嘱，将财产遗赠给张，该遗嘱后得到公证。黄去世后，张根据遗嘱向蒋索要财产，遭到蒋拒绝，遂向人民法院起诉。法院一审审理后驳回了张的诉讼请求。张不服，后提起上诉，二审法院审理后依然驳回了其请求。参见“[2001]泸民一终字第621号”。

律效力。本案的判决在当时引起了轩然大波，各路学者们纷纷站队点评。[①]关于本案法官所运用的方法，有人认为是法律漏洞的补充，但本案其实并没有严格意义上的法律漏洞。因此，即使在法律方法的范畴内选择，利益衡量的说法也更显合理。然而，这种利益的衡量，与利益法学观点及方法类似，在实际运用中，法官的思维又表现为道德判断，与价值分析方法相仿。更重要的是，在最后的裁判中，明显可以看到法官业已意识到依据《继承法》裁判将会带来的社会负面影响，实质上法官已经进行了社会分析法的运用。虽然最后，法官还是使用法律条文来裁判，即援引《民法通则》，但支撑其整个裁判的思维，已经不再只是法律方法。法官在裁判的过程中，事实上不自觉地进行了法学方法运用，成了法学方法的主体。

可以看到，当律师与法官在面对原有规范分析的法律方法无法帮助他们进行纠纷处理之时，他们就会自觉不自觉地转而使用其他法学方法来处理法律争议纠纷。而这样的自觉不自觉随着时间的推移，法律规范的滞后以及社会纠纷的复杂化也越发明显。[②]

除了在这种形式下，律师与法官成为法学方法的主体外，律师与法官还可以毋庸置疑地以法学研究人员的身份，自觉地成为法学方法的主体。约瑟夫・斯托里与奥利弗・霍姆斯就是两位典型的学者法官。斯托里在联邦最高法院大法官任内，就开始在哈佛大学任教，参与建立了哈佛大学法学院，并在法学研究领域著述甚多。[③] 霍姆斯更是作为美国现实主义法学的奠基人，曾任哈佛大学法学院教授。他将自己的现实主义法学观点以及方法

① 例如范愉、杨立新等人在当时进行了激烈的争论。时至今日，围绕该案判决的相关讨论依然在进行，在中国知网以全文检索“泸州遗赠案”，自 2008 年之后，针对该案每年仍会有数十篇的探讨。比较典型的有林来梵、张卓明：“论法律原则的司法适用：从规范性法学方法论角度的一个分析”，载《中国法学》2006 年第 2 期；郑永流：“道德立场与法律技术：中德情妇遗嘱案的比较和评析”，载《中国法学》2008 年第 4 期；何海波：“何以合法？对‘二奶继承案’的追问”，载《中外法学》2009 年第 3 期；吴丙新：“法律漏洞补充理论的三个基本问题”，载《法制与社会发展》2011 年第 2 期；郑玉双：“法律道德主义的立场与辩护”，载《法制与社会发展》2013 年第 1 期等。

② 在我国，尤其是在家庭婚姻案件的处理中，价值分析与社会分析法学方法的运用逐渐多见。大量尊重社会公序良俗、朴素民意的判决不断涌现。

③ ［美］伯纳德・施瓦茨：《美国法律史》，王军译，法律出版社 2007 年版，第 74 页。

运用到了他的裁判中，以“伟大的异议者”的法官身份被世人铭记。[①] 在我国，学者型的法官或者有学者经历的法官同样不少。近年来，法官、律师以学者身份进行的法学研究论著也甚为丰富。仅在中国知网上，以“法院”为作者单位进行检索，自 1994 年后每年便有各类期刊论文数千篇，2008 年后，基本稳定在每年 3 000 篇。而律师自 2006 年后，平均每年在中国知网上可查询到的法学期刊论文便有 1 000 多篇，其中不乏《中国法学》《中国社会科学》《法学研究》《知识产权》《政治与法律》《政法论坛》《比较法研究》这些国内顶级刊物上的论文。[②] 这些不知凡几的论文，都是法官与律师以法学方法进行法学研究思考的例证。

那么，法学方法对主体是否有要求？笔者认为法学研究不仅是学术旨趣的问题，更是研究的科学性问题。在中国的法律实践中，法学研究者有必要特别关注以下几点：

第一，法学研究要求研究主体立足本土。当代中国法学研究就是为了解决我国的现实问题，因此法学研究应该关注中国本土的问题，研究者应该围绕当代中国的法学问题以及法律实践展开，应当关注当代中国人的需求。长期以来我们受西方法学的影响，习惯于用西方的法学理论解释问题，用西方的衡量标准评价我国法治发展的状况，而忽略了我们本土自身的特点。在此，强调中国的法学研究应该回归到中国的本土，立足我国现在的国情，考察我国法治过程中出现的问题，同时要注意中国法治的地方性，考虑中国的民情和中国人的法律理念及法律意识，用中国人的眼光、中国人的思维、中国人的标准衡量中国的法治。我们可以借鉴西方的法学理论，但绝不能做简单的拿来主义；不能生搬硬套，盲目推崇，要将国外的理论转化成与我

① 事实上，美国法官、律师、学者之间并没有天然的职业鸿沟，不少法官都拥有学者经历。以目前美国联邦最高法院的大法官为例，埃琳娜・卡根曾长期任教于芝加哥大学与哈佛大学，后一度出任哈佛大学法学院院长。鲁斯・巴德・金斯伯格在十九世纪六七十年代曾长期从事法学研究，还获得了哥伦比亚大学终身教授职位。此外，像约翰・罗伯茨等，虽并没有法学院教授的经历，但多有担任《哈佛大学法律评论》等法学杂志的执行编辑、主编经历。

② 查询日期 2016 年 4 月 11 日。

国实际的法治状况相符合的理论来研究我国法律实践。我们也要注重吸收中国传统法学研究中的精华，重视中国法治的本土资源，不断深入我们的法学研究，解决我国法治的实际问题。

第二，法学研究要求研究主体立足当下。法学研究是伴随着法学的发展不断展开的，法学的发展也不断地为法学研究提供新的内容、新的视角。可以说，随着社会的进步，法学在不断发展，这就要求法学的研究也要与时俱进，研究当下中国的法学问题。这就是说研究 21 世纪中国社会的法律问题，而不是一味专注于两千年前的法制思想或法律传统，倾心于从古代的故事、戏剧中寻找法学研究的门径，要知道研究过去是为了找到解决当下问题的方法，而不是脱离现实纯粹地研究历史。立足当下，要求研究者还要注意不要从自己的立场出发来考量、评价当代中国的社会生活和法律秩序，而是要以当代中国人的立场来看待问题，回应当代中国人的现实需求。

第三，法学研究要求研究主体立足现实实践。法学说到底是一门世俗适用的学问，应当用来解释、解决现实生活中存在的问题。法学研究也应该从人们的社会生活、社会秩序出发，研究现实社会中人们的行为，关注法律实践中的具体问题，也就是说法学研究是为了解决现实问题，是为了给法律实践提供更多的指导，而不是仅仅关注研究结论是否合乎理性、符合逻辑。法学研究要求研究主体必须回到现实，立足当下中国的法律实践，考察法律实践中的难题，探究现象后的社会根源，把具体的法律问题放在社会的大背景下进行分析、研究，在法律实践中发现问题，分析原因，寻找解决问题的方法，使法学理论更加贴近现实，贴近社会生活，从而能够更加理性地解决现实世界中的法律问题。

法学研究主体要做到立足本土、立足当下、立足现实实践，就应当继续运用唯物辩证方法进行研究，将法放在整个社会中进行考察，注意法和其他社会现象的联系和相互作用，实事求是地用发展的观点观察和分析当下中国的法律问题。

第二节　法学方法从法学理论转换

如同法学方法与法律方法的联系一样，法学方法与诸法学流派间的关系同样也是那般紧密。甚至很难说，究竟是这些法学方法造就了法学流派，还是法学流派成就了法学方法。但可以确定的是，法学流派的沿革生动化了法学方法的内容，而法学方法间的交融、碰撞，又进一步繁荣了法学流派的发展。因而，在主要法学流派的演变之中，总能看到法学方法活跃的身影，人们也总能从各个法学流派里发现独特的法学方法。

一、自然法学派的理论及其转化

自然法学派，是目前法学理论界三大主流法学流派之一，同时也是历史最为悠久的法学流派。其在法学发展的历史中，经历了繁荣、衰败与复兴的过程，在法学思想史上有不可替代的地位。就如同梅因所说："如果自然法没有成为古代世界中一种普遍的信念，这就很难说思想的历史，因此也就是人类的历史，究竟会朝哪一个方向发展了。"①

(一) 自然法学派的理论及其演变

自然法学派的理论演变可以分为四个时期：首先是古希腊、古罗马的朴素自然法时期；其次是中世纪的神学自然法时期，该时期的自然法学又被称为经院主义法学；再次是近代 17、18 世纪的古典自然法时期；最后是 19 世纪末 20 世纪初的现代自然法时期，更多时候此时的自然法学被冠以新自然法学之名。

朴素自然法时期，自然法学的理论体现出"自然"的朴素色彩。该时期

① [英] 梅因：《古代法》，沈景一译，商务印书馆 1959 年版，第 43 页。

主张自然法的学者主要包括古希腊的智者学派、斯多葛学派以及苏格拉底、柏拉图、亚里士多德、伊壁鸠鲁，古罗马的西塞罗、塞涅卡等人。其中，苏格拉底、柏拉图、亚里士多德等人在当时提出了自然法与人定法的概念，苏格拉底认为自然法是自然规律，其和城邦一样，是源自神的意志，高于人定法。他提出了著名的命题，即“合乎法律的即是正义的”。亚里士多德则主张自然法是反映自然秩序的法，是普遍的、永久不变的法。不过，他认为所有的自然法与人定法，都必须符合正义。[①] 与苏格拉底等人零星地涉及自然法不同，斯多葛学派关于自然法的理论则较为系统，并影响了以西塞罗、乌尔比安为代表的一批古罗马学者。[②] 他们竭力主张自然法，并将“自然”或者“自然法”作为哲学体系的中心，认为自然法是基于自然之理性，高于一切法律，且是一切法律的来源，也是衡量法律的唯一标准，其通行于整个宇宙，制约着世界上的所有人。基于自然法，斯多葛学派进而主张由于神赋予每个人相同的理性，因此人与人之间是平等的，这与苏格拉底、亚里士多德的自然法理论相比，无疑有了巨大的突破。[③]

神学自然法时期，顾名思义，是自然法理论与宗教神学的结合。该时期的代表人物为奥古斯丁与托马斯·阿奎纳。由于托马斯·阿奎纳在这中间的杰出贡献，该时期的自然法学除了经院主义法学外，又有托马斯主义法学之名。奥古斯丁是神学自然法的奠基人，他以基督教教义为内容，提出了“双城论”，以上帝的“永恒法”替代了自斯多葛学派以来的“自然法”，主张国家必须服从教会，世俗的法律必须服从上帝的“永恒法”。托马斯·阿奎纳的贡献主要是将奥古斯丁的神学法思想与古希腊亚里士多德、斯多葛学派的自然法思想进行了融合，并提出了“四类法”概念。[④] 阿奎纳认为，世上的

① 何勤华：《西方法律思想史》，复旦大学出版社 2009 年版，第 10 页。

② [美] E. 博登海默：《法理学：法律哲学与法律方法》，邓正来译，中国政法大学出版社 2010 年版，第 17－26 页。

③ 鄂振辉：《自然法学》，法律出版社 2005 年版，第 22－23 页；何勤华：《西方法律思想史》，复旦大学出版社 2009 年版，第 12－13 页。

④ 何勤华、严存生：《西方法理学史》，清华大学出版社 2008 年版，第 18 页。

法律分为四类：第一类是上帝创造的“永恒法”。永恒法，是上帝理性的代表，统治整个宇宙，也是一切法律的本原，其他任何法律都要无条件地服从永恒法。第二类是人对“永恒法”的理解产物，即“自然法”。人虽然并不能窥悉永恒法的全貌，但永恒法中的部分内容人们可以以自然法的形式理解，此时的自然法是人作为理性动物对永恒法的参与。第三类是“人法”，即国家的制定法。国家的制定法依据于自然法，从自然法中来，同时也必须服从永恒法。第四类是教会的“神法”。神法的意义在于弥补人法的不足。

古典自然法时期，是自然法学派历史中最具“革命性”的阶段。这一时期，受到文艺复兴运动、宗教改革与启蒙运动的影响，自然法学以张扬“人的理性”为主要表现特征。这一时期的自然法学理论，也进入了成熟阶段，是自然法学的“黄金时代”，有众多值得称道的人物，如荷兰的格劳秀斯、斯宾诺莎，英国的霍布斯、洛克，法国的孟德斯鸠、卢梭，德国的普芬道夫等。这些人中，格劳秀斯奠定了近代自然法学的基础，其主张自然法源自人的理性而非神的理性，将自然法从中世纪神学的桎梏中解放出来；霍布斯则提出了著名的“性恶论”的自然状态观、“利己主义”以及寻求自保和平、遵守契约、不许忘恩等自然法原则与内容；洛克主张自然状态的完美无缺，强调自然权利的不可剥夺、不可转让性；孟德斯鸠则主要以三权分立的构想及反对社会契约论的另类观点为人们所熟识；卢梭作为古典自然法时期最后的巨人，以人的情感为出发点重新建构了理性、自然法，提出了自己的社会契约、人民主权观点。[①] 综合来看，古典自然法时期的自然法学派，一方面完成了对封建王权以及神权的批判，主张自然法得以实施的最终保障应从统治者的智慧和自律中去寻找，另一方面又从自由主义的内涵上彰显了自然法内容，强调以一种权力的分立来保障个人的天赋神圣权利以免受政府的侵害。[②] 这一时期的自然法学派，在学术上的逻辑起点是对自然状态的描述，理论内容

---

① 何勤华：《西方法律思想史》，复旦大学出版社 2009 年版，第 74－100 页。

② ［美］E. 博登海默：《法理学：法律哲学与法律方法》，邓正来译，中国政法大学出版社 2010 年版，第 43 页。

上强调理性主义，重视自然权利，普遍肯定人民主权以及社会契约理论。

经历了古典自然法的“黄金时代”后，自然法学陷入了发展的低谷，在18、19世纪兴起的众多法学流派的夹缝中进入了“黑暗时期”。到19世纪末20世纪初，乃至第二次世界大战后，自然法学才以“新自然法学”的面貌开始了漫长的复兴步伐。首先开始复兴自然法学脚步的是以鲁道夫·施塔姆勒为代表的新康德主义自然法，尤以后期古斯塔夫·拉德布鲁赫的转变为标志，随后是以雅克·马里旦为代表的新托马斯主义自然法和朗·富勒为代表的新自然法。有些人还把约翰·罗尔斯与罗纳德·德沃金也归为新自然法的代表人物。现代复兴的自然法学理论，受到法社会学、分析实证主义法学的影响，不得不在内容上进行妥协。例如，富勒在坚持法律道德性的同时，主张程序自然法作为法律的内在道德，从中对分析实证主义法学的理念进行了接纳，同时也不再主张将自然法作为一种最高准则，而是作为一种具体规则。此外，现代自然法时期的自然法，不再寻求先验与永恒的绝对基础。古典自然法学认为理性可以成为自然法永恒不变的价值基础，现代自然法学放弃了理性绝对基础的观点，转而依托正义、平等、自由、效率等概念，在价值上转向多元与相对主义。①

（二）作为方法论的自然法学理论

自然法学的理论几乎与法哲学有着一致的路径。② 从自然法学理论的演变中，可以发现一条共同性的线索，即任何一个时代的自然法学学者都在试图寻找超越实在法的评价要素，他们都将某一要素置于高于实在法的地位。这样的超越性要素，在柏拉图与亚里士多德时期表现为正义，在奥古斯丁与阿奎纳时期表现为上帝，在古典自然法时期表现为理性与自然权利，在新自然法时期则表现为多元化的自由、公平、正义、秩序、效率等。而自然法

① 何勤华：《西方法学流派撮要》，中国政法大学出版社2003年版，第8页。
② ［德］阿图尔·考夫曼：《当代法哲学和法律理论导论》，郑永流译，法律出版社2002年版，第53页。

学的其他所有理论，也几乎都围绕着这个核心的超越性要素展开。据此可见，自然法学理论在研究方法上一直秉持的是一种价值分析的方法，即从某一价值要素出发，对实在法进行分析、评价，并以该价值要素为核心构建应然意义上的法律。[①] 该方法直接的结果，即产生“恶法非法”的命题。

从方法论意义上说，自然法学的价值分析法建立在三个逻辑假设之上。[②] 其一，即存在高于实在法的某价值。该假设是自然法学价值分析法运用的前提假设。早期的自然法学学者一直主张在实在法之上存在某种永恒不变的价值，该价值指导着现实的实在法立法活动，实在法不能与该价值违背，因为它是永恒不变的、至高无上的，是实在法合法性的根本来源。其二，即存在人与人之间的普遍共性。该假设是适用第一个假设的前提，正是人与人之间存在基本的普遍共性，因而该高于实在法的某价值，才能普及于不同地域、不同国家，才能具有超越时空的永恒价值。该高于实在法的某价值，也正是基于人与人之间的普遍共性。其三，这种基于人与人之间普遍共性的某价值是需要得到普遍遵守的。这是自然法价值分析中不言自喻的一个假设。只有具备该假设，自然法学以该高于实在法的价值构建法律体系、评价实在法才有的放矢。

然而，自然法学的价值分析法被批评，也正是来自这些逻辑假设，尤其是关于存在高于实在法的某价值的前提假设。由于无论是正义还是理性与自然权利，都无法摆脱“先验”与“模糊”的色彩，因此，自然法学状态下的法律状态充满了不稳定性，法律的约束性效果并不能达到。所以说，自然法学以及价值分析法能在法律规范以及法治的建构上发挥的作用有限。但该假设具备的强烈“批判性”特征，其以实在法外的价值因素来评价实在法，将人

---

① 自然法学的方法论，受到笛卡尔科学方法论以及莱布尼兹数学方法的影响，也确实包含诸如“演绎推理”等科学实证的内容，诚如一些学者总结的，描述为“自明原则＋演绎”与“经验＋归纳”似乎更合适。参见周雪峰、李龙：“从方法论视域论理性的法和法的理性：兼论自然法学与实证法学的异同”，载《贵州大学学报（社会科学版）》2010 年第 6 期。但这种实证的色彩，不影响价值分析法在自然法学方法论上的地位。

② 胡玉鸿：“西方三大法学流派方法论检讨”，载《比较法研究》2005 年第 2 期。

类自身的追求托付于一个客观、普遍、永恒的公式，该公式得以在不同时期丰富自己的内容，使得其可以在社会变革之时发挥重要的作用。这也是为什么亚历山大·登特列夫发出“如果没有自然法，恐怕也不会有后来的美国与法国大革命，而且自由与平等的伟大理想，恐怕也无法进入到人们的心灵，再从而进入法律的典籍”这般感慨的原因。①

除了对社会发展起到突出的作用外，价值分析法作为自然法学的方法，还直接与法律方法有联系，这也是其生命力绵延至今的原因之一。价值分析法和法律方法的关联性，多出现在如下场合：一是实在法与一般价值预设出现冲突的时候，二是两种不同的价值出现冲突的时候。② 形象地说，法律适用的过程中不可避免会出现各种形式的冲突与漏洞，这些冲突与漏洞有些来自法律内部，可以通过法律内部的规则予以解决，有些则是因为法律的滞后性或者语言的模糊性，其无法通过法律内部的规则来解决。这时候，就需要借助法律外部的因素来实现判断，得出唯一性的结论。在具体法律方法中，该借助行为一般对应的是法律解释中的目的解释、不确定概念的价值补充以及利益衡量。尤其是利益衡量的方法，它是指在严格适用法律规范内容会造成利益的不平衡之时，法官率先进行利益价值的实质判断，再寻找法律依据的方法。这里，法官进行利益衡量的方法，实质上就是一种价值分析，是在做一种价值判断。第二次世界大战后的纽伦堡审判，其实就是一次先予以价值实质判断，再寻找法律规范依据的实践。③ 至于目的解释与不确定概念的价值补充，更是在法律适用过程中进行价值分析、判断的典型表现。

如此，笔者就自然法学理论转化为方法，突出强调以下方面：

其一，预设了法律背后的终结价值，具有很强的批判功能；

---

① [意] 登特列夫：《自然法——法律哲学导论》，李日章等译，新星出版社 2008 年版，第 8－9 页。

② 谢晖：“论诸法学流派对法律方法的理论支援”，载《法律科学》2014 年第 2 期。

③ 不过此次实践最终并没有找到可以裁判的法律规范依据，因此转而选择了国际法与自然法，当然这是后话。

其二，面对疑难案子，为法律工作者在运用技术理性对案子进行分析时，选择合理的价值分析判断找到根据。

二、实证法学派的理论及其转化

实证法学派不是一个严格的概念。除了自然法学外，18、19世纪发展起来的诸多法学流派都具有实证的特点，它们都受到以奥古斯都·孔德为代表的实证主义哲学影响。在此，介绍的主要是狭义上的实证法学派，即影响现代法学界最深的分析实证主义法学派。可以说，分析实证主义法学派从诞生之初，即站立在自然法学的对立面。自然法学的衰败，拉开的正是分析实证主义法学的兴盛帷幕。虽然第二次世界大战在对纳粹战犯审判事件中给分析实证主义法学极大的打击，但直至今天，分析实证主义法学仍是占据主要统治地位的法学流派。

（一）实证法学派的理论及其演化

分析实证主义法学与休谟、边沁等的哲学思想有着密切关系。正是休谟、边沁等人对自然法哲学基础的批判，为分析实证主义法学的发展奠定了基础。分析实证主义法学派的发展历史虽然不及自然法学悠久，但也可大致分为三个时期，第一个时期是约翰·奥斯丁的分析法学时期，第二个时期是汉斯·凯尔森的纯粹法学时期，第三个时期是以赫伯特·哈特为代表的现代分析法学时期。

奥斯丁是分析实证主义法学的开创人，也被认为是“英国法理学之父”。他的分析法学理论观点，受边沁功利主义思想影响极大，被人形容为“恶法亦法”，在内容上主要可分为三个方面：第一，明确化了法律的概念，法律是主权者的命令。[①] 奥斯丁认为，法律是“在独立的政治生活中单个的主权者

① 奥斯丁本人并非是最早提出法律是主权者命令的学者。参见何勤华：《西方法学史》，中国政法大学出版社2003年版，第305页。

或拥有主权的集团，对其社会成员下达的直接或间接创设的一般命令”[①]。法律与命令、义务与制裁相联系。第二，区分了法律与道德的概念，强调法律与道德间的无关性。与自然法学将法律与道德相联系的观点不同，奥斯丁坚持认为法律与道德间并没有必要或者说是概念上的关系。那些已经被吸收进国家立法的道德具备了法律性质，也就不再是道德，而没有进入国家立法的道德，不具备主权属性，也就不是法律。第三，界定了法理学的研究范围。奥斯丁排斥在法学研究中针对道德等因素进行研究的行为，他主张对实在的法律规范进行法学研究，研究实在法，进行法律的逻辑研究。在奥斯丁的带动下，英国不少学者转而进行分析法学的研究，一度形成了“奥斯丁学派”。

“纯粹法学”也是分析实证主义法学派第二个发展时期的体现，主要是凯尔森的理论观点，同时其也有“规范法学”的名称。奥斯丁的“分析法学”一经提出，赞扬与批驳便接踵而至。凯尔森的“纯粹法学”面世后，掀起了更大的争论。在本质上，凯尔森的“纯粹法学”与奥斯丁的“分析法学”并无明显的区别，唯一的不同便是凯尔森在分析实证主义的道路上走得更加彻底，观点也更加严格。凯尔森认为，奥斯丁的分析法学将法律定义为主权者的命令是不当的，这样的说辞不可避免地使法律与政治等其他非法律概念捆绑在一起。在对待实在法的研究上，凯尔森力图建立一个纯粹的法学体系，法学是法律的科学，要从中剔除包括道德、政治在内的非法律要素。同理，奥斯丁的分析法学与功利主义过于紧密的联系，凯尔森也不认同。在法律与道德等社会要素的关系上，凯尔森也比奥斯丁有着更为彻底的表述，在他看来，法律只是法律，其只与法律要素有关，与社会、经济、政治、道德这些非法律因素一律无关。奥斯丁对此则不以为然。[②] 可以说，分析实证主义法学发展至凯尔森阶段，已然走向了法律规范的极端一面。

现代的分析实证主义法学，主要是由哈特等的理论成果组成的。在前

---

① 何勤华：《西方法学史》，中国政法大学出版社 2003 年版，第 309 页。
② 周祖成、张印：“对奥斯丁法律概念的再认识”，载《现代法学》2015 年第 1 期。

两个时期，分析法学在规范分析的道路上越走越远，受到的批驳也愈发激烈，尤其是第二次世界大战后的对纳粹战犯审判事件给分析实证主义法学带来了几乎致命的危机，之后哈特、约瑟夫·拉兹、尼尔·麦考密克等开始了分析实证主义法学的重构。

这中间，哈特的新分析法学影响最大。哈特的“新分析法学”首先否定了奥斯丁对法律定义的“主权者命令说”，认为其只可以解释刑法，但不能解释民法。他主张法律的两类规则结合说，首位规则是行为的标准方式，它强制社会成员为或不为某行为，而一种发达的法律制度还必须有一套“次位规则”。这些“次位规则”将为确认与执行首位规则确立法定的手段。[①] 最重要的，哈特就二战给分析实证主义法学带来的危机，在与富勒等的论战中接受了法律的“最低限度道德说”，即哈特承认某些社会规则是任何社会组织都必须具备的，法律也必须满足最低限度的道德要求，但这种接受也相当勉强。哈特之外，拉兹的理论也被认为属于“新分析法学”范畴。由于哈特的“新分析法学”受到的争论同样不断，因此拉兹被视为肩负分析实证主义法学发展的重任。[②] 拉兹与传统的分析实证主义法学理论不同，在对奥斯丁、凯尔森等人的观点进行批驳后，拉兹提出了法律的制度分析命题，强调对法律的结构分析与法律的权威，转移了分析实证主义法学研究的方向。在哈特与拉兹的“新分析法学”外，麦考密克与奥塔·魏因贝格尔的“制度法学”也是现代分析实证主义法学中极其重要的组成部分。“制度法学”针对来自德沃金对分析实证主义法学的攻击，改革了分析法学的体系，一定程度上实现了对自然法学与传统分析法学的超越。[③] 此外，这一时期的分析实证主义法学还有一个显著的特征，即开始了研究方法的转变，承认其他法学流派的研究方法，例如自然法学的价值分析与法社会学的社会分析。同时，受到维

---

① ［美］E. 博登海默：《法理学：法律哲学与法律方法》，邓正来译，中国政法大学出版社 2010 年版，第 136－137 页。

② 徐爱国：《分析法学》，法律出版社 2005 年版，第 113 页。

③ 张文显：“超越法律实证主义和自然法理论：制度法理学的认识——方法论和本体论”，载《比较法研究》1995 年第 1 期。

特根斯坦哲学影响，有一批德国、美国、英国的学者开始使用现代的语言逻辑工具对法律进行语义分析。

(二) 作为方法论的实证法学理论

实证方法是实证法学学派区别其他法学流派最显著的特点。在方法上，它反对自然法学的形而上思辨与价值分析的方法，主张实证分析。从科学史来看，实证方法是将自然科学的方法引入社会科学的尝试，因而它又几乎是自然科学方法的同义语。① 在实证方法的认识上，孔德最早论述了实证的六点含义，即现实性、有用性、确定性、明确性、积极性与相对性。② 现代的实证方法一般包括定量分析与定性分析，以观察、调查、文献分析、实验等为表现形式。③ 对实证法学派来说，他们运用的核心实证方法一般是指规范的逻辑分析以及语义分析，强调法律体系内部的逻辑一致性，实现法律的“科学化”。④

实证法学的实证方法，与自然法学的价值分析法不同，带有强烈的“科学”属性。分析从奥斯丁到凯尔森的实证法学理论观点，我们可以发现，早期实证法学派一直力图赋予法律以科学的实证属性。在他们看来，自然法学以及价值分析法不属于科学，因为无论是价值分析法的核心价值还是自然法学推崇的自然权利、正义、道德，都无法通过实证的方式来证明。法学研究如果继续沿用原先的路径与方法，无疑会失去学科的科学属性。所以，奥斯丁将法学的研究范围限于实在法，凯尔森更竭力将法律“纯粹化”。凯

---

① 实证方法在自然科学领域并没有作为系统的方法论被提出，诸如观察、实验、假设、论证有关的实证方法仅被作为与数学、物理学、生物学研究方法或下意识地使用。参见潘德勇：《实证法学方法论研究》，中国政法大学出版社 2015 年版，第 49 页。

② 欧力同：《孔德及其实证主义》，上海社会科学院出版社 1987 年版，第 30－31 页。

③ 黄辉：“法学实证研究方法及其在中国的运用”，载《法学研究》2013 年第 6 期。

④ 澳大利亚法学家萨莫斯提出了法律实证主义的十大含义：实际上的法律可以清楚地与应当的法律区分开来；现存实在法的概念适宜于分析研究；力量或权力是法律的本质；法律是一个封闭的体系；法律和判决在任何终极的意义上都不能被理性地得到捍卫；存在一个合乎逻辑的内部一致的乌托邦；在解释成文法的时候，对“法律应该是什么”的考虑是无立足之地的；司法判决可以从事先存在的前提中逻辑地演绎出来；肯定性是法律的主要目的；服从邪恶的法律是一个绝对的责任。参见周旺生：《法理学》，西安交通大学出版社 2006 年版，第 413－414 页。

尔森认为,只有在实在法的范围内,才可以实现法律的自我实证,而法律分析的方法不能是经验性的、意识形态性的,必须是形式的,进而法学方可成为一门真正的逻辑科学。[①]

但实证法学在追求法律科学化的过程中,无疑出现了致命的方法上的错误,即将不能用自然科学方法解释、回应的事物简单地归结到了所谓科学的对立面,例如意识形态、正义、道德。这直接导致了实证法学的实证方法仅为技术性的分析,失去了人文主义精神的灵魂。这在面对"恶法亦法"的责问以及第二次世界大战纳粹恶行之时,显得无能为力。事实上,到凯尔森时期的实证法学,不但在内容上将法学视为纯粹的事物,同时在方法上也走向了封闭。实证分析方法将法律当作一种自给自足的逻辑统一体。[②] 此种结论在纯粹的话语下看似完美,然而却忽视了法律与社会间难以被所谓"科学化"的实证方法割裂的关系,而这种关系恰恰由于其不具备实证性,而被实证法学所摒弃。最后,就如同实证法学抨击自然法学的那样,这时候的实证法学对法律科学化的判断,也只不过是停留在自我理想中的"乌托邦"。哈特重建新分析实证法学,很大程度上就是在方法上的重建。[③] 他不但将语义分析哲学引入实证法学研究中,还在使用语义分析方法的时候,结合社会关系进行分析,打破了过去实证法学封闭性法律科学的构想。同时,哈特还将社会分析甚至是价值分析吸收进实证法学方法中,使得实证法学在方法上重新建立起了与社会、人文精神的联系。此时的实证法学,不再局限于所谓科学的方法,但仿佛其在法律科学化的道路上,反而开始了前行。

结合后的实证分析法,在法学研究中重获生命力,而作为实证法学派的

---

① 凯尔森在"纯粹法学"的方法论上,受康德主义影响较大,有明显的逻辑科学色彩。参见顾肃、[日]小田桐忍:"法律实证主义的哲学基础与方法论特色",载《南京大学学报(哲学·人文科学·社会科学版)》1995 年第 2 期。

② 胡玉鸿:"西方三大法学流派方法论检讨",载《比较法研究》2005 年第 2 期。

③ 在实证法学的分类上,有人主张语言实证与批判实证之分。前者是保守的方法论,其在法学研究中的运用旨在保护法律的纯洁性和完整性;后者则是开放的方法论,旨在将法律之外的事实、制度和其他影响因素纳入法律体系中。两者的划分,还是在方法上的区分。参见潘德勇:"从价值到事实:法学实证方法的变迁",载《社会科学》2015 年第 3 期。

方法论，它几乎还构成了目前法律方法的全貌。甚至毋庸讳言，和法律方法关联更密切的法学流派也就是实证法学。[①] 在法律方法中，法律解释方法有深刻的实证分析烙印。具体的法律解释方法众多，例如文义解释、论理解释、比较解释、社会学解释等，其中的论理解释又可以分为体系解释、法意解释、目的解释、扩张解释、限缩解释、当然解释等。[②] 在这中间，最基础的解释方法便是文义解释。文义解释，是指从文字的字面意思进行解释，其在方法上即是实证分析法中语义分析法的体现。而体系解释，是指从立法的体系结构中对法律条文进行解释，本质上是从立法的体系逻辑上对待解释的条文进行逻辑解释，这与实证分析法中的逻辑分析法也无二致。更重要的一点是，带有价值分析色彩的目的解释，其本身也需要文义的语义分析为基础，所以说实证分析法几乎是所有法律解释方法得以运用的前提。同理，即使是在利益衡量、法律推理等过程中，实证分析法学的实证分析法，也是必不可少的存在。这也解释了为什么现今的实证法学派依旧占据着法学研究的主流地位，其方法在法学研究与法律适用上的价值与意义是无法忽视的。

如此，笔者就实证法学理论转化为方法，突出强调以下方面：

其一，强调法律的一元性和权威性，以法律规则为是非评判唯一依据；

其二，注重形式逻辑演绎推理判断在分析问题中的价值和地位；

其三，高扬理性的作用和智慧。

三、法社会学学派的理论及其转化

法社会学学派与社会法学派间存在着不同。有人将罗斯科·庞德的思想归为社会法学派，而将马克斯·韦伯、埃米尔·涂尔干等人的思想归为法社会学学派。可见，在对待这两个学派的问题上，主要的区分标准是以法学或社会学的背景为依据，即法社会学（法律社会学）是社会学视角，而社会法

① 谢晖：“论诸法学流派对法律方法的理论支援”，载《法律科学》2014 年第 2 期。

② 陈金钊：《法律方法论》，北京大学出版社 2013 年版，第 128 页。

学(社会学法学)是法学视角。[①] 鉴于两者在关系上的密切性及在研究方法等方面的共同性,在此,统一以法社会学学派进行描述。法社会学学派虽发展晚于自然法学、实证法学,但现已悄然与自然法学、实证法学并驾齐驱,成为三大主流法学流派之一。

(一) 法社会学学派的理论及其演化

法社会学学派的理论得益于法学与社会学间的交流和碰撞,由于理论上的双重学科属性,法社会学学派的理论发展较为复杂。大体上可以将法社会学的理论沿革划分为几个时期:法社会学的雏形时期,以孔德、赫伯特·斯宾塞、冯·耶林、菲利普·赫克等人为代表;法社会学的成型时期,以尤根·埃利希、涂尔干等为代表;法社会学的成熟时期,以庞德、翁莱·狄骥等人为代表;法社会学的新发展时期,以菲利普·塞尔兹尼克、尼古拉斯·卢曼等为代表。

法社会学学派理论的雏形时期,时间跨度大,最早可追溯到古希腊亚里士多德时期,涉及的学者也比较多。一般意义上来说,19 世纪法国哲学家孔德提出的实证主义思想,是法社会学理论走向雏形的开端。之后,斯宾塞的社会达尔文主义思想,以生物学的方法解释社会现象,强调社会有机体说,也被认为对法社会学学派的形成起到了重要作用。法学领域的耶林与赫克二人,不少理论观点与法社会学的主张也相吻合。耶林认为,法律背后的目的是所有法律的创造者。具体创造的法律的目的,一个是体现利己主义的个人目的,另一个是体现利他主义的社会目的。赫克的利益法学,反对分析实证主义的概念法学,被大多数学者认为其理论影响了后世的法社会学学派,体现了法社会学思想的内容。赫克认为,利益是法律产生的来源,而这种利益是广泛的,并不局限在个人利益上,也包括他人利益、集体利益、组织

① 朱景文:《法社会学》,中国人民大学出版社 2005 年版,第 4 页;刘焯:《法社会学》,北京大学出版社 2008 年版,第 5 页;郭星华:《法社会学教程》,中国人民大学出版社 2015 年版,第 5 页。

利益乃至人类利益等。在赫克眼中,由于法律必然是不健全的,因此法律的适用必须与立法在法律中表现出来的利益一致,而不是与规则概念一致。除了这些人以外,像弗里德里希·冯·萨维尼、路德维希·贡普洛维奇等的思想,也被认为具有法社会学理论的雏形。

法社会学学派的理论于20世纪初正式成型,主要得益于埃利希与涂尔干等的贡献。埃利希首创了"法律社会学"概念,其法社会学思想的提出,也被认为是法社会学学派正式形成的一个重要标志。埃利希通过实证材料的挖掘,在理论上提出了"活法"的概念。他指出,社会上的法律具有两种形式,第一种是国家的制定法,第二种是社会秩序本身,它是"活的法律"。在社会生活中,绝大多数的法律都是"活的法律"。国家制定的法律,在内容上,也来自这些社会中"活的法律"。所以,埃利希主张法学研究应把研究的注意力从国家制定法转移到"活的法律"上,研究社会生活中的"活法"。涂尔干从社会学的视角也对法社会学学派的开创发挥了重要的作用。在法社会学学派理论上,涂尔干的主要贡献是提出了"机械连带"与"有机连带"的概念,并将法律与社会连带联系在一起。涂尔干认为,机械连带是一种社会分工不发达,人与人之间同质性较高时期的社会关系;有机连带时期的社会关系中,社会分工开始加剧,人与人之间出现了分化与差别。在机械连带关系中,刑事法律占主导地位,而在有机连带关系中,恢复原状法或合作法起到重要作用。在涂尔干的理论中,法律成为社会连带的外在客观标志,或者说,法律是社会事实的标准范例。[①] 另一位伟大的社会学家、法学家马克斯·韦伯,在法社会学学派理论的成型过程中,也发挥了举足轻重的作用。

法社会学学派理论的成熟时期与成型时期,并没有什么时间间隔,甚至几乎是在同时,一些学者较为成熟地提出了系统性的法社会学理论,其中尤以庞德、狄骥的法社会学理论为典型。庞德的法社会学理论,被认为是成熟的社会学法学代表,同时也是法社会学学派发展中与欧洲发展路径不同的

① 郭星华:《法社会学教程》,中国人民大学出版社2015年版,第16页。

北美研究的代表。庞德反对分析实证法学的机械主义，在他看来，法学重要的并不是法律规则的抽象内容，而是法律规则与司法判决在现实生活中是实际运行的状态。庞德提出了社会控制与社会工程的理论，对法律与社会的关系进行了新的理解。他主张法律是一种实现社会控制的工具，通过法律而非道德、宗教来实现社会控制正是人类现代文明的体现。法律控制社会的现象，也就如同社会工程一般，而这样的社会工程是一个过程，一种具体的社会活动，不是某种固定化的事物。狄骥的社会连带主义法学以社会学的背景，完成了欧洲法社会学学派理论的一个成熟。狄骥认为法律是调整社会关系和社会秩序的工具，因此必然是以社会连带为基础的。依据社会连带理论，狄骥主张社会规范具有三种不同的形式，分别为经济规范、道德规范与法律规范，后者还可分为两个层次，一个是"客观存在的法"，另一个是"实际表述的法"。[①] 前者是从事物的自然状态中而来的，是社会本身自带的，是人类社会生存的必要条件；后者是对前者的确认与表达。在人们尚未形成"实际表述的法"之前，"客观存在的法"就已经存在于这个社会之中了。

20 世纪初短短的数十年间，法社会学学派，完成了从理论成型到成熟的过程。随着第二次世界大战的结束，法社会学发展也进入了现代法社会学的新时期。以塞尔兹尼克为代表的"伯克利学派"与德国的卢曼是该时期法社会学的代表。塞尔兹尼克对法社会学的发展历史进行了三阶段的划分，并有着与一些法社会学学者不同的见解。塞尔兹尼克主张法社会学应与自然法哲学保持着一种亲密的联系。他认为应该把法律看作是一种发展道德的手段和一种满足需求的手段。[②] 同时，他坚持了法社会学传统的观点，即法律研究的重点不在于法律内容，而在于法律怎样被应用于发展、法律需要被完美地实施等。此外，他还在韦伯的理论基础上，与其学生一起提出了法

---

① 何勤华：《西方法律思想史》，复旦大学出版社 2009 年版，第 267 - 268 页。

② ［美］E. 博登海默：《法理学：法律哲学与法律方法》，邓正来译，中国政法大学出版社 2010 年版，第 193 页。

律的三种类型说，即压制型立法、自治型立法、回应型立法。[①] 与塞尔兹尼克一样，德国的卢曼也是现代法社会学尤其是欧洲法社会学的领军人物。他认为法和社会密不可分，人类的共同生活都不同程度上带有法的性质，撇开法律来思考社会是不成立的。据此，卢曼提出了法和社会的三种关系说，即暂时性、社会性、实在性。暂时性是指人们在日常交往中产生的，对他人行为的各种期望的性质；社会性是指期望的社会制度化；实在性是指人们对各种行为上的期望确定真实的意义。[②] 此后，在这三种关系的基础上，卢曼又提出了古代法、前现代法和实在法的法律类型划分。

（二）作为方法论的法社会学理论

细观自然法学与实证法学，两者方法论上的不同是由两者对待以正义、道德为代表的非法律要素的态度不同决定的。自然法学认可法律与道德等的关系，倾向价值分析法，实证法学否认法律与道德等的联系，因而倒向了实证分析法。无论是价值分析法还是实证分析法，在方法上都是根据某种预设的标准来评价法律规则的正确性的，而法社会学并不关注法律规则内容的正确性，其关注法律规则的正确实施与否。法社会学的方法论就更具有实证的认识性特征。社会分析法，是法社会学学派的理论方法论，其关注法律规则在人类社会生活中实际发生作用的方式，将法律的实施效果在社会环境的背景下进行社会要素的分析，本质上是将法律实施看作一种社会行动。

因此，法社会学的社会分析法，更大意义上是认识法律的方法，而非建构法律的方法，这从庞德对法学研究纲领的表述中可见一斑。庞德主张，法学研究的内容应包括：（1）研究法律制度和法律学说的实际社会效果；（2）结合社会学研究和法学研究，为立法做准备；（3）研究使法律规则生效

① ［美］诺内特、塞尔兹尼克：《转变中的法律与社会》，张志铭译，中国政法大学出版社 1994 年版，第 16 页。
② 张乃根：《当代西方法哲学主要流派》，复旦大学出版社 1993 年版，第 159－162 页。

的手段;(4) 对法律史进行社会学的研究;(5) 研究如何使各个案件能够合理、公正地得到解决;(6) 研究如何使法律的目的更有效地实现。[①] 所以说,社会分析法在方法论上,可视为是对传统法学方法的一种超越,它将过去集中于"应然法"与"实在法"研究的法学视域,转移到了社会中的"实然法",聚焦法的实际运行、实际效力、实际效果,弥补了法学研究中的盲点。

与此同时,法社会学的社会分析法也存在必须明确的问题。首先,认识社会中的"实然法",研究法律在社会中的实际运行、实际效力、实际效果等问题,逻辑前提是存在国家制定的实在法,国家制定法与社会规范之间的裂隙才是法社会学社会分析法的空间。对于法制落后国家来说,社会分析法并不是第一性的问题,法律规范制度的建立才是这些国家首要性的问题。其次,社会分析法的研究中不自觉地削弱了"国家"的政治色彩,强化了它的"社会"色彩。对社会中"活法"的研究,几乎一致地倒向对社会"活法"的推崇,进而使得国家制定法的地位被降低。这在国家法治的层面上,容易产生负面的影响。最后,社会分析法中具体方法的运用,例如定性研究中的话语分析、个案研究,定量研究中的实验法、抽样调查法等,存在客观性与主观性平衡等科学问题,对法律这一特殊现象的认识效果合理性需要辩证地对待。社会分析法,作为法社会学的方法论,无疑是法学研究与社会学研究中极具意义的开端,但这种方法本身也需要其他方法的补充,不宜在对待社会分析法的问题上绝对化。

社会分析法除了在法学研究中揭示了崭新的研究领域外,也扩展了法律方法的发展空间,尤其是与法律方法的结合,使得社会分析法成为国家法治话语下的法学方法。社会分析法与法律方法的结合,首现于法律发现领域。法律发现是指在一般、抽象的法律规范中寻找针对个案的法律,并把找到的法律作为法律推理等大前提,具体来看可以包括填补法律漏洞等活动、

---

① 张文显:"西方法社会学的发展、基调、范围和方法",载《法律社会学》,山西人民出版社 1998 年版,第 70 页。转引自胡玉鸿:《法学方法论导论》,山东人民出版社 2002 年版,第 169 - 170 页。

法律应用的活动、获取法律的心理过程与个案裁判规范的建构。[①] 社会分析法着重于对法律的认识，因此当法官面对法律漏洞，无法找到并援引最相类似的法律条文裁判当下案件时，就不得不以社会分析的方法，在社会中寻找非正式的法律渊源来作为法律推理等大前提。典型的非正式渊源，例如道德、风俗、习惯、宗教、公司章程、村规民约等，都是法社会学理论中所主张的那些在社会中实际发挥作用的“活法”。而这些社会规范，在法律发现的过程中，成为维护国家法治的工具。

如此，笔者就法社会学理论转化为方法，突出强调以下方面：

其一，强调对法律判断正当性的论证不应局限于实在法律体系之内，而应更多地将法的效力置于各种社会关系中进行思考；

其二，强调不仅要重视法律规则表达的语词上的准确性、逻辑上的一致性，更要重视法律对社会纠纷解决的有效性和对社会矛盾的可控性；

其三，认为法律作为对社会控制的手段是具有地方性特点的，在纠纷解决中必须重视研究地方性特点。

第三节　法律关系和原初社会关系双重视角的意义

法学方法之于法律方法的价值与意义，以不同的法学研究方法作用于法律适用方法的具体过程中为表现形式，然其深层、根源性的原因在于法律关系与原初社会关系间的复杂联系。正是在法的本体关系下法律关系与原初社会关系间无法割裂的联系，赋予了法学方法于法律方法根源性的价值与意义。

一、从法律关系视角的思考及其特点

法律关系是法学的基础概念，所有法学研究领域的诸问题都是以法律

① 陈金钊：《法律方法论》，北京大学出版社 2013 年版，第 68－70 页。

关系的存续为基本前提的。无论是法律方法还是法学方法，其所围绕的法律适用问题与法学研究问题，都是特定条件下一定法律关系的折射与反映。可以说，法律关系是人们进行法律思考与分析的重要工具，其是组成法律思维的核心。

法律关系在类型上有着多样的形式。按照法律关系所依据的法律部门的不同进行分类，可将法律关系分为宪法法律关系与其他部门法律关系，后者主要指民商事法律关系、行政法律关系、刑事法律关系等。[①] 按照法律关系发生的方式不同，可将法律关系分为调整性法律关系与保护性法律关系，前者是基于人们的合法行为而产生的、执行法律的调整职能的法律关系，它不需要制裁；后者是由于违法行为而产生的、旨在恢复被破坏的权利和秩序的法律关系，其典型特征是适用法律制裁。[②] 另外，按照法律主体在法律关系中的地位不同，还可将法律关系分为纵向隶属型的法律关系和横向平权型的法律关系。前者是指在不平等的法律主体之间所建立的权力服从关系，而后者则是指平等法律主体之间的权利义务关系。按照法律关系主体数量的不同，也可进一步将法律关系分为双边法律关系与多边法律关系。当然，此种划分并不绝对，多边法律关系也可以看作是由多个双边法律关系构成的。[③] 第一性法律关系与第二性法律关系是另一种常见的法律关系分类方式。第一性法律关系是指在法律规范发挥作用的过程中，在人们合法行为的基础上形成的法律关系；第二性法律关系则是在第一性法律关系受到干扰、破坏的情况下对第一性法律关系起补救、保护作用的法律关系。[④] 除此之外，法律关系还有一般法律关系、具体法律关系，绝对法律关系、相对法律关系，长期法律关系、短期法律关系等类型划分。

① 参见张文显：《法理学》，高等教育出版社 2011 年版，第 112 页。也有人认为可借鉴古罗马的公私法的分类，分为公法法律关系、私法法律关系与公私混合法律关系等。参见沈宗灵：《法理学》，北京大学出版社 2009 年版，第 331 页。

② 高其才：《法理学》，清华大学出版社 2007 年版，第 106 页。

③ 李步云：《法理学》，经济科学出版社 2000 年版，第 190 页。

④ 张文显：《法理学》，高等教育出版社 2011 年版，第 113 页。

虽有如此繁多的法律关系类型，但法律关系自身的概念与特点却也是清晰、明确的，并没有因为类型的多样而被模糊化。历史上，人们对法律关系的概念认识，直到19世纪才正式出现，萨维尼、温德雪德等人曾有过分歧。[①] 时至今日，一般认识上，法律关系是指以法律规范为基础形成的、以法律权利与法律义务为内容的社会关系。[②] 因而，法律关系不同于一般社会关系，它具有如下明显的特征：

第一，以法律规范为法律关系形成的基础前提。对于法律关系来说，法律规范的存在是法律关系形成的前提。如果不存在实在意义上的、由国家制定的法律规范，那么就不会出现相应的法律关系。被以法律规范形式确认的社会关系构成了法律关系的内容。诚如一些学者在给法律关系分类的过程中所主张的那样，一些法律关系在法律规范确认之前便已经在社会上存在，典型的即是夫妻之间的婚姻关系；还有一些法律关系是经由法律规范确认之后才在社会上出现的，或者说其是由法律规范所创设的。[③] 因此，是否存在实在的、由国家制定的法律规范进行确认，这是法律关系的前提特征。如果一种社会关系没有被法律规范予以形式上的确认，没有国家意志予以中介，那么即使其具有何等的普遍性、强制性，甚至是正义性，也不能成为法律关系的内容，而只能是普通的社会关系。

第二，以法律主体为法律关系的内在联系。可以清楚地发现，法律关系并非一般意义上的人与人之间的关系，而是法律意义上的法律主体间的关系。普通的社会关系必须满足这一点，才能成为法律关系。这也意味着，首

---

① 德国法学家萨维尼最早将法律关系界定为“由法律规则所决定的人和人之间的关系”。他认为，法律关系是法律调整人们的行为所出现的权利与义务、职权与责任关系。它由两部分构成：第一部分称为关系的实质要素即事实状态；第二部分称为关系的形式要素，它使事实状态被上升至法律层面。而德国学说汇纂派代表人物温德雪德则指出，在某些情况下，即使没有任何实质的事实要素，法律关系仍可能建立。他认为，法律关系是法律上规定的关系。它包括两个类型：一是由法律所设立；二是法律追究其法律后果的事实状态。具体参见陈金钊：《法理学》，北京大学出版社2002年版，第165-166页。

② 张文显：《法理学》，高等教育出版社2011年版，第111页。关于是否法律关系就是权利与义务关系，国内也有另外的声音，具体参见童之伟：“法律关系的内容重估和概念重整”，载《中国法学》1999年第6期。

③ 据此，有学者主张法律关系的另一种分类形式，即调整型法律关系与创设型法律关系，前者指在法律规范之前业已存在的法律关系，后者指由法律规范创设的法律关系。参见张文显：《法理学》，高等教育出版社2011年版，第111-112页。

先，动植物等主体并不属于法律关系的主体。法律无法调整动植物的行为，自然而然，动物也好，植物也罢，都不是法律关系的法律主体。即使是《中华人民共和国环境保护法》《中华人民共和国野生动植物保护法》等类似的法律，它的法律主体也是人，而非环境、动植物等。其次，即使是现实意义上的自然人，也并非就会当然地成为法律关系的主体。在奴隶社会中，奴隶虽然具备自然意义上的人的身份，但法律关系仍不可能涵盖奴隶范畴。同样，在资本主义社会，以收入、性别为标准进行的法律主体划分，也让法律主体的范围并不覆盖所有自然意义上的人。在现代社会，同样也依据民事行为能力等标准，对自然意义上的人有所区分。再次，法律创设的法律主体，虽不具备自然意义上人的特征，但还是可以作为法律关系中的法律主体。这方面典型的代表即是公司法人、社会组织等法律拟制的“人”。

第三，以法律规范的权利和义务为法律关系的内容。权利与义务是法律规范的内容，也是法律关系内容的核心组成。任何一种法律关系，都以一定的权利与义务为表现内容，这也是其区别于其他社会关系的所在。在大多数法律关系中，一般的形式是权利与义务内容伴随而生，互为表里，以法律规范的外在形式予以明确保障。在某些特殊情况下，权利与义务又会以单独的形式存在。诸如在某些民事法律关系中，只有权利的内容，而并不具备义务属性，这方面民事赠予法律关系最为典型。而在某些宪法或是行政法律关系中，又只有义务的内容，而并没有权利的属性。但不具备权利或义务内容的法律关系，是无法被称为法律关系的。以道德、习惯、风俗为代表的其他社会关系，在内容上仅为某种行为的倾向性判断，它既不能孕育出权利的概念，也无法产生法律意义上的义务。即便是道德范围内的约束，也并非是一种义务的体现，且与法律关系中法定的义务有着巨大的区别。

综合法律关系的诸特征，可见法律关系事实上是法律规范的表现，体现出强烈的规范性特点。无论是以法律规范为法律关系形成的基础前提，还是以法律主体为法律关系的内在联系，又或者以法律规范的权利和义务为法律关系的内容，这些法律关系的特征，无不都是以法律规范为核心。不夸张地说，与法律规范的紧密联系和规范性的特点，是法律关系相比其他原初社会关系的独立性所在，也是法律方法或者法学方法在法律关系中的立足之地。

二、从原初社会关系视角的思考及其特点

法律关系既然是指以法律规范为基础形成的、以法律权利与法律义务为内容的社会关系，那么，社会关系，或者说原初社会关系的内容为何，便是无法回避的问题。社会关系不同于自然关系中物与物的联系，也并非是简单地认识自然过程中人与物的关联，归根结底，它是人与人之间的关系，是人与人在相互交往的过程中形成的一种有目的、有意识的联系。[①]

马克思与恩格斯曾将社会关系分为物质关系与思想关系，他们从社会生活的各种领域中划分出经济领域来，从一切社会关系中划分出生产关系来，并把它当作决定其余一切关系的基本的原始的关系。[②] 在此基础上，苏联的拉契科夫把社会关系分为物质关系、思想关系、集体关系。[③] 此外，现代以来，人们对社会关系的认识还有其他的形式。以社会关系的不同层次为依据，社会关系可分为本源性的生产关系、具体的社会关系以及人们的交往关系。生产关系，即社会的本源关系；具体的社会关系，则是指宗教关系、政治关系等受生产关系决定、派生的社会关系；人们的交往关系，以师生关系、父子关系等为代表。[④] 而以社会关系的联系纽带不同为依据，社会关系还可以分为地缘关系、血缘关系、业缘关系、志缘关系与趣缘关系，其分别以地域、血缘、职业、志愿、兴趣作为联系人与人之间关系的纽带。[⑤] 这也是较为传统的社会关系分类方式。若以社会关系的规范化程度作为划分社会关系的依据，也可把社会关系分为正式关系和非正式关系。前者指已制度化、比

① 朱景文：《法理学》，中国人民大学出版社 2008 年版，第 428 页。
②《列宁选集(第 1 卷)》，人民出版社 1972 年版，第 6 页。
③ [苏] 拉契科夫：《社会关系——一般理论问题》，王中宪、谭英秋译，东方出版社 1991 年版，第 67 页。
④ 奚从清：《现代社会学导论》，浙江大学出版社 2012 年版，第 155 页。
⑤ 吴方桐：《社会学教程》，华中师范大学出版社 2007 年版，第 163 页。

较稳定、有一定程序、受一定原则制约的关系，后者则是指未制度化、没有固定模式、不受原则制约的关系。[①] 另外，静态的社会关系与动态的社会关系、对抗的社会关系与非对抗的社会关系、初级的社会关系与次级的社会关系等分类方式，也都是目前在社会关系认识上较为常见的。

从马克思与恩格斯对社会关系的本源性划分，到现代对社会关系的多元性分类，人们对社会关系的认识经历着不断发展的过程。社会关系在现今的社会经济生活中，也并不仅仅表现出生产关系的物质性特征，而已呈现出更为丰富的面貌。

其一，社会关系是人与人之间的关系，具有人的主体属性。“社会——不管其形式如何——是什么呢？是人们交互活动的产物。”[②]“各个人借以进行生产的社会关系，即社会生产关系，是随着物质生产资料、生产力的变化和发展而变化和改变的。生产关系总和起来就构成为所谓社会关系，构成所谓社会。”[③]马克思对社会以及社会关系的表述，已经清晰地阐明了人在社会关系中的主体地位，而这一主体地位并不受社会关系的物质性特征影响。相反，社会是人们交互活动的产物，社会关系是这种人与人交往的直接表现形式，而生产关系、政治关系等则为具体的表现形式。社会关系中的人，其范围也远比法律关系中的法律主体来得更为广泛，不但包括所有自然意义上的人，也包括由人组成的群体，以及虚拟拟制而成的“人”。同时，既然社会关系是以人为主体的，那么不可避免地，它也会受到人为因素的影响，包括人的主观思想、感情、行为等。

其二，社会关系是动态的关系，具有发展的历史属性。社会，本是一个历史的产物，即“社会，是一个处于一定历史发展阶段上的社会，具有独特的特征的社会”，“古典古代社会、封建社会和资产阶级社会都是这样的生产关系的总和，而其中每一个生产关系的总和同时又标志着人类历史发展中的

① 范和生：《现代社会学(上册)》，安徽大学出版社 2005 年版，第 262 页。
②《马克思恩格斯选集(第 4 卷)》，人民出版社 1995 年版，第 532 页。
③《马克思恩格斯选集(第 1 卷)》，人民出版社 1995 年版，第 345 页。

一个特殊阶段”。[①] 不同历史阶段中的社会关系，具有该历史阶段的特点，这也就解释了为什么奴隶制时期的社会关系会不同于资本主义时期和社会主义时期。同时，在同一地域范围内，时间跨度的不同也会在社会关系上产生不同的影响。改革开放前的中国，社会关系较为简单，社会关系与国家之间有着较强的依附性，而改革开放之后，社会关系的自主性加强，社会关系也日趋复杂。同一类型的社会关系，在不同时期也表现出不同的内容特征，例如法律关系在改革开放前的中国以义务特征为主，改革开放后以权利特征为主，其他的道德关系等社会关系也都有不同的变化。此外，作为动态发展的另一方面表现，不同的社会关系之间，也是相互作用、相互影响的。

其三，社会关系是人们之间利益的关系，具有意识的目的属性。“在社会历史领域内进行活动的，是具有意识的、经过思虑或凭激情行动的、追求某种目的的人；任何事情的发生都不是没有自觉的意图，没有预期的目的的。”[②]这也就是说，人们在社会中进行交往活动，建立、形成某种社会关系，都是人们经过有意识、有目的的思考与选择后的结果，社会关系并非是经由人们漫无目的的交往形成的。这种目的性的选择，以人们的需要和利益为主要表现，社会关系不过是人类追求某种价值性目的的结晶。[③] 引用马克思的话，就是“人们奋斗所争取的一切，都同他们的利益有关。”[④]“把人和社会连接起来的唯一纽带是天然必然性，是需要和私人利益。”[⑤]中国改革开放之后，社会关系日趋复杂，其原因之一就是改革开放之后在契约精神影响下人们的利益价值逐渐多元，而这种多元的利益价值诉求作用在了社会关系的发展之中。

诚然，社会关系本质上是生产关系，但这种生产关系的本质特征丝毫不掩盖社会关系的其他特征。如果说法律关系集中表现出法律规范性的特点，那么社会关系则是在物质性特征外，有着强烈的“人”的属性。直观地

---

① 《马克思恩格斯选集(第 1 卷)》，人民出版社 1995 年版，第 345 页。
② 《马克思恩格斯选集(第 4 卷)》，人民出版社 1995 年版，第 247 页。
③ 范和生：《现代社会学(上册)》，安徽大学出版社 2005 年版，第 260 页。
④ 《马克思恩格斯全集(第 1 卷)》，人民出版社 1956 年版，第 82 页。
⑤ 《马克思恩格斯全集(第 1 卷)》，人民出版社 1956 年版，第 439 页。

看，法律关系是规范的关系，则社会关系就是人的关系。正是由于人的主体属性，才赋予了社会关系强烈的利益目的倾向以及在历史中进行动态发展的特点。此外，也因为社会关系作为“人”的关系，天然地具有原始性、直接性、经验性和习惯性特征，主要通过人们自觉遵守来实现的，因而它又不同于法律关系。所以，“人”是一切社会关系的出发点。

三、法的本体关系在统摄法律关系和原初社会关系方面的价值

法律关系是一种特殊的社会关系，隶属于社会关系。从特征来看，法律关系同样是由人经历有目的、有意识的活动后建立起来的，其主体没有超出社会关系中“人”的范畴，直接的根据为法律规范也有着人的意志与利益的体现，并在法律关系中反映为权利与义务或者价值与原则等内容。当人们将法律关系与原初社会关系放在一起讨论，并得出法律关系是一种特殊的社会关系的结论时，其实质上已在法的本体关系角度，揭开了法学方法对法律方法价值与意义的支撑依据面纱。

法的本体问题，是法学中最基础的第一性问题，其直接指向“何为法律”。一言而概之，法的本体，即是在回答“法律（法）是什么”。自法学产生伊始，关于这个问题的答案便众说纷纭，经院主义法学归结为神的意志，古典自然法学推知为理性，实证主义法学认为是主权者的命令，历史主义法学主张是民族精神等。直至马克思主义法学时，对该问题才在辩证唯物主义与历史唯物主义的理论支持下，有了真正本质性的解释。

法，既不能从规范本身来理解，更不能从虚幻缥缈的精神、理性、自然角度来理解，法根源自物质的生活关系，是占统治地位的阶级意志的体现。[①]马克思主义法学对法的本体的解释，事实上将法的本质分为了三个层次。第一个层次，为法的表象层次。该层次的法，表现为实在的法律规范，法律

① “你们的观念本身是资产阶级的生产关系和所有制关系的产物，正像你们的法不过是被奉为法律的你们这个阶级的意志一样，而这种意志的内容是由你们这个阶级的物质生活条件决定的。”参见《马克思恩格斯选集（第1卷）》，人民出版社1995年版，第289页。

关系便是此层次法的直接本体。正如马克思与恩格斯所指出的那样,“一切共同的规章都是以国家为中介的,都获得了政治形式”[1]。纵使是统治阶级的意志,也必须“被奉为法律”[2]。第二个层次,为法的初级本质层次。该层次的法,表现为统治阶级的意志,客观上这也就是法律关系是特殊的社会关系的依据所在。社会关系,实质上是“人”的关系,受到人的意志因素影响。但法并非是社会中所有“人”的意志表现,也不是社会中任意“人”的意志表现,而是将这种存在于社会关系中的“人”的意志抽象、上升为特定的“人”,即统治阶级中的“人”的意志。只有特定统治阶级范围内的“人”,才是决定、影响法律关系这一特殊社会关系的“人”。第三个层次,为法的深层本质层次。该层次的法,也就是决定社会关系中“人”的关系的本源性要素生产关系,即社会物质生活条件。这里的物质生活条件,包括与人类生存相关的地理环境、人口、物质资料的生产方式等。[3] 我国学者普遍认为,“法是由国家制定或认可并依靠国家强制力保证实施的,反映由特定社会物质生活条件所决定的统治阶级意志,以权利和义务为内容,以确认、保护和发展对统治阶级有利的社会关系和社会秩序为目的的行为规范体系”[4]。该定义清晰地将法的本体三个不同的层次进行了较全面的揭示。

所以说,“法律关系是一种特殊的社会关系”的结论,其实是法的本体关系三个层次不同法本质内容的一种统一表现。当对法的本体关系有了三个本质层次的解读后,法学方法对法律方法价值与意义的根源性原因也就呼之欲出。

法律方法,是法律适用的方法,在形式上回应“法律如何应用”,其依据为法律规范。因而,在法的本体关系层次上,其对应的是法的本质的第一个层次,即法的表象层次。法律方法,无论如何被适用,都无法逾越该法的本

① 《马克思恩格斯选集(第1卷)》,人民出版社1995年版,第132页。
② 张文显:《法理学》,高等教育出版社2011年版,第43页。
③ 张文显:《法理学》,高等教育出版社2011年版,第44页。
④ 张文显:《法理学》,高等教育出版社2011年版,第47页。

质层次对它的约束。这也就是法律方法中的利益衡量方法在已经选择了一种法学方法作为思维逻辑的时候，却还要坚持以法律规范为适用逻辑的原因，它无法超越法的权威性。更进一步，这也是法律方法必然无法回应法律发展中出现的法律漏洞的原因。法律漏洞，即法律没有明文规定。这一方面是因为，作为法的本质的第二层次内容即统治阶级的意志，并不是当然地被全部吸收进了第一层次中的法律规范中。尚有部分的统治阶级意志未来得及被“奉为法律”，而是停留在了除法以外的其他社会关系之中。另一方面是因为，决定与影响法的本质的第二层次的因素在发生变化。这种变化有两种，一种是影响社会关系中的其他社会关系，诸如道德、宗教、政治等发生了变化。由于社会关系事实上就是“人”的关系，因而不同的社会关系间依托“人”这一共同主体，可以相互影响、作用，其他社会关系的变化也就会牵连至法律关系。另一种是决定社会关系的因素发生了变化，即法的本质的第三层次内容，社会物质生活条件有了新的发展。这个时候，法律关系，作为法的本质的第一层次内容必然无法及时地与社会物质生活条件的新发展保持一致。综上所述，虽然法律方法名为“法律适用方法”，但法的本质已经决定了其实它并不能完全解决法律适用问题。

法学方法则不同。法学方法作为法学研究的方法，其视野并不局限在“法律如何应用”上，客观上，它不像法律方法那样受到法的本质的第一层次内容的约束，这在特征上表现为法学方法的批判性。相反，法学方法被集中运用于解决“法律（法）是什么”这个问题，可以说，其直接回应法的本质的三个不同层次。这就决定了法律方法在应用法律的时候，只会、也只能从法的本质的第一层次来理解法律，而法学方法则可以涉及法的本质的其他层次。这样的区别，在面对法律漏洞的时候，尤为明显。虽然法的本质的第二、三层次，即统治阶级意志与社会物质生活条件的内容，难以准确理解，直接量化为法律规范的内容指引法律的应用，但法的本质的第二层次中，其他社会关系的变动对法律关系的影响却并不是绝对无法把握的。道德、宗教、风俗、习惯等这些非法律关系的社会关系，存在于社会之中，受着同样本质性的社会物质生活条件决定，它们的变化与发展，间接折射出社会物质生活条件的面貌，同时影响着统治阶级意志决定的法律关系的发展。可以说，在有些条件之下，统治阶级的意志甚至正以某种形式寄身于此类社会关系之中。因此，在法律漏洞下，全面认识法律以实现法律的应用，唯有从法的本质的其他层次中入手。法学方法，尤其是法社会学方法以认识这些动态发展中的社会关系以及道德、宗教、风俗、习惯等为目的，意图在社会中寻找有效的"活法"的逻辑，与法的本质第二、三层次要求是不谋而合的。鉴于此，在法律漏洞的情况下，引入法学方法，在社会中寻找有效的"活法"，是弥补法律方法在这方面本质不足的唯一路径。进而，法学方法在全面认识法的本质的三个不同层次内容上的高度统一性，也就是其对法律方法价值与意义的根源性原因所在。

第二章　从法学方法到法律方法

——法律思维与法律分析

第一节　法律方法与法律思维

一、法律方法的任务与法律思维的地位

法律方法对法治社会的建设所具有的意义自不待言，就法律方法在裁判过程中所具有的任务来说，可以简约成这样两项基本任务：第一，为法律判断的形成提供工具，此时法律方法所具有的就是工具价值；第二，为法律判断提供合法性的保证。在此主要对法律方法所具有的工具价值进行讨论。当谈论法律方法所具有的作用这一问题之时，也可以将其转换成这样一个问题，即在什么情况下需要法律方法。

法律方法发挥作用的实际过程就是一个有效地将规则与事实连接起来的过程，由于规则与事实之间可能存在多种组合结果，因此在不同的组合之中法律方法所发挥的作用和任务也是不一样的。规则与事实之间可能存在

这样几种组合：第一，事实基本上符合规则所确定的各项要件；第二，事实与规则之间有或大或小的出入，从而使直接适用规则出现困难；第三，相关的事实出现之后，在进行裁判的过程之中发现没有可以直接适用的规则；第四，事实与规则之间虽然形式上一致，但实质上却存在背离。很显然，在这样几种组合之中，所要运用到的法律方法肯定是不一样的。

就事实与规则的第一种组合来说，当事实基本上符合规则所确定的各项要件时，在这种情况下是可以直接地对规则加以适用的。比如我国《法官法》第九条规定，担任法官的条件之一就是必须年满 23 周岁。如果某人在拟担任法官之时，已经超过 26 周岁，那么对于此一要求就是可以直接适用的。在这一过程中，所运用到的法律方法就是最为简单的演绎的方法，即通常意义上所讲的，大前提：规则，小前提：适用条件（事实），法律结果。对此也可以从扩大意义的角度来理解，即大前提：规则适用的条件（A、B、C……），小前提：只要具有一项符合规则适用的条件，法律结果。

事实与规则的第二种组合是一种较为复杂的组合模式，原因在于：形成事实与规则不相符合的原因是多种多样的，因此在此过程之中所运用的法律方法也就较为复杂和多样化了。在进行法律判断之时，如果所依据的大前提中的适用条件与小前提不一致，这时就需要进行法律解释。比如以《刑法》第二百六十三条关于抢劫罪的规定为例，手持玩具枪是否归为“抢劫”的范围之内呢？这时就需要进行法律解释；再比如依据其他的相关规定，如《刑法》第二百三十六条规定“以暴力、胁迫或者其他手段强奸妇女的，处三年以上十年以下有期徒刑”。那么女性能否定为强奸罪的主体呢？这个时候就需要利用法律论证的方法进行论证，比如依据共同犯罪的相关规定等。因此，在事实与规则有出入的时候，一般需要使用的法律方法主要为法律解释和法律论证，但在最后同样还是要借助于法律推理的形式来形成法律判断。

事实与规则的第三种组合就是相关的事实发生之后，却发现找不到任何相关的法律依据对此来进行规制。在这种情况之下，法律要么保持沉默，要么不加受理，第一种情况如朋友关系、同事关系等，第二种情况如行政处分等，但值得重视的就是，由于现代社会出现的不允许法律沉默的规则，因此法律必须进行最后的判断，那么在此过程之中主要利用的法律方法就是进行法律漏洞的填补。但法律漏洞的填补仅仅是一种宽泛的方法，它同样还需要借助其他法律方法来进行，比如进行法律的扩大解释、法律拟制和类比等。

最后一种情况就是事实与规则在形式上相符合，但实质上不相符合的情况。典型的案例如 2002 年发生在四川泸州的所谓的“二奶继承案”，此案从形式的角度来看完全应该利用《继承法》的相关规定，但如果依据了《继承法》的相关规定对案件进行裁判之后，其所导致的后果就是与整个民法体系精神的不相符合，因此最后法官以民法中的相关法律原则为依据做出判决。在此过程中需要利用的法律方法就是如法律论证和利益平衡等诸多方法。

通过上面的论述可以发现，在穿梭于规则和事实之间，以便形成法律判断的过程之时，处处都存在法律方法的影响，因此可以这样讲，法律判断做出的过程同样也是法律方法的应用过程，而对于这一使用法律方法的过程，可以将其概括为一种进行法律思维的过程。在此，我们可以发现，法律思维在法律判断形成的过程中，其所具有和发挥的应该是基础性和支配性的作用。进而，对法律思维的内涵、特征和价值、作用的研究所具有的意义和价值也就凸显出来了。

二、法律思维的内涵与特征

关于法律思维的定义、特征及作用等诸多问题，学界有着不同的认识，郑成良、湛洪果、陈金钊以及刘治斌等学者的研究代表了学界几种不同的思路和见解，我们有必要做些分析。

郑成良对于法律思维的认识是经由将其置于法治理念的背景之中而获得的，他认为“所谓法律思维，也就是按照法律的逻辑（包括法律的规范、原则和精神）来观察、分析和解决社会问题的思维方法”①。在此基础上，他认

① 郑成良：“法治理念与法律思维”，载《吉林大学社会科学学报》2004 年第 4 期。

为法律思维与政治思维、经济思维及道德思维之间存在差异性,“法律思维方式的重心则在于合法性的分析,即围绕合法与非法来思考和判断一切有争议的行为、主张、利益和关系”[①]。法律思维同时还具有诸多的殊相,用其原述即为“以权利义务为线索、普遍性优于特殊性、合法性优于客观性、形式合理性优于实质合理性、程序问题优于实体问题”[②]。至此,郑成良为法律思维构建起了一个颇为完整的体系,从价值追求的角度来看,它是颇为完善和有意义的;但须指出的就是,关涉包括法律思维在内的法律方法的研究与其说表现出一种追求价值的倾向,毋宁说更应该体现出一种操作的可能性、技艺性和现实性,进而从这个角度来看郑成良的研究还是与当下的法律实现中的需求、研究旨趣等存在一定差距。

湛洪果认为思维方式和思维方法是应该相互加以区别的,同时其认为“纵观法学研究的这两个层面,有一个东西是贯穿于其间的,它是法律思维”[③],进而指出“法律思维,系指生活于法律制度架构之下的人们对于法律的认识态度,以及从法律的立场出发,人们的思考和认识社会的方法,还包括在这一过程中,人们运用法律解决问题的具体方法”[④],“法律思维的一端连着信仰和价值,另一端连着说理方法和解决纠纷的艺术”[⑤]。在作出这些基本的判断之后,他亮出了自己的态度,套用其表达即是“而我所侧重的,可能是思维方式的层面”[⑥],“也因如此,法律思维在思维方式的层面便体现出了法律相对于其他社会制度和现象的特殊性”,“它反映了法律自身运作的文化积习和性格。说法律思维,毋宁说是法律性格”。实际上,至此,他才完全将自己的看法摆明了,亦即在他看来,法律思维与其说是对法律实现过程中的一些可操作性方法的重视,毋宁说是对一国法律文化的关注,从法律文化、文化习惯的角度来看法律思维的意义。但必须指出,这种忽视法律思维过程中具体操作方法以及结果的指向性等因素的认识,极有可能导致的结果就是使法律

---

①② 郑成良:“法治理念与法律思维”,载《吉林大学社会科学学报》2004 年第 4 期。
③④⑤⑥ 湛洪果:“法律思维:一种思维方式上的检讨”,载《法律科学(西北政法学院学报)》2003 年第 2 期。

思维的研究趋于空洞化，流于一种宏大话语体系中而缺乏实践的具体内容。

当下法学界对法律方法的研究肯下如此大的功夫并作出成绩的学者并不多，但陈金钊肯定是其中的翘楚。陈金钊认为，“思维方式可以分解为静态的思维空间、思维结构和动态的思维程序、思维路径和思维方式”①。他又认为法律思维至少应该包括这些内容，即“法律思维结构，要进行法律思维必须具有一定量的据以进行法律思维的前见。这些前见可分为三个基本层次：法律心理层次、法律理论层次、经验层次”，“法律思维方式亦即法律思维方法是认识法律及事实的法律意义所必不可少的手段和工具”，“法律思维程序是指法律思维活动一旦开始，就应该按照一定程序展开，由一个环节向另一个环节过渡，形成有序的流向”。进而在此基础之上，他认为法律思维方式有三个基本的层面，即：法律思维定势，表现为一定的心理定向和价值趋向；法律思维的知识结构；法律思维的方法和法律思维的程序，这是法律思维方法的显著特点。至此他完成了对法律思维的基本构建。仔细地揣摩我们便会发现，陈金钊对法律思维的看法已经将法学知识、经验、方法等诸多内容包括了进去，但这样的包括其合理性却是一个值得思考的问题。同时陈金钊对法律思维的研究，其中最为缺失的一个方面就是将法律思维所具有的结果指向性问题给有意或无意地遗忘了，或许是学者不屑于对法律结果加以关注，但必须指出的就是，无论是法律思维必须根据法律进行思考，还是法律思维必须遵循一定的程序，或者从法律文化的角度来对法律进行研究，再或如从是否存在合法性的角度来进行研究，其实法律思维最为重要的特征还应该在于经由利用法律方法从而达致获得法律结果的目的，因此，法律结果的指向性实质成为法律思维的本质规定性，因此陈金钊的研究和看法还是有进一步推进的空间的。

从上面的论述中我们发现，郑成良从法治理念的角度对法律思维进行的研究，由于流于价值的争辩进而使其不能满足法律思维所需满足的操作性要求；湛洪果的研究一定程度上揭示了法律思维中所应该具备的操作性，

---

① 陈金钊：“法律思维及其对法治的意义”，载《法商研究》2003年第6期。

但其似乎更热心于法律文化品格的研究进而使其理论可能流于空洞;陈金钊的研究貌似构建起了严密的体系,但这种体系实际上是不够严密和坚实的,因为其将法律思维所应该具备的法律结果指向性的这一本质规定性给遗忘了。虽然上文提到的诸多学者在关涉法律思维这一问题的研究上都存在或多或少的缺憾,但我们还是应该对这些研究加以重视并向其致敬,因为没有这些成果就不会有进一步研究的可能性,同时值得一提的就是,诸如季卫东、周晓春、刘志斌等人从法律职业与法律思维相互之间的关系角度,来对法律思维进行的研究也是颇有见地的。陈金钊曾认为"从已有的关于法律思维的论著中,我们已能明显地感到有些学者在法律思维的外围兜圈子,如光讲法律思维的分类、法律思维的各种基础,但从其论述的内容中我们就是看不到法律者究竟是怎样思维的。"[①]基于陈金钊的呼唤同时经过上面的论述、辩驳和反思,笔者将法律思维定义为:所谓法律思维即是主体在对规范(法律)与事实的认识和构建过程中利用法律解释、法律推理和法律论证等具体法律方法得出法律结果的思维过程。

法律思维的过程是一个来回穿梭于规范(法律)与事实之间的过程,同时法律思维的过程也是一个动用诸多法律解释、法律推理、法律论证等具体法律方法的过程,更为重要的是法律思维所应该具有的特征就是进行法律思维的主体的普遍性和法律结果的指向性。基于此,笔者认为法律思维具备如下四个方面的基本特征:(1)法律思维是存在于任何可能的思维主体之中的,因而它具有普遍性;(2)法律思维是一个来回穿梭于规范与事实之间的思维过程;(3)法律思维是一个不断运用各种具体法律方法的思维过程;(4)法律思维是具有法律结果明确指向性的思维过程。

(一) 可以进行法律思维主体的普遍性

刘治斌认为"法律思维是因为与法律职业的密切关联而备受关注的,并

① 陈金钊:《法律方法论》,中国政法大学出版社2007年版,第61页。

因此成为法律职业共同体内部同质一体和外部区别于其他职业的最主要的标志的”[①]。对于刘治斌的表述笔者认为可以从两个基本的层面来加以理解,亦即法律思维是与法律职业之间存在紧密关联的同时,也是法律职业的本质规定,再进一步则是隐含于其中的基本判断,因此,法律共同体之外是不存在法律思维的。陈金钊也认为“法律思维是法律职业化的标识之一,它是法律人区别于常人的显著特征。正是由于法律人掌握着与众不同的思维方法与技能,才使得人们承认有法律职业的存在”[②]。但对于刘治斌和陈金钊的判断,笔者认为也存在一些误区,即我们需要进一步探讨这样的一种基本的并具有倾向性的判断是如何形成的。我们知道,对包括法律思维在内的法律方法进行研究的主体几乎都是来自法律职业共同体之中,由于研究者本身即是法律职业共同体之中的一员,从而导致的问题就是研究者并没有能够意识到自身是嵌置于一种特定的思维之中的,进而导致研究者并没有能够采用一种超越的态度和研究精神来俯视自身所进行的研究;具体到法律思维的研究之上则是,研究者仅仅对法律思维是什么以及法律思维与法律职业的关系进行了判断,但恰恰没有能够对自己为什么会产生该判断进行反思,就是说研究者由于没有发现自身所处的位置,从而导致了对自身的“前见”结构进行了有意或无意的遗忘。

就法律思维与法律职业之间的关系来说,刘治斌的判断有一半是正确的,即法律思维是法律职业共同体保持同质性的条件之一,但法律职业共同体能够拥有法律思维并不就代表了法律职业之外的其他职业就不能或不会拥有法律思维了。对于刘治斌的判断笔者认为或许可以这样进行理解,即法律思维对于法律职业或法律共同体来说是一种思维的常态,而对于其他职业或共同体来说法律思维并不是其思维的一种常态,进而从这个角度来说,法律思维并不是法律职业或共同体与其他职业或共同体的本质规定性,

① 刘治斌:《法律方法论》,山东人民出版社 2007 年版,第 61 - 62 页。
② 陈金钊:《法律方法论》,中国政法大学出版社 2007 年版,第 61 页。

而毋宁说是法律职业或共同体的法律思维的常态化与其他职业或共同体所进行的间断性法律思维之间的区别，进而我们从法律思维运作的角度来说，法律思维对人的主体而言是有可能具有普遍性的。

显然，从法律思维运作的角度出发，我们发现了法律思维主体的普遍性，那么我们需要进一步判断之前的一些研究在哪些方面出现了失误，从而导致了当下的状态。我们说，已有的研究实际上是从一个静态的、封闭型的视角来对法律思维进行的研究，这种静态性表现为将法律思维限定于一种特定的状态，而没有发现法律思维实际是一个从事实到规范、再从规范到事实的穿梭过程，也没有发现法律思维实际上是一个不断利用各种法律方法为做出法律判断而进行的运作过程，更没有注意到法律思维实际上是从法律事实到法律结果的思维过程；法律思维的封闭性体现在对法律思维进行研究的学者身上，一方面他们没有注意到由于自身的思维构成或“前见”结构实际已经限制了其思维的扩散性进而有可能导致思维的狭隘性，这一点体现在如对法律思维进行的就事论事式的所谓认识论的研究上。另一方面则体现为可能操作法律思维的主体封闭化限定于法律职业或法律共同体之中，而没有发现操作法律思维的主体实际上应该是普遍性的，进而我们在对法律思维进行研究的过程之中应该持有一种动态的、开放的思维观。

经由上面的论述，我们发现将法律思维限定于法律职业或法律共同体之中，并将法律思维作为法律职业或法律共同体区别于其他职业或共同体的本质规定的错误，更进一步地说，产生这种错误的原因在于学者们在对法律思维进行研究的过程中，由于采取了认识论的进路并由于静态化、封闭式的缘故，从而导致了思维的狭隘。对于法律思维的研究，应该从本体论的角度来进行认识，同时采取一种动态的、开放的思维观。我们也可以做进一步的推演，假如法律思维是法律职业或法律共同体的本质规定性的话，那么导致的后果就是要在建设法治社会的过程中使法律职业阶层普遍化，因为唯有作为法律职业或法律共同体人员才具有法律思维能力，而这是不符合社会发展的客观要求。法律职业或法律共同体的存在是社会分工的需要，法治社会的建设对其他社会职业或共同体表示出同样的尊重。而实际情况是，一旦人们具有了良好的社会教育，他的思维方式是可以转换的，比如伦理思维、政治思维、哲学思维等，都有一定的特点和规律，就法律思维而言，法律职业者与其他职业者的区别在于，法律职业者操作法律思维往往是常态化的、习惯性的，而其他职业者则可能是非常态化的、非习惯性的。换句话说，其他职业或共同体在操作法律思维时可能是刻意的或有意识进行的，而法律职业或法律共同体在操作法律思维时可能是不刻意的或是很自然的意识表达。

（二）法律思维是一个穿梭于规范与事实之间的思维过程

上面的论述使我们发现操作法律思维的主体具有普遍性，也就是说法律思维并不是区分法律职业或法律共同体与其他职业或共同体的本质性要素，而是一种特征性区别。但说明了这个问题后，需进一步把握的问题是，法律思维的过程又如何将法律规范与一定事实有效地勾连在一起。在这个问题上，人们的思维过程不是使思维只停留在法律规则的文本上，而是重视使文本上的法律和流淌于生活之中的事实联系起来，表现出法律思维穿梭于规范与事实之间的特征。当然这里有一个由三个有机要素构成的逻辑结构，即适用条件、行为模式和法律后果。适用条件是指“适用该规则应该具备的时空条件或其他的事实条件，即只有当这些条件出现时，方可适用该规范”。行为模式是指“法律规范所规定的行为规范的内容，即权利与义务的部分”。法律后果是指“法律规则中规定的、人们在作出符合或违反该规则时所引起的法律后果，包括积极的法律保护或奖励，消极的法律责任和制裁”①。当然学术界还有一种观点，认为法律规则的逻辑结构应该由两部分构成，即行为模式和法律后果。但如果站在整个法律系统的高度来看，笔者认为三要素说其实更加贴近客观实际，同时也更具有准确性和科学性。对法律规则逻辑结构的剖析或者对这一剖析知识的掌握应该是法学教育所具

① 李瑜青：《法理学》，上海大学出版社 2005 年版，第 59 页。

有的意义的体现,因此从这个角度来说,虽然操作法律思维的主体是具有普遍性的,但这绝不是就说明所有能够操作法律思维的主体都是具有知其然并且知其所以然的能力的。因此,构建作为法律判断的大前提的法律规则的认识是一项值得重视的必要性工作。如《刑法》第二百三十二条规定:"故意杀人的,处死刑、无期徒刑或者十年以上有期徒刑;情节较轻的,处三年以上十年以下有期徒刑。"从该法律规则来看,其涵括了法律规范所应该具备的适用条件、权利义务和法律后果三要素。具体地说,适用条件即故意杀人,法律后果即处以死刑、无期徒刑或者十年以上有期徒刑、三年以上十年以下有期徒刑,而权利义务则是隐含于其中的。在此还可以进一步分析,即在不同的情况下所承担的法律后果不同,如一般条件下是处以死刑、无期徒刑和十年以上有期徒刑;而情节较轻的,则是三年以上十年以下有期徒刑,即不同的事实应该对应不同的适用条件,从而会产生不同的法律后果。再如《刑事诉讼法》第二十条规定:"中级人民法院管辖下列第一审刑事案件:(一)反革命案件、危害国家安全案件;(二)可能判处无期徒刑、死刑的普通刑事案件;(三)外国人犯罪的刑事案件。"就此法律规则来说,它的适用条件很明确地是指所规定的上述三个基本情况,一旦符合上述这三个基本情况之一,就导致一审的审判管辖权由中级人民法院管辖的法律结果。因此,可以这样说,法律规则中的适用条件经由权利义务的中介作用,从而与法律后果之间存在各种形式的因果联系。

但掌握了法律规则的逻辑结构并不代表着在遇到具体问题时就一定能使用好对法律规则逻辑结构的分析,而这可能也是法律职业或法律共同体与其他职业或共同体在操作法律思维的过程中存在的重要区别之一。就以2006年轰动一时的许霆案[①]来说,由于案件本身的复杂性从而导致了即使是在法律职业群体中也发生了对案件性质认识的重要分裂。有的主张应该仅

① 许霆案的基本情况是:许霆有一次在广州商业银行一部ATM机上取款时发现,取1 000元时卡内余额才减少1元。发现这一情况之后他前后总计取款102次,共取款17.5万元。

仅追究不当得利的民事责任；有的认为应该追究盗窃罪的刑事责任；有的认为此案中由于银行本身所具有的过错在先，同时又由于发生的个案特殊性，因此应免除追究刑事责任，等等。许霆案所造成的分裂说明了在将法律规则与案件事实进行有效的勾连时，或在构建起形式逻辑的大小前提时，并不是一个一蹴而就的过程，而是应该反复地穿梭于法律规则与案件事实之间。要在法律规则和案件事实之间来回穿梭，首先我们必须了解的就是案件的基本情况，同时要发现案件结果所指向的不同法律后果，再经由因果链的联系来发现不同法律后果的适用条件，进而再将适用条件与案件的基本构成进行对比和分析，从而构建起大小前提。就以许霆案中许霆所应该承担的法律后果来说，知晓了案件的基本事实之后，经由对法律思维的操作就会形成一个基本的判断。比如主张不当得利的学者会依据《民法通则》第九十二条“没有合法根据，取得不当利益，造成他人损失的，应该将取得的不当利益返还给受损失的人”，据此条会发现许霆案件中的基本事实是符合这一适用条件的，即一方受损（银行），另一方得利（许霆），没有合法依据，受损方的损失与得利方之间存在因果联系，因此应该适用不当得利的规定并承担相应的民事责任；主张盗窃罪的学者则会依据《刑法》第二百六十四条的规定来论证自己的观点，因此分歧在这里出现了。其实此时应继续返回到案件的事实之中，对诸如应该如何为 ATM 机定性、如何为许霆的主观动机进行定性等问题做讨论，看具体的案件事实是不是符合法律规则的构成，只有经由这样来回往复地穿梭于法律规则与案件事实之间，才能有效地构建起进行形式逻辑推理或实质推理的大小前提来，也只有这样才能保证法律判断的准确性。

综上所述，穿梭于法律规则与案件事实之间是法律思维一个十分重要的阶段和特征，一方面法律规则的存在为法律思维提供了预则、指引和判断的功能，另一方面案件事实的存在和对案件问题的解决使得法律思维变得活跃起来，从而也只有在法律规则和案件事实之间穿梭才会符合法律思维所应该具有的动态性和开放性的本质要求。

(三) 法律思维是不断运用各种具体法律方法的思维过程

在法律规则与案件事实之间的来回往复的穿梭过程中，提供这种动力的则是法律方法体系中的众多具体方法，诸如法律解释、法律推理、法律论证等，葛洪义甚至认为还应该包括法律修辞在内。一般认为法律解释就是解释者将自己对法律文本意思的理解通过某种方式展现出来。[①] 之所以要进行法律解释，就是因为法律本身所固有的抽象性、概括性等，一如恩吉施所言："我们不得不认识到，制定法中技术的——法律的语言使用绝不是像宾丁所认为的是清晰的。立法者经常把在不同的制定法中的不同意义与同一制定法中的同一词语结合在一起。"[②]梁慧星认为法律之所以需要解释，原因在于："第一，是法律的本性，因为语言文字有它的特点，具有多义性和模糊性；第二，是社会生活的复杂性。"[③]因此，法律规则只有经由法律解释之后才能成为对具体行为进行判断的依据。以许霆案件来说，之所以会造成在法律适用问题上的分裂，很大一部分原因就在于对金融机构的认识上，具体地说，则是 ATM 机究竟属不属于金融机构的范畴，而这一点法律上的规定是抽象和模糊的。同时需要进行法律解释的原因还有诸如有的时候存在法律的规定与社会生活之间的脱节，通过法律解释可以有效地弥补这一脱节，再加之由于人的能力的有限性，从而使法律只有经过不停的解释才能趋于完善。[④] 一般地说，法律解释的方法主要包括语义解释、体系解释、目的解释和历史解释四种。(1) 语义解释主要侧重于对法律规则的用语进行解释，它又可以分为扩大解释和限制解释等。比如曾经发生过这样一个案件：一群人在一 KTV 包厢内吸食毒品，被公安机关抓获，法院在对案件进行审理的过程中就利用了限制性的解释，将 KTV 老板排除在《刑法》第三百五十五条

---

① 李步云：《法理学》，经济科学出版社 2000 年版，第 550 页。
② [德] 卡尔·恩吉施：《法律思维导论》，郑永流译，法律出版社 2004 年版，第 90 页。
③ 梁慧星：《裁判的方法》，法律出版社 2003 年版，第 52－55 页。
④ 葛洪义：《法律方法讲义》，中国人民大学出版社 2009 年版，第 179－180 页。

所规定的容留他人吸毒罪的主体范围之外，原因在于法院认为KTV的包厢是具有封闭性特征的，从而超出了管理人员的可视范围。这个案例说明，在司法实践中对一定法律规定做出解释是采取字面解释、扩大解释还是限制解释，应该根据具体的情况而定。(2)体系解释主要是通过将某一法律规则置于法律整个系统之中来加以解释，以便从整体的推论之中来发现某一法律规则的真切含义。(3)目的解释则主要从法律规则立法目的的角度来进行的解释，这其中又包括客观目的的解释和主观目的的解释。客观目的的解释主要侧重于依据法律规则的客观性来探求法律规则的含义，主观目的的解释主要侧重于从立法者的立法意图之中去发现法律规则的含义。(4)历史解释主要从历史的角度来对法律规则形成原因和目的进行的解释，比如以前我国《刑法》所规定的反革命罪，要对此法律规则的含义进行正确认识就要求我们必须从历史的角度来进行。一般地说，在来回穿梭于法律规则和事实之间的过程中，肯定会用到一种或多种法律解释，因此法律解释的重要性我们应该加以重视。同时一些学者还认为法律解释的诸多方法应该有一个基本的排序，对此王泽鉴则采取一种否定态度，他不认为“各种解释方法具有一种固定不变的位阶关系，亦不认为解释者可以任意选择一种解释方法，以支持其论点”①。进而他认为法律解释位阶关系的问题大致可以这样理解：“文义解释是基石；体系解释的主要功能在于依法律体系上的关联去探求法律规范意义，并维护法秩序的统一性；法律发生史及立法资料，有助于探求法律规范意旨，具有重要地位。”②对此笔者认为，在法治社会中，在适用法律解释的过程中，各种法律解释方法应该有一个基本的位阶关系，即应该首先适用文义解释的方法，其次是体系解释的方法，再次是目的解释的方法，最后则是历史解释的方法。

所谓法律推理，就是将已经确定的法律规则作为大前提，同时以已经查

---

① 王泽鉴：《法律思维与民法实例》，中国政法大学出版社2001年版，第240页。
② 王泽鉴：《法律思维与民法实例》，中国政法大学出版社2001年版，第241页。

明的案件事实作为推理的小前提，然后结合形式推理或三段式的推理，进而导出法律结果的过程。一般来说，法律推理是一个非常具有形式性的过程。比如以《刑法》第一百三十三条规定的交通肇事罪为例。假设一个人由于醉酒驾驶从而发生交通事故并造成一人死亡的，那么法律的形式逻辑推理会这样表达出来：大前提违反交通运输管理法规，因而发生重大事故，致人重伤、死亡或者使公私财产遭受重大损失的，处三年以下有期徒刑或拘役；小前提某人醉酒驾驶符合违反交通运输管理法规的适用条件、发生交通事故并致人死亡符合致人死亡的适用条件；法律结果则是处以三年以下有期徒刑或拘役。当然这是能够比较明确地找到构建法律推理的大前提的，如果在大前提缺失的情况之下，还应该通过某种方式如法律解释、类比等构建起一个适合于案件的大前提来，如典型的同性恋卖淫是否属于卖淫罪的案件，就是首先要通过法律解释的方法为该案件构建起一个符合案件事实的大前提来，再经由法律的形式推理，从而获得案件的法律结果的。

法律论证一般认为就是法律结果的正当性证明过程。葛洪义认为法律论证是“现代法律工作的一种必要工作……法律论证与实证的法律观关系密切……法律论证是一种程序主义的证明方法”[①]。葛洪义的见解是值得重视的，但在笔者看来，法律论证其实也不只在规范法学之中才存在，在规范法学的系统中，这种论证主要是对已有法律规定作出明确的解释，但现实生活是复杂的，有的时候法律的具体规定并不能对应现实生活的具体情况，这时无论是作为法官还是律师或其他的法律职业人，就可能要运用自然法学的理论或法社会学理论对疑难的法律问题进行分析，这个分析过程也是一个论证的过程。在法治社会建设过程中，我们必须破除独断论的思维，使自身的论证建立在具有科学合理性的基础上。有学者认为，法律论证可以分为内部论证的证成和外部论证的证成，但不管哪种形式，法律论证总应该包括诸如对为什么适用该大前提的论证、事实为什么是如此构建的论证、法律

① 葛洪义：《法律方法讲义》，中国人民大学出版社 2009 年版，第 201－205 页。

结果为什么是如此的论证等，因此可以这样说，在法律思维的过程之中，处处充满了法律论证的身影。

当然，在法律思维的过程中并不会存在单独使用某一种方法从而能形成一个完整的思维的情况，只有通过多种方法的交叉共用才能导致法律结果的产生。而在这里进行的分析、划分、说明仅仅是为了学术研究和表述的便利而已。

(四) 法律思维是法律结果指向性的思维过程

上文的研究已经表明，不少学者对最能体现法律思维特征的法律结果的指向性却忽略了。对于法律思维特征的分析，比较典型的是陈金钊教授的阐述。他认为："我们可以从语词符号、价值观念、法律方法和法律职业四个方面来界定。(1) 法律思维使用的是法言法语；(2) 法律思维的特征还表现在对法治观念的确信上，这些法治观念有法律至上、权利观念、形式主义；(3) 法律思维与法律方法密切相关；(4) 法律思维是法律职业化的标志之一。"[①]法律思维实际上与法治思维存在着区别，法律思维者并不一定确信法治应有的观念，如法律至上、权利观念等，但对法律思维特征的把握、把法律结果的指向性遗忘是很不全面的。因为无论是在法律规则与案件事实之间的穿梭，还是从各种法律方法的运作过程来看，法律思维其实都是在为法律结果的作出进行必要的前提准备，这就像一个人痛苦地进行了思考之后，却没有发现这样思考的目的和意义之所在一样。因此，从目的和意义的角度来看，法律思维所具有结果指向性的面向应该是法律思维的点睛之笔。这一点在法律实践中是很清楚的，诸如法院的法官在案件审判过程中经过法律思维的运用要拿出对案件的判决的观点、律师在接案时经过法律思维的运用要拿出就这个案件如何为当事人进行辩护的法律观点，如此等等，这些法律思维的活动无一不是以结果为导向的。因此可以说，在进行法律思维之时如果不具有法律结果的指向性的话，那么该法律思维的过程就是没有价值和意义的。

---

① 陈金钊：《法律方法论》，中国政法大学出版社 2007 年版，第 58 - 62 页。

三、法律思维的作用与价值

当今中国社会,人们对法律关注的重点正从立法转向法律如何实现的问题上,因此司法审判的合法性正当性就显得十分重要。对于这一点国内学者有不少论证,甚至有学者认为,当今社会关注的重点已经从立法转向司法了。但司法权的良性运行应该是建立在诸多的客观要件之上,其中之一就是适合本国国情的法律体系的完善,但我国已建立的法律体系所具有的并已成为学术界共识的移植品格,从而导致了司法权的运行并不能有一个坚实的基础。加之中国法院判决书所具有的极为简约的风格,导致司法权威在社会民众的心中长时间不能树立起来;另外,中国法律在立法过程中还受到宜粗不宜细立法指导思想的影响,从而导致司法裁判过程有极大的自由裁量的空间,如我国《刑法》第二百三十二条故意杀人罪条文中对法律后果的规定,最高刑可达致死刑,而最低刑则在 3 年至 10 年之间,这种粗犷的立法模式导致的后果就是,司法权在进行的裁判过程中有可能被滥用,而对于这种滥用我国又没有英美法系国家所具有的那种遵行前例的司法惯例作为限制。

上述种种问题,笔者认为经由法律思维的培养可以得到一定的缓解。法律思维是一个讲究法律方法、运用法律方法的思维过程,经由在行使司法权并形成判决的过程中使用各种法律方法,从而有助于判决的论述在法律规定的体系中合乎逻辑,达到抽象和具体的有机结合,同时防止司法过程中对自由裁量权的肆意运用。综上所述,重视法律思维这种作为类型化思维方法的学习有助于司法权威的树立并防止司法权被滥用。

第二节　法律分析

一、法律分析的内涵

法律分析着重要解决的问题是,在面对一个错综复杂的案件之时如何进行分析和判断。这就如同我们在利用肉眼对太阳光进行观察之时，只能观察到其是一束白光而已，我们不能通过肉眼发现这束白光是由七色光所组成的事实，此时要观察七色光我们需要借助于三棱镜等一类的光学仪器。同样，对于案件进行分析时，我们也不可能仅凭自己的印象式分析而得出可靠的结果，此时就需要借助于一定的法律方法来对案件加以分析。一般认为，在对案件进行法律分析时，主要是从对案件中存在的法律关系加以分析入手的。通过分析法律关系对案件进行分析，实际就是通过理顺案件中存在的不同的法律关系，在确定其基本要素和变动情况的基础上，全面地把握案件的性质和当事人的权利义务关系，进而在这些基础上通过演绎推理的方法对法律加以适用。

通过法律关系分析来对案件进行法律分析是法律实践中基本的分析方法和分析框架，这对操作人员提出了一些要求。首先，要有关于法律关系方面的法理学知识；其次，要比较熟悉部门法的知识；再次，应该对整个法律体系有宏观的了解，因为在现实的案件中往往存在多个法律关系、涉及多个部门法的知识；最后，需要拥有较高的法律素养。

通过法律关系分析对案件展开法律分析，具有以下优点：第一，在面对案件中存在的错综复杂的关系时，通过法律关系分析能够使案件条理清晰起来。但值得一提的是，过去我国司法过程并不注重运用法律关系这种分析方法，而是侧重于从伦理的角度进行综合式的判断，虽然从伦理角度进行的分析有其积极意义，但却片面夸大了这种方法的作用，有时反而把问题弄得复杂，作出的判断也缺乏专业性。第二，在对法律关系进行分析时，实际上也就排除了案件事实中一些与法律关系无关的因素，比如道德因素、政治因素等，从而确保能够做到“以事实为依据、以法律为准绳”的承诺。第三，通过对法律关系的分析来对案件进行分析，也抓住了案件审理的要点，即主体、客体和内容这样的法律关系三要素。第四，通过对法律关系的分析来对案件进行分析，也能使分析者对案件事实有一个流动式和开放式的思维过程。[①] 笔者认为在具体的实践中人们对案件的分析往往包括两个基本阶段,把一个案件中完整的行为按法律关系进行分解并分别加以验证。一个基本阶段是在分解基础上,再按照涉及的诸多法律关系进行综合;另一个基本阶段是把已经证明的片段的法律关系联系起来。

二、法律事实构建与法律分析的二分

(一) 法律事实的构建

利用法律关系对案件进行分析实际上是对已然发生的事实作出法律判断。这种判断是有条件的,这个条件就是以法律关系分析为基础对已然发生的事实进行构建,使其成为法律事实。所谓法律事实即"由法律规定的,能够引起法律关系形成、变更或消灭的各种事实的总称。法律事实与一般意义上的事实不同,法律事实只能由法律加以规定并且是能够引起法律后果的那些事实"[②]。依据这个判断,可供进行法律分析的法律事实应该具有这样两个基本特征:第一,必须是符合法律规定的事实;第二,必须是利用证据加以证明的事实。

1. 必须是符合法律规定的事实

案件事实的形成是一个以人类活动为中心的过程,因此对于那些与人类生活无关的事实自然不会进入到案件中来,比如火山喷发、海啸等,除非其与人类的生活发生了关联,否则就不能进入到案件中来,这是应该首先指出的一点。其次,在进行具体的法律事实构建的过程中,应该紧紧地扣住相关的法律规定。利用法律关系的方法对案件事实进行法律分析的过程,实际就是将抽象的法律规定应用到具体的案件中的过程,所以这里面有一个从抽象到具体的过程。在将抽象的法律规定应用到具体的案件的过程中,应该对法律规范的逻辑结构加以把握。法律规定的逻辑结构是指法律规定

① 丁巧仁:《民商事案件裁判方法》,人民法院出版社 2006 年版,第 49 - 65 页。
② 李瑜青:《法理学》,上海大学出版社 2005 年版,第 92 - 93 页。

在逻辑上的构成成分以及这些成分之间的相互关系。通过对现行法律规定的逻辑结构进行分析，可以发现法律规定一般包括三个组成部分：适用条件、行为模式和法律后果。

适用条件是指适用该规定应该具备的时空条件或者其他事实条件，即只有当这些条件出现之时，方可适用该规定。如我国《民法通则》第二十三条规定，公民有下列情形之一的，利害关系人可以向人民法院申请宣告他死亡：(1) 下落不明满四年的；(2) 因意外事故下落不明，从事故发生之日起满两年的。也就是说，某人的利害关系人要申请其死亡，那么就必须具备上述两个条件之一，这样才能适用关于宣告死亡的相应条款，如果不具备相应事实的话，那肯定就不能形成相应的法律事实。

行为模式是指法律规定所涉及的具体内容即权利和义务部分。这部分实质上是法律规定的核心部分，就是说只有符合了法律规定要求的条件时，由法律主体实际去履行了相关义务、享受了相关权利的事实才能构成法律事实。如我国《刑事诉讼法》第二百三十六条第一款规定，辩护律师自人民检察院对案件审查起诉之日起，可以查阅、摘抄、复印本案的诉讼文书、技术鉴定材料，可以同在押的犯罪嫌疑人会见和通信。对此，实际就是规定了律师在刑事诉讼过程中所享有的权利，如果一个犯罪嫌疑人的辩护人不是律师但主张这些权利，显然就缺乏依据，不能得到相应的法律支持。再比如我国《合同法》第八十六条规定，债务人转移义务时，新债务人应该承担与主债务有关的从债务，但该从债务专属于原债务人自身的除外。那么如果债权人主张要求新债务人履行专属于原债务人的义务时，显然就不符合相应的法律规定，因为法律规定了专属于原债务人自身的除外，也就是说债权人的主张无法律依据从而不能构成相应的法律事实；如果债权人向原债务人主张一项并不具有专属性的债务，显然也是不符合相应的法律规定的，进而同样也是不能形成相应的法律事实的。

法律后果是指法律规定中规定的、人们在做出符合或违反该规范的行为时所引起的法律结果，包括积极的法律保护或奖励、消极的法律责任或制裁等。分析法律后果时特别要注意它与一般后果的区别，因为在一些特殊情况下某些法律事实的构成是以某一后果的出现为条件的。如我国《民法通则》第一百二十三条规定，从事高空、高压、易燃、易爆、剧毒、放射性、高速运输工具等对周围环境有高度危险的作业造成他人损害的，应当承担民事责任；如果能够证明损害是由受害人故意造成的，不承担民事责任。这里实际就是说，如果从事对周围环境高度危险的作业造成他人伤害的，其是要承担责任的，也就是构成法律责任的法律事实是以某种伤害行为的事实的出现为前提条件，但仅仅从事高度危险的作业而没有造成他人伤害的就不存在承担法律后果的问题了。

2. 必须是能够利用证据加以证明的事实

这是说，在法律实践过程中所认定的法律事实必须是由合法有效的证据来加以证明的，所以法律事实也就是法律实践过程中的事实而不是案件的全部事实或者一般公众所认识到的事实。任何一个案件都是由大量的事实所构成的，但不见得每一个案件事实都能够构成法律事实，因为一方面法律事实必须是符合法律规定的事实，另一方面法律事实必须是能够利用证据加以证明的事实，所以说案件事实其实并不等同于自然的客观事实，而是根据诉讼法和相关的证据制度逻辑地构建出来的。如以结婚中的结婚仪式和结婚登记为例，结婚仪式一般不属于法律事实，结婚登记当然是法律事实。再以美国著名的辛普森案件为例，辛普森案的民事判决和刑事判决截然不同，虽然法院都利用了同样的证据。原因就在于刑事判决对证据的要求比民事判决有更加严格的要求，刑事诉讼中警方非法获得的证据不能作为证据使用。上面的案例说明了这样一个问题，证据与法律事实的认定具有非常复杂的关系。

证据问题一般是由诉讼法来加以界定的，从学科发展的角度来说，证据法学也是作为一门独立的学科而存在的，所以在这里我们对证据问题不作过多说明，仅讨论两个基本问题：第一，就一般而言，证据制度的基本演化逻辑是什么；第二，什么样的证据才是合格有效的证据，也就是说作为能够证明法律事实的证据应该具有什么样的品质。

据考证，人类社会早期实行的是神示证据制度。所谓神示证据制度就是“司法人员用一定形式邀请神灵帮助我们裁断案情，并且用一定方式把神灵的旨意表现出来，作为裁判的依据”[①]。如古巴比伦人在审理案件的时候经常采用的“水审法”。按照《汉谟拉比法典》中的有关规定，如果某自由民的妻子被人告发有通奸行为，但是她自己不承认，那么法官就会令人把该女子扔到河里去。如果她沉到水中，就证明她有罪；如果她没有沉下去，而是浮在水面上，就证明她无罪。[②]这种证据的认定方式用现代的眼光来看显然很荒谬，但古代社会确实存在。人类学家吉尔兹在对一些地方进行研究时也发现，不同的地方对事实的认定都会采用不同的方法，如在奉行伊斯兰教的一些国家，对事实的认知更多的是与目证制度相联系，而目证制度又是与证人的品格、道德等相互结合的。在印度文明、马来亚文明中对事实的认定也都有特殊性，吉尔兹认为其原因在于：“法律就是地方性知识；地方性在此处不只是指空间、时间、阶级和各种问题，而且也指特色，即把对所发生的事件的本地人士与对可能发生的事件的本地想象联系在一起。”[③]同样，即使是在现代中国社会，这种原始的证据制度在某些地区也是存在的，如“傈族有漂灯草、摸石头、折断棍子、嚼白米、端犁铧等；景颇族有卜鸡蛋卦、捏生鸡蛋、埋鸡头、斗田螺、煮米、闷水等；藏族有捞油锅、钻神索、顶护身符等”[④]。这些都说明一个问题，证据制度总是与一个地方的文化等紧密联系。但就证据制度的总体演化逻辑而言，恰如沃克所认为的那样：“总体而言，证据法的发展是一个从依据非理性的根据作判决到依据理性的根据作判决的进程。”[⑤]

西方的证据制度在11世纪以前，由于罗马法和教会法的巨大影响力，因

①② 何家弘、刘品新：《证据法学》，法律出版社2008年版，第4页。

③ 吉尔兹：《地方性知识——事实与法律的比较透视》，邓正来译/编，载《西方法律哲学文选(下)》，法律出版社2008年版，第83页。

④ 高其才：“论中国少数民族习惯法文化”，载《中国法学》1996年第1期。

⑤ ［英］沃克：《牛津法律大辞典》，李双元等译，法律出版社2003年版，第399页。

而在英国和欧洲大陆是没有太大的区别的，但随着神示证据这一非理性的制度逐渐退出历史舞台，英国和欧洲大陆在证据制度的发展上开始走进了不同的模式之中。就英美法系的证据制度发展而言，13 世纪以后，英国建立了以陪审团为基础、以当事人为中心的抗辩式的诉讼机制，而在这一过程中陪审员在对案件事实予以认定的情况下都是以自己的知识来对案件进行判定的，此时在英国并没有统一的证据制度，所以在对事实的认定过程中显得非常的凌乱。但是，随着司法实践的不断发展，陪审团这种对案件事实加以认定的方式就显示出了很强的局限性，因为案件上诉之后经常会被推翻，所以一些法官就吸取了教训，开始对陪审团认定案件事实的活动进行了限制和约束，如排除一些传闻证据等。就英美法系的证据制度发展而言，其基本上可以分为前期的“自由证明”证据制度阶段和后期至现在的“法定证明”证据制度阶段。所谓自由证明就是“法律对司法证明活动没有任何限制，司法者在采纳证据和运用证据认定案件事实的时候具有完全的自由”，所谓法定证明就是“法律为司法证明活动设计了具体的规则，司法者采纳证据和运用证据认定案件事实的时候必须遵守这些规则”①。

12 世纪的欧洲大陆在诉讼制度的安排上，实行了一套与英国完全不同的机制，即由早期的控告式的纠纷解决模式向纠问式的模式转变。这一转变使法官在证据问题上的职责和权限发生了很大的变化，法官的基本职责就变成了收集证据和对证据进行审查。由于启蒙运动之后，民族国家在欧洲大陆纷纷地建立起来，所以立法和司法行为也逐渐地统一起来，再加之大陆存在的等级制度、崇拜权威等因素，所以早期欧洲大陆采用了法定证据制度的模式。“所谓法定证据制度，是指法律事先规定出各种证据的证明力和评断标准，法官在审判中必须严格遵守这些规则，没有自由裁量权。”②但法定证据制度由于过于死板，缺少灵活性以及极容易导致刑讯逼供等，所以 18 世纪在欧洲大陆逐渐兴起了一股自由心证制度的旋风。所谓自由心证，就

①② 何家弘、刘品新：《证据法学》，法律出版社 2008 年版，第 11、24 页。

是说“证据的价值或证明力不再由法律事先作出具体明确的规定，法官和陪审员在审判中可以运用自己具有的人类普遍认知能力来自由评断具体案件中各种证据的证明力”[①]。但自由心证制度运用得不好的话，就会产生很大的后遗症，这在法律实践中有大量的案例可以证明。所以基于对自由心证所具有的危险性的认识，20 世纪以法国和德国为代表的大陆法系的证据制度也逐渐开始吸收英美法系中证据制度的一些较为明显的优点，逐渐增强了法定证明的色彩。英美法系和大陆法系的证据制度的发展说明，在证据制度问题上无论是实行宽松的自由心证制度，还是实行法定证据制度，都不能很好地解决司法过程中对证据制度的要求，所以证据制度必须在法定性和灵活性之间保持一种恰当的平衡。而就中国目前实行的证据制度而言，在这个问题上也在积极探索，并重视对英美法系和大陆法系的证据制度经验的吸收。

（二）对事实的法律分析

通过利用法律关系对法律事实进行分析，最为重要的就是理顺法律事实中存在的不同的法律关系，进而在此基础上全面地把握案件的性质以及当事人之间的权利义务关系。有学者将法律分析分为两个基本层面：常规的法律问题与疑难的法律问题，同时将法律分析与法律结果之间予以勾连起来。[②] 这种法律方法的研究进路有可能将法律分析与法律判断、法律发现相混淆。笔者不赞成这样的分析观点，法律分析应该着重对案件事实中存在的法律关系进行分析，在此基础上再采取下一步行动，如法律判断或法律发现等，所以说法律分析是法律判断或法律发现的基础。

通过法律关系来对法律事实进行分析，一般包括这样几个步骤：

第一，应该理清法律事实中所涉及的法律关系，以及发现法律事实中作

---

① 何家弘、刘品新：《证据法学》，法律出版社 2008 年版，第 28 页。
② 葛洪义：《法律方法讲义》，中国人民大学出版社 2009 年版，第 151 页。

为争议焦点的法律关系是什么。在一般的案件之中都是存在许多个法律关系的，所以在通过法律关系的分析对法律事实进行分析的过程中，第一步就是要发现在众多的法律关系中，哪一个才是最重要和最核心的，也就是说是产生其他法律关系的源泉。如以某电信公司与某交通公司、某工程公司财产损害赔偿纠纷上诉案为例，某电信公司诉称：某交通公司委托某工程公司在垫江县石岭收费站附近施工时将我公司管辖的万州至垫江通信光缆挖断，造成公司重大经济损失，请求判令某交通公司和某工程公司共同赔偿损失。某交通公司辩称，我公司与某工程公司有协议，施工中出现任何事故，我公司不承担责任。某工程公司辩称，我公司在施工中，不知晓作业路段地下铺设有通信光缆，误将某电信公司埋设的地下光缆挖断事实属实，但由于这是该公司地面标识不清所引起，所以该公司应承担主要责任。[①] 就该案中，至少存在某电信公司与某工程公司侵权法律关系、某工程公司与某交通公司工程承包法律关系等法律关系，在对案件分析时就要辨别哪一个关系才是核心的法律关系。

第二，对作为焦点的法律关系进行定性，比如是属于民事案件、刑事案件还是其他。对法律事实的定性在一般案件中是比较简单的，因为大部分案件的核心争议点都是比较明确的，所以对持有法律思维的人来说，对这些案件性质的判断不需要费太大的精力；但需要注意的是一些比较模糊的情况，比如许霆案，在对许霆从出现问题的 ATM 机上取出钱的行为进行定性时，学术界曾经出现了很大的分歧。有的学者主张应该依据民法中的不当得利来要求许霆承担民事责任，有的学者主张应该依据刑法中的盗窃罪来判处许霆承担刑事责任，有的学者认为对于许霆的第一次行为应该为民法中的不当得利，而对于后面的行为应该依据刑法中的盗窃罪来加以认定。学者们之所以在许霆案中出现分歧，实际就是对法律事实中争议焦点的法律关系的定性出现了分歧，所以说对法律事实进行准确的定性应该是进行

① 重庆市高级人民法院：《重庆审判案例精选（第二集）》，法律出版社 2007 年版，第 130－139 页。

法律分析很重要的一步，因为它决定了整个案件的走向问题。

第三，在对法律事实加以定性的基础上，对法律事实中的各个法律关系进行要素分析。法律关系的要素主要包括主体、客体和内容，对法律关系进行要素分析就是要紧紧地围绕这三点来开展。首先应该确立的是法律关系中的主体。一个案件一般涉及许多法律关系，所以要对每一个法律关系中涉及的主体分别加以分析。其次，确定法律关系中主体相互之间的权利和义务。作为法律关系所涉及的主体，其在法律关系中必然要享有权利和承担义务，但并不见得每个主体所享有的权利和承担的义务都是相同的，所以要细致地加以分析，主体在相应的法律关系中相互之间应该享有的权利和承担的义务分别是什么。最后，应该对法律关系中的客体进行分析。客体就是权利和义务所指向的对象，所以说对客体进行分析就是对主体所享有的权利和承担的义务的指向标的进行分析，如在物权法律关系中权利和义务指向的对象就是物，在侵权法律关系中权利和义务指向的对象就是给付行为。法律关系标的判断的正确与否对法律分析、法律判断具有很大的影响。

第四，要从动态的角度来对法律事实中的法律关系进行分析。法律事实中的众多法律关系并不是没有关联的，而是存在着或横向或纵向的关系，所以对法律事实中的法律关系进行考察和分析，实际就是对法律关系的产生、变化和消灭进行分析。法律事实中的法律关系一般有因果关系、横向关系等。所谓因果关系是指一个法律关系的出现、变化或者消灭是由于另外一个法律关系的出现、变化或者消灭而引起的；这里面分多种情况，如一因一果、多因一果、一因多果、多因多果等。所谓横向关系指法律事实中的法律关系是并列的，相互之间没有联系，比如在一些比较复杂的案件中，一些法律关系仅仅与核心法律关系具有联系，而相互之间却没有联系。

第三章　法律渊源与法律发现

第一节　法律渊源

一、实质的法律渊源与形式的法律渊源

在我国不少法理学教科书中，对"法律渊源"这个概念的讨论还不够深入，往往是将法律渊源置于法的形式中，将法的形式视为与法律渊源等同的概念。比如孙笑侠将法律渊源定义为"因产生形式与来源不同因而对法律制定和法律适用具有不同效力和不同法律意义的法的各种表现形式"[①]。这种将法的形式与法律渊源相等同的见解，其实并不十分恰当和准确。法律渊源本身的内涵比较丰富，含义众多，比如可以这样看待法律渊源：(1) 法律的历史渊源，即某种特定的法律是由特定历史背景中的特定事件和行为发展起来的，如被马克思所认为的第一个人权宣言的美国《独立宣言》就是

① 孙笑侠：《法律对行政的控制》，山东人民出版社 1999 年版，第 93 页。

美国独立战争的产物。(2) 法律的理论渊源，即创设一国法律所依据的理论基础和指导思想，如美国的宪政制度的理论依据就在于三权分立和制约平衡的理论思想，我国当代法律的理论依据就在于马克思列宁主义、毛泽东思想、邓小平理论和“三个代表”重要思想。(3) 法律的经济渊源，即法是建立在何种经济基础之上，又是体现和代表了哪个阶级的意志和利益的。虽然现代社会中的法律已经逐渐地在弱化其阶级性，但毫无疑问，法律必然是建立在一定的经济基础之上的，这是无法回避的事实。(4) 还可以从形式的角度来对法律渊源加以研究，即法律的各种外在表现形式。这种外在表现形式取决于法律是如何产生的，也就是法律渊源产生的渠道问题。

通过上面的讨论，我们会发现将法的形式与法律渊源等同的做法显然不合适，法的形式其实应该仅仅是法律渊源中的一个下位概念，为此在这个问题上我们赞成陈金钊的观点，他认为“法律渊源本来可能是一个司法的概念，但长期以来，我国法学立足于立法中心，强调法律规范的完善，这一点与西方法学，尤其是英美法学不同，他们的法学研究是以司法为中心的”①。陈金钊可能看到了法律渊源一词在中国学界之所以产生混乱的原因，进而他认为法律渊源的使命在于“重点要解决的就是判决等效力来源的问题”②。但同时他又认为:“法律究竟来自神意还是公意、规律、阶级意志等的争论，这实际上是关于法律本质的命题。法律究竟是立法还是源自习惯、民族精神、社会等的争论，实际上是法社会学的问题。这些问题本来就很宏大，没有必要被纳入法律渊源的研究范畴。”③对于陈金钊所持有的这种看法笔者不赞成，原因在于即使是从司法的角度来对法律渊源进行研究，也就是研究法律渊源的重点——解决判决的合法性的来源问题。但在法律空缺或者法律模糊等情况下，对于法律的实质渊源要是没有清晰的认识，是很难想象能够正确地解决法律漏洞或者法律模糊等问题的，“解决法律的来源问题，也

①②③ 陈金钊:《法治与法律方法》，山东人民出版社 2003 年版，第 296 页。

是为了正确处理法律案件、纠纷、分歧”[①]。所以我们认为，即使是从方法论的角度来对法律渊源进行研究的话，也应该对法律的实质渊源和形式渊源都加以研究，因为法律实际涉及两个层面的应有状态：一个是法律应该如何的问题，另一个是依据法律人们应当如何行为的问题。

法律的形式渊源是指法律是以什么样的形式表现出来。传统的观点如沈宗灵认为法律渊源就是指法的效力渊源，“也即由什么国家机关制定或认可，因为有着不同法律效力或法律地位的各种法律类别，如宪法、法律、行政法规等制定法、判例法、习惯、法理等”[②]。沈宗灵的观点在这里有一些自相抵牾的地方，如其前半部分认为法律是由国家机关制定或认可，但后半部分却又认为法律渊源包括宪法、法律、行政法规等制定法、判例法、习惯、法理等，很显然，习惯、法理实际上是不能被前半部分概括涵摄进来的。沈宗灵出现这种误解的原因可能是其希图将法律的形式渊源与法的实质渊源勾连在一起加以解释，进而导致这种错误理解的发生。从区别法的形式渊源和法的实质渊源的角度出发，陈金钊从司法的角度对法律渊源的阐释对我们的研究是有帮助的，但我们的理解又与其有两点不同：(1) 法律渊源、法律形式渊源与法律的实质渊源是存在区别的，进一步地说我们所理解的法的形式渊源大致相当于他所说的法律渊源；(2) 在对法的形式渊源进行研究的过程中，不应该仅限于司法中心主义的思路，因为这种研究进路与以往存在的以立法为中心的研究进路一样会陷入某种独断论的话语之中，而现代法治的兴起实际就在于打破独断论的话语模式，进而我们主张在对法律的形式渊源进行理解的过程中，应该从更高层面的角度上，亦即从法律秩序和正当生活的角度来对执法、司法过程中的法律渊源加以研究。

沃克认为法的形式渊源表现为一种权威性的文本，“由于它们公认的权威性，由此而引出的原则和规则具有有效性和法律威力。它是由认可的立

---

① 葛洪义：《法律方法讲义》，中国人民大学出版社 2009 年版，第 121 页。
② 沈宗灵：《法学基础理论》，北京大学出版社 1988 年版，第 54 页。

法机关和法律宣布机关制定和发布有效的法律规则。从某种意义上说，联合王国法律的形式渊源包括：议会以立法形式发布的宣告，或者是某些授予立法权的下属机构以委任立法的形式发布的宣告；高级法院在其所判案件判决理由中所作出的法律阐释；权威著作所作的论述；习惯、当事人的协议，以及法官的公正、平等、道义和理性的司法官"[①]。格雷也认为，"应该从法官在制定那些构成法律的规则时通常所诉诸的某些法律资料和非法律资料中去寻找"。法律形式渊源包括：(1) 立法机关颁布的法令；(2) 司法先例；(3) 专家意见；(4) 习惯；(5) 道德原则(其中包括公共政策原则)。[②] 陈金钊的意见实际上与格雷的观点是比较类似的，至少在立场上是一致的，也就是说其没有能够留意到博登海默的意见，"尽管我们同意格雷把法律渊源看成是那些可以成为法律判决合法性基础的资料等因素的观点，但是我们认为，这些远远不只是同法院作出的判决有关"[③]。法律形式渊源的研究对方法论的研究来说是具有启发作用的，法律形式渊源的研究实质在于指明在具体的法律实践过程中，哪些形式渊源是可以为法律结果提供合法性基础和合理性证明的，同时对法律形式渊源的研究也在于对法律实践中行政权或司法权的控制，也就是必须在合格的法律渊源中寻找判决的理由，同时还应该遵从一定的规则。在当下中国的法治实践中，一般认为以下几种法律形式渊源对执法和司法活动是具有法律效力和约束力的：制定法、习惯法、国家和党的政策、一些以正当渠道发布的案例等。其中制定法的范围是比较广的，它包括宪法、法律、行政法规、地方法规、部门规章等；习惯法一般被认为可以分为两种形态，一种是国家承认和认可的法，另一种是国家没有承认和认可但在社会生活中却起规范作用的法。

法的形式渊源主要侧重从法所具有的法律效力和拘束力的角度来对其加以研究，但需要注意的是，它也需要通过特定的形式加以表达出来，如制

---

① [英] 沃克：《牛津法律大辞典》，李双元等译，法律出版社 2003 年版，第 1048 页。

②③ [美] E. 博登海默：《法理学、法哲学与法律方法》，邓正来译，中国政法大学出版社 2004 年版，第 428 - 430 页。

定法的形式、习惯法形式、国家或党的政策的形式等。在对法的形式渊源展开研究的过程中,往往会出现这样一个问题,即如何区分法的形式渊源和实质渊源。对此学界的基本看法是:没有被归纳进法的形式渊源中的法律渊源就属于法的实质渊源。值得注意的是,在不同学术流派和学者那里,对法的实质渊源的见解和归纳是各不相同的,这里面主要包括历史法学派、法律社会学派、法律实证法学派以及自然法学派等。

历史法学派和法律社会学派的基本观点比较一致,都认为法是来源于社会的而非是立法者意志的产物,法律是经由被发现而非被创造出来的,也就是说强调法律与社会之间的紧密勾连性,认为社会是法律产生的客观基础。但两者也有所区别,这主要是从时间指向的角度来说的。比如历史法学派的翘楚萨维尼就认为法实质是来源于民族精神,法律就像一个民族的语言一样是一个自发产生的过程;而法律社会学派认为法律是对社会中存在的利益加以平衡的结果,是一种社会控制,比如庞德从社会工程的角度来对法律进行的理解,埃尔曼也认为"从法律社会学的观点看,大量渊源是指法律的起源、习惯、判例等不过是社会群体意志这种法律的唯一的和同一的渊源的各种变化"①。

法律实证主义则认为法律的实质渊源在于立法者。比如,法律实证主义的开创者奥斯丁就认为,所谓法律实质就是主权者的命令;纯粹法学的代表人物凯尔森认为,法律实质规则即基本规范,而规则体系的产生则是从基本规范逐级地利用演绎的方法而实现的。在分析法学派的头面人物哈特那里,同样认为法律就是规则,不同的是哈特对奥斯丁和凯尔森的观点做了很强的调整而已,认为法律的产生是由第一性规则和第二性规则所构成的,同时也认为法律也是存在空缺结构的,进而法律与道德之间也不是毫无关联的。但无论法律实证主义的观点做什么样的调整,它的基本立场没有变化,都认为法律与立法者或主权者之间存在着本质联系,因此法律的实质渊源

① [美]埃尔曼:《比较法律文化》,贺卫方、高鸿钧译,清华大学出版社 2002 年版,第 5 页。

也就在于立法者或主权者。我国法学界有些学者认为,法的形式与法的渊源的概念是一致的,同时又认为法的形式就是国家机关制定或认可的规范性法律文件,这实际就是站在法律实证主义的立场上进行的研究和表述。

还有一种认识法的实质渊源的进路就是从自然法学派的视角出发。这种观点认为法的实质渊源在于某种精神,这种精神在自然法学派那里曾经有过很大的变化,如中世纪的奥古斯丁、阿奎纳等人认为法是来源于神的意志;古罗马的西塞罗以及近代的一些学者认为法是来源于理性;还有的学者认为法是来源于公意等。但无论来源怎样变化,一个贯穿自然法学派的理念就是认为世俗的法应该服从自然法的安排,这样的法才是正义的。这种思路实际与我国传统的格式律令中对法的认识是比较一致的,比如在汉代发明的春秋决狱,就是要求在断案过程中要服从儒学中伦理的安排,再如宋朝朱熹认为的法律应该服从理的安排,等等。无论是西方的自然法学派还是传统的中国学者,他们在对法的实质渊源的基本看法上其实是一致的,都认为法是来源于法自身之外的东西,法的这些身外之物可以是神的意志、人民的意志、理性、伦理、正义、公正等。

二、法律渊源的种类及进化

(一) 从法律效力的角度进行的划分

从法律效力的角度看,法律渊源可以分为正式渊源和非正式渊源。

所谓法律的正式渊源就是指具有法的效力的法律文件;所谓法律的非正式渊源是指不具有法律效力,但对立法、执法、司法活动会产生一定影响的政策、判例等。[①] 这种划分的理据在于不同的法律渊源对执法和司法活动所产生的拘束力是不同的。法律的正式渊源对执法和司法活动产生的拘束力是强制性的,而非正式渊源对执法和司法活动产生的拘束力是非强制性

---

① 李瑜青:《法理学》,上海大学出版社 2005 年版,第 37 - 40 页。

的。但也不能否认非正式渊源对执法和司法活动所具有的影响，比如现在研究比较多的基层法院在进行司法过程中对一些地区的习惯法或民间规范的尊重，再比如一定时期的司法政策、国家政策等对执法和司法活动都是具有影响的。对于正式渊源和非正式渊源也有不同的表述，如博登海默这样表述，“所谓正式渊源，我们意指那些可以从体现为权威性法律文件的明确文本形式中得到的渊源。这类正式渊源的主要例子有宪法和法规、行政命令、行政法规、条例、自治或半自治机构和组织的章程与规章、条约与某些其他协议，以及司法先例”，“所谓非正式法律渊源，我们是指那些具有法律意义的资料和值得考虑的材料，而这些资料和值得考虑的材料尚未在正式法律文件中得到权威性的至少是明文的阐述和体现”①。在这里我们与博登海默的观点存在一些细微的区别，博登海默主要是从法律形式的角度来对正式渊源和非正式渊源进行的划分，而我们是从法律效力和法律拘束力的角度来对正式渊源和非正式渊源进行的划分。这两种划分方式在最终形成的结果上其实没有太大的区别，主要体现出来更多的是立场上的区别而已。博登海默可能是站在法律实证主义的角度来对法律渊源进行划分，而我们更多的是从法律社会学的角度来对法律渊源进行划分。也就是说，博登海默更注重法律形式的问题，而我们更注重法律渊源在实现的过程中所具有的效力和拘束力。

(二) 从历史发展和形式的角度进行的划分

从历史发展和形式的角度看，法律渊源主要有以下几种表现形式：

第一，制定法。制定法是由拥有立法权的主体有意识地制定并具有系统性、逻辑性以及以书面形式表现出来的规范性文件。自从人类社会进入国家时代以来，制定法在很大程度上就已经成了规制社会生活和人类行为的主要规则，只不过在不同的时代有着不同的立法主体和不同的称谓而已。

① [美] E. 博登海默：《法理学、法哲学与法律方法》，中国政法大学出版社 2004 年版，第 428 - 430 页。

比如在传统中国，制定法主要是皇帝所发出的命令，基本的称谓有律令格式等；在现代中国，能够制定规范性文件的主体则是多元的，如全国人大及其常委会、国务院、地方人大及其常委会、国务院的部门、地方政府等，规范性文件的称谓也各不相同，如宪法、法律、行政法规、地方法规、部门规章、政府规章等。制定法与习惯法最为主要的区别在于它是有立法权的主体有意识地制定出来的，而习惯法更多的是在自发的环境中自然地生长出来的；制定法与判例法也有很大的区别，这表现为制定法具有普遍性、抽象性、系统性等特征，而判例法主要是由一个个具体的判例所形成的，从而倾向于特殊性、具体性等。

第二，习惯法。习惯是人们在长期的共同生活和交往过程中自发形成的一些规制行为的规则。需要注意的是，并不是所有的习惯都能够演化为习惯法，习惯法之所以为习惯法，并不仅仅在于其是在自发的环境中生长出来的规则，还在于其所具有的强制力。① 就目前我国的情况而言，习惯法在执法和司法过程中所具有法律效力和产生的拘束力主要是通过两种途径实现的：第一种就是国家对习惯法予以承认和认可，比如我国《合同法》第六十一条：当事人就质量、价款或者报酬等没有约定或约定不明，可以协议补充，协议不成，按照合同有关条款或者交易习惯确定。实际在这种情况下，习惯法已经具有了与制定法相同的法律效力和拘束力了。另一种就是国家对习惯法没有予以承认和认可的情况，实际这也是目前我国学者在进行民间法或习惯法研究时最为关注的领域。一般说来，此时执法或司法机构在解决纠纷的过程中对习惯法的尊重，更多的是出于对法律效果和社会效果的考虑而予以的策略性的承认，从这个意义上考虑的话，魏士德的见解对习惯法命运的断定对当下的中国来说是同样适用的，“在今天的国内法律生活中，习惯法实际上仅仅体现在法院的使用方面”②。

① 周相卿：《法人类学理论问题研究》，民族出版社2009年版，第43-63页。
② ［德］魏士德：《法理学》，丁晓春、吴越译，法律出版社2003年版，第106页。

第三，判例法。判例法是英美法上的一个概念。沃克认为，判例法主要是指“司法判例中所确定的法律原则和规则的一般用语，是根据以往法院和法庭对具体案件的判决所作出的概括和提炼”，“判例法与制定法的主要区别在于：判例法在诉讼案件中产生，而制定法可以预先制定，并使用于一般案件，而不仅仅是特定的案件。判例法不是用确切的系统语言来表述的，虽然有些判例也像许多制定法一样有着审慎的系统阐述，而且有时甚至运用制定法所使用的相同语词来进行解释，但在判例法中具有权威性的是原则，而非语词的阐述。与之相对，制定法在语词上具有权威性”。[①] 沃克在这里实际指出了判例法与制定法在几个方面的区别：产生方式不同，适用范围不同，体系性不同以及语词的权威性不同。但判例法之所以为判例法，就在于“在一些国家，判例不仅对本案有效，而且对以后的案件审理活动有强制性和指导性，以至于以后的类似案件的审理都必须符合前例，从而对法官的审判行为构成了一种法律上的约束”[②]。这种约束逐渐形成了一种普遍性的约束力，从而也就变成了我们所称之为的判例法。由于我国的政治体制和法律安排与英美国家存在较大的差异，所以在我国现阶段是不存在判例法的，值得注意的就是现在上至最高人民法院、下至一些地方高级法院甚至是中级人民法院所推行的案例指导制度在具体的司法实践过程中对司法过程和司法行为所具有的影响和拘束力的问题。

第四，政策。政策是一定的组织在一定时期内针对特定的问题或为了完成一定的历史任务而制定的规范或行为准则。将政策作为一种法律渊源的表现形式在我国学界的学术研究中并不多见，比如葛洪义在《法律方法讲义》一书中认为，从历史的角度看，法律的表现形式意义上的渊源主要有习惯法、判例法、制定法、协议法和法学权威著述。[③] 葛洪义之所以作出这种安排，可能是将政策置于制定法之中了，但政策与制定法实际是存在很大的差

① [英] 沃克：《牛津法律大辞典》，李双元等译，法律出版社2003年版，第175页。
② 葛洪义：《法律方法讲义》，中国人民大学出版社2009年版，第127页。
③ 葛洪义：《法律方法讲义》，中国人民大学出版社2009年版，第126－129页。

异的，这一点尤其在我国现阶段体现得更为明显。法律政策学派认为，在对法律进行适用的过程中，必须进行政策方面的思考，因为在司法过程中起核心作用的并不是法律规则而是政策，或许法律政策学派对政策的重要性的论断有点矫枉过正，但基本上还是符合事实的，比如我国《民法通则》第六条就这样规定：民事活动应该遵守法律，法律没有规定的，应当遵守国家政策。

第五，合同。所谓合同就是法律上平等的主体为了对他们之间的事务进行规制，从而在意思自治的基础上所缔结的用以安排相互之间权利与义务的约定。对此，博登海默认为，“我们可以从逻辑上推出这样一个结论，即如果这类协议含有规范性规定，那么我们就可以把它们看成是法律渊源”[①]。同样，黄茂荣也认为，“契约或协议对于参与意思表示者有规范上的拘束力，因此，其当属法律渊源无疑。只是，由于国家制定法对当事人意思自治表示的强制规范，契约或协议的法律地位应该受到制定法的约束”[②]。之所以作出这种判断，原因在于，从法律效力和拘束力的角度看，在实际具体的执法或司法过程中，重点在于对于法律关系的调整和纠纷的解决，而此时必须有所依凭，进而在合同没有违反相关的强制性法律之时其更有可能成为进行判断最为理想的法律依据，因为在合同中已经具备了法律规范的要求，如主体、权利义务的规定以及后果等。

（三）法律渊源的演进

我们有必要讨论一下法律渊源的历史演进问题。对法律渊源的发展史加以研究，会发现人类对法律渊源的把握大致经历了一个从习惯到习惯法、从习惯法到制定法、再从国家制定法向多元法律的过程。研究法律渊源的演进所具有的意义在于，一方面能够了解法律渊源的发展基本形态，另一方面能够发现上一阶段的法律渊源是如何影响下一阶段的法律渊源的发展

---

① ［美］E. 博登海默：《法理学、法哲学与法律方法》，中国政法大学出版社2004年版，第449页。

② 黄茂荣：《法学方法论与现代民法》，中国政法大学出版社2001年版，第8页。

的，同时更为重要的就是理解不同时代执法和司法是如何依据自身所处时代的法律渊源作出法律判断的。

在初民社会[①]，习惯法和制定法并不一开始就作为主导的法律渊源，当时社会的基本构成单位是氏族和部落，因此社会规范主要是一系列自发形成的原始习惯、原始禁忌、原始宗教规范等，以复仇为动机的暴力杀戮也是初民社会人类冲突解决的基本形式。总的说来，当时的社会规范具有明显的粗糙性、原始性、规范化和理性化程度偏低等特点。随着私有制的产生和阶级的出现，国家以及国家公共政治生活也逐步地形成和发展起来，初民社会也就逐渐地解体，从此人类进入了传统社会。[②] 传统社会中，人们之间以地缘性、身份性联结为基本特征，人类步入了习惯法和制定法并存的时代。在社会秩序控制主体方面，警察、法庭、监狱等以国家为核心的机构开始出现；在社会秩序控制规范方面，出现了道德规范与法律规范、宗教规范与法律规范竞争和较量的情形，但从中西法律渊源研究史的角度来看，当时就法律渊源的称谓、功能等方面，中西方之间却存在较大甚至是根本性的区别。

在中国传统社会，经过春秋战国长期的战乱，在国家进入一统的秦汉之后，代表外控的法家和代表内治的儒家就展开了长期的相互较量，但最终在汉武帝时代宣告将儒学定为一尊，也就是我们通常对传统中国法律性质所下的定论“德主刑辅，引礼入法”，然而从法律渊源的角度来看，当时的法律实践是以习惯法为主、国家制定法为辅，值得注意的就是此时无论是习惯法还是制定法，都具有很强的道德意味。因此，在社会秩序控制中，家法、行规、地方习俗往往扮演着比国家法还要重要的角色，这从黄宗智、兹贺秀三、梁治平等对传统中国司法活动的研究中就可以发现。这种法律渊源的结构模式的形成很大程度上是由于中国传统社会是一个农业社会，而在农业社

① 初民社会是社会科学在进行研究的过程中，如人类学、法学等为了研究的便利，而以时间为基础进行的划分。一般认为，从制度角度来看的话，初民社会与传统社会、现代社会的区别就是当时还未形成固定形态的制度。

② “传统社会”这一概念是相对于现代社会而言的，就社会控制模式而言，当时的西欧宗教的地位和作用突出，而以中国为代表的东方社会行政道德具有很强大的力量。

会之中社会的流动性并不是很强，所以熟人社会的形成也就在情理之中了，熟人社会的基本特征就是交往的往复性、地域性等。由于各地的情况都不相同，也就导致了各地风俗习惯的差异，同时再加之传统中国国家控制能力的有限性，所以国家的制定法主要是以刑律为主，自然而然也就形成了以习惯法为主、制定法为辅的法律渊源格局了。

在西方传统社会之中，社会秩序的控制在规范方面可以笼统地概括为宗教规范和法律规范的竞争过程。教皇和世俗君主在社会管理权上的争夺反映为教会法和世俗法之间长期此消彼长的竞争。这在伯尔曼的论述中我们可以发现端倪：法律的多元根源于基督教会政治体系和世俗政权的区分。教会宣布它不受世俗的控制，并宣布它对某些事务具有专属的司法管辖权和在另一些事务上具有并行的司法管辖权。世俗人士虽然通常受世俗法律的管辖，但在婚姻家庭关系、继承、宗教犯罪和以信仰为保证的契约关系方面以及许多其他事务上，也受基督教教会法和基督教教会法院的管辖。神职人员一般虽受教会法管辖，但关于某些类型的犯罪和某些类型的财产争议等，也要受世俗法律和世俗法院的管辖。① 但在启蒙运动之后，人类逐渐告别黑暗的中世纪而步入近代文明时期，社会发生了重大转型，这个重大的转型在腾尼斯看来就是从乡土社会向法理社会的转变，在涂尔干看来就是从机械团结型社会向有机团结型社会的转变，在梅因看来就是从身份社会向契约社会的转变。社会由简单到复杂，传统社会那种地缘的、身份的、个人的、熟悉的、稳定的交往和连接被以分工的、科层的、非个人的、匿名的、偶然的、临时的交往和连接所逐步取代。相应的，那种由以家庭、邻里、伦理、舆论、传统、习惯等为依托的非正式规范支撑的控制模式也被极大地简化和削弱了。随着传统社会的社会结构的逐步崩溃，市民社会日渐成熟，商业经济开始日益壮大，多元利益集团开始出现。在这个过程中，主权民族国家逐渐地形成了。主权国家的基本特征就是对外具有独立性，对内具有统一性

---

① ［美］伯尔曼：《法律与革命》，贺卫方等译，中国大百科全书出版社 1993 年版，第 11 - 12 页。

和最高性，随之而来的就是国家制定法在不断地规范、侵蚀各个地方不同的习惯法，从而逐渐形成了在民族国家内都能通行的相同的国家制定法。接下来就是现代社会与现代法律逐步占据了历史的舞台，这在西方最初以英、美、法等国家的资产阶级建立起来的现代国家为标志，主要西方国家逐渐实现了法律在社会秩序控制体系中的优势地位的建构，“原来基于道德的社会控制，将被基于成文法律的社会控制所取代”[①]。中国在鸦片战争之后，在内忧外患的情况下，也逐步经历了基本类似的发展路程，不同之处在于西方法制现代化的发展是社会内部自身发展到一定程度之后而自发形成的，而中国法制现代化的发展是在与民族危机、经济发展等因素紧密勾连的情况下由政府推动而逐步发展起来的。

所谓物极必反，制定法作为唯一法律渊源的发展历史同样没有能够逃脱这一规律。我们知道，在制定法刚刚兴起的时代，在理性思想的主导之下，当时有这样一个雄心勃勃的想法：法官在进行司法的过程中，仅仅需要充当“零售机”的角色就可以了，也就是说在人们向司法系统投入案件之后，对于任何一桩案件法官都是可以找到法律依据的，进而在此过程中法官只需要运用逻辑演绎这一简单的法律方法就可以达到获得唯一正确解释的目的了。但随着社会的发展，有几件重要的事件却使人们对法律渊源的认识发生了转折：第一，在第二次世界大战过程中，德国一些法官助桀为虐情况的发生，其延伸出来的就是法官在选择法律渊源的过程中需不需要进行判断的问题；第二，法律本身具有的稳定性和滞后性这种一体两面的性质以及人类理性有限性的问题，使快速发展的社会中出现的一些新型纠纷呈现出一种无法可依的局面，进而在具体的执法和司法过程中对无法可依的局面应该如何加以处理的问题；第三，诉讼的爆炸式发展加之司法的资源有限，由此带来的如何以有限的司法资源对待无限增长的诉讼的问题。上述几个问题的出现，打破了以往为制定法所勾勒和描绘出来的神话，也就是说以制

① ［美］帕克、伯吉斯、麦肯齐：《城市社会学》，华夏出版社 1987 年版，第 29 页。

定法为唯一的法律渊源并不是一个切实可行的方案,“法律是实践理性的体现,法律产生并存在于人们对正当行为的追求之中”[①]。也就是说,我们要从社会秩序形成和正当行为这一更高的层面上来思考法律渊源的问题,在这一问题的支配和刺激下法律多元的思想也就逐渐地盛行起来。以我国当下的法律渊源来说,在进行司法和执法的过程中除了要遵守如宪法、法律、行政法规、地方法规、部门规章、政府规章等一些正式的制定法之外,至少还会遵守如习惯法、国家政策等一些非正式的法律渊源。

三、当代中国的法律渊源

(一) 当代中国法的正式渊源

所谓中国法的正式渊源是指具有法律效力的规范性文件。在我国,法的主要形式是成文法,其中主要包括宪法、法律、行政法规、地方性法规、自治法规、特别行政区法、国际条约等法律渊源。根据制定规范性文件的机关的性质、地位、任务以及职权的不同,这些法律渊源的内容、适用范围、效力等级也各不相同。一般来说,对某一法律渊源的效力等级以及形式类型的确认和判断,主要是以该法律渊源是由哪一立法主体制定的来作为判断的标准和根据。

第一,宪法。宪法是我国最高国家权力机关全国人民代表大会经过特殊程序制定和修改的根本大法,它主要规定了我国的根本制度以及公民的基本权利和义务,同时宪法在我国的法律体系中具有最高的法律地位和法律效力。宪法之所以在我国法律体系中居于最高、核心地位,原因在于:(1) 宪法制定程序的特殊性。宪法必须是由我国最高国家权力机关通过特殊程序制定和修改的,而宪法以外的规范性文件就不需要经过特殊的程序,这说明了宪法在我国政治生活中所占据的至为重要的位置。(2) 宪法内容

① 葛洪义:《法与实践理性》,中国政法大学出版社 2002 年版,第 87 页。

的特殊性。宪法所规定的内容为涉及国家全局性、根本性的问题，从而直接决定了国家的性质、根本制度，决定了国家政治、经济以及社会生活的基本面貌。从这个角度看，在我国法律体系中没有任何一部规范性文件能像宪法这样对国家、社会起到如此重大和根本的作用。(3) 宪法的地位和效力的特殊性。宪法具有最高法律地位，它是其他一切规范性文件产生的基础，所以宪法又被称为母法，同时宪法的最高效力又决定了宪法之外的任何规范性文件要是与宪法相抵触的话，就会产生无效的后果。一般来说，我国宪法在执法和司法等具体的法律实践过程之中是不作为直接法律依据的，只有在极少数情况下才会依据宪法作出判决，如 1999 年发生在山东的齐玉苓教育权受到侵害一案，最高人民法院回复山东高院和紧随其后出台的司法解释，就是直接依据宪法作出的。

第二，法律。法律是由全国人民代表大会及其常委会依据立法程序制定的规范法律文件，法律的效力和地位在我国的法律体系中仅次于宪法。我国的法律又可以分为基本法律和基本法律以外的其他法律，其区别在于，基本法律要由全国人大进行制定和修改，在全国人大休会期间，全国人大常委会在与基本法律的原则和精神不相抵触的情况下，也可以对基本法律进行修改；而基本法律以外的法律既可以由全国人大加以制定和修改，又可以由全国人大常委会加以制定和修改。法律制定和修改的活动中出现的另外一种情况就是，由于现代社会分工以及社会快速发展的缘故，全国人大及其常委会经常会将一些法律的制定权授予国务院或其他机构，由国务院或其他机构制定和修改的规范性文件与全国人大及其常委会制定和修改的法律具有同样的法律效力和地位。这种委托立法的模式实际上也成为世界立法发展的趋势之一了。

第三，行政法规和部门规章。行政法规是由国务院根据宪法和法律，在其职责范围内制定和修改的有关国家行政管理活动的规范性文件，行政法规在我国的法律效力和地位在整个法律体系中位于宪法和法律之下。行政法规的内容覆盖面比较广，包括国防、外交、公安、司法、民政、财政、税收、金融、人事、教育、科学、文化、卫生、体育、环境保护等一切有关行政管理的领域。值得注意的是，由于我国特殊的政治体制的缘故，因此经常出现的一种情况就是党中央和国务院联合发布一些决议或者指示，这些决议和指示同样是具有法律效力的。另外一个就是国务院的各个部门在其职权范围内，依据法定程序所制定的规范性文件，这些规范性文件又被称为部门规章，其同样也具有法律效力，但部门规章的法律效力和地位在整个法律体系中又是低于行政法规的法律效力和地位的。

第四，地方性法规和地方政府规章。地方性法规是省、自治区、直辖市、省级人民政府所在地的市、经济特区以及经国务院批准的较大的市的人大及其常委会所制定和修改的规范性文件。地方政府规章就是省政府、自治区政府、直辖市政府、省级政府所在市的政府以及国务院批准的较大的市政府所制定和修改的规范性文件。值得注意的是，地方性法规和地方政府规章的适用范围仅仅限于制定和修改的主体的行政区域内。同时，依据《立法法》的相关规定，地方性法规和部门规章具有相同的法律地位和效力，而当地方性法规与部门规章发生冲突时，由国务院先提出意见，如国务院认为适用地方性法规则适用地方性法规，国务院认为应该适用部门规章时，则应提交全国人大常委会作出裁决。地方政府规章的法律效力低于地方性法规和部门规章，当地方政府规章与部门规章发生冲突时，交由国务院裁决。

第五，自治条例和单行条例。自治条例和单行条例是由民族自治地方的人民代表大会依据当地民族的政治、经济和文化的特殊情况而制定的规范性文件。自治法规和单行条例可以依照当地民族的特点，对法律和行政法规的规定作出变通的规定，但前提条件就是不得违背法律或者行政法规的基本原则，同时也不得对宪法和民族区域自治法以及其他相关的法律、行政法规专门就民族自治地方所作的规定作出变通规定。自治区的自治条例和单行条例须报全国人大常委批准后方能生效，州、县的自治条例和单行条例须报上一级的人大常委会批准后方能生效。同样，自治条例和单行条例与地方性法规和地方政府规章的一个共同点就是仅仅在所辖区的范围内具有法律效力。

第六,特别行政区的规范性文件。特别行政区是我国根据"一国两制"的原则和我国现行《宪法》关于国家在必要时得设立特别行政区的规定而设定的,目前我国有香港和澳门两个特别行政区。香港和澳门特别行政区由于历史的原因,从而在这两个特别行政区内实行的基本制度以及司法体制等,都是与内地所实行的社会主义制度和司法体制存在差异的,所以处理好特别行政区与中央的关系就显得格外重要。依据现行的法律安排,香港和澳门特别行政区拥有高度自治的权力,也就是说在不违反《基本法》的情况下,可以制定和修改适用于各自行政区域内的规范性文件,但需要报全国人大常委会备案。此外,全国人大及其常委会也可以为香港和澳门特别行政区制定和修改仅仅适用于特别行政区域内的规范性文件。

第七,国际条约。随着各国之间联系的日益密集,为了减少国与国之间交往过程中可能会产生的各种摩擦,大量的国际条约应运而生。从我国的立场看,所谓的国际条约就是我国同外国缔结或加入并发生法律效力的国际性法律文件。国际条约显然不属于国内法的范畴之内,但从法律效力的角度进行考虑,可以发现国际条约与国内法具有相同的法律效力,进而其自然也就成为我国的法律渊源之一。值得重视的是,我国相关法律规定,在审理国内案件时,如果在国内法中不能找到合适的法律依据的情况下,可以直接适用国际条约。

从以上对我国当下正式的法律渊源的描述,可以发现这样几个特点:(1)我国立法主体的多样性。在我国,立法主体既可以是全国人大及其常委会,也可以是国务院及其部门,还可以是地方人大、常委会及政府,以及较大的市的政府、人大及其常委会等。(2)我国的法律体系在不同地区又具有多层次性的特点。(3)我国的整个法律体系都是建立在宪法这一根本大法基础之上。值得注意的是,就我国目前正式的法律渊源来说,一种情况是由于我国是单一制并具有社会主义性质的国家,这就必然要求我国法律体系的完整性和统一性,而其实我国不同地区又存在经济发展的差异性、文化多元性等现实情况,这就充满了矛盾和冲突,所以学界现在有一种观点认为在条件具备的地区可以先行法治化；另一种情况是，由于可以制定规范性文件主体的多样性和法律的多层次性，而这又极容易造成法律渊源之间发生相互抵牾的情况。如此等等，都是需要加以重视的问题。

（二）当代中国法的非正式渊源

所谓中国法的非正式渊源就是指不具有法律效力，但对执法、司法活动会产生一定影响的习惯、案例、政策以及理论观点等。应该看到的是，在我国正式的法律渊源和非正式的法律渊源之间并不存在绝对的分界线，原因在于非正式法律渊源可以通过立法从而转变为正式法律渊源，并且这种模糊性在司法和执法的过程中表现得更为突出。社会秩序的形成并不能仅仅靠法律这一机制，法律所形成的社会控制模式仅仅是众多的社会控制模式中的一种，因此有必要研究溢出正式法律渊源之外的社会规范。从正式的法律渊源的角度来看，这些非正式渊源显然是不合格的。值得重视的是，往往是这些非正式的渊源在影响甚至是支配着社会秩序的形成。

就西方国家而言，自启蒙运动以来，政治发展的一个重要任务是构建现代国家，法律发展的任务是形成一个适用于现代国家的、统一的法律体系。当时以博丹为代表的国家主权理论的构建以及由奥斯丁开创的法律实证主义得到广泛传播，并有力地推动了民族国家的发展和统一的法律体系的制定。因此有人概括，当时“就世俗国家的统治而言，随着习惯法编纂的完成、法律科学体系化的成长以及立法主权理论构建的形成，国家治理模式从中世纪迈向近代的知识准备已告完成，只待政治实践的进一步展开”①。而这个进程显然是成功的，这就是所谓的法治国家的形成。韦伯从理性和非理性、形式与实质的角度推定，人类历史发展过程中形成了四种类型的控制模式，而西方最终所形成的秩序控制模式大致就相当于韦伯所认为的形式合理性阶段。

① 陈颐：《立法主权与近代国家的构建：以近代早期法国法律为中心》，法律出版社2008年版，第114页。

我国在迈向现代国家时，也同样经历了这样的历程。鸦片战争之后，中国掀起了一股向西方学习的热潮，这其中对于中国来说最为重要的莫过于以西方为模板而构建起来的现代国家体系，这涉及诸如政治体制、法律体制等。由于国家控制能力、文化传统等原因的存在，传统中国总体上而言其国家的控制能力是有限的，也就是说社会秩序的形成是由多种控制力和控制主体推动的。但随着向西方学习的逐步深入和社会的发展，社会秩序的控制权逐渐地完全被国家所掌握，社会秩序的控制模式也由如法律模式、道德模式、伦理模式等多元模式向单一性的法律控制模式转变，但由于法律世界与乡村社会严重脱节，所以单靠国家的正式法律体系不能对一些乡村社会形成一个良性的社会秩序起作用。这深刻说明，一个国家的正式的法律体系必须与一个国家内在的社会发展条件有机结合，这样才能形成一个良好的法律秩序。[①] 从这个角度来考虑的话，民间法/习惯法也是可以作为当下中国法的非正式渊源中的一个重要渊源。所谓民间法就是“某一特定社区内在人们长期生产、生活过程中约定俗成的，用以划分人们的权利义务和调整各类纠纷，并且具有强制性、权威性、规范性和一定约束力的行为规范”[②]。现有的有关民间法的研究表明，从社会秩序形成的角度看，民间法在规范人们的行为方面具有不可替代的作用，同时从司法过程的角度来看，如果司法过程中广泛地尊重了民间规范的时候，此时法律的判决往往很容易被接受和执行，进而也有助于司法权威的形成，取得良好的社会效果和法律效果。

由于我国现在处于社会的转型时期以及法律自身所具有的滞后性的缘故，所以社会中出现的诸多问题往往不能得到法律的有效规制，但现代司法所形成的法院不得拒绝审判的司法理念要求司法应该行使最后的裁判权和不能拒绝裁判。我国是成文法国家，没有实行判例法的历史，对于这样的两难问题，我国司法形成了具有中国特色的案例指导制度加以解决。案例指导制度

① 李瑜青、张建：“论民间法研究的内在精神”，载《甘肃政法学院学报》2010 年第 4 期。

② 于语和：《民间法》，复旦大学出版社 2008 年版，第 22 页。

经过最高院和一些省高院推行之后，其所具有的效果是比较好的。一般认为案例指导制度具备能够有效地回应社会需求、统一司法行为等益处，所以在我国至少到目前为止，案例指导制度是司法行为过程中一个颇为重要的依据。

此外值得重视的就是，由于我国是中国共产党领导的人民民主专政国家，中国共产党的政策也是具有非常重要的指导作用的。一般来说，一个政党的政策仅仅是政党的行动准则，在党内具有效力，但由于中国共产党是我国的执政党，是进行社会主义现代化建设的核心，所以党的政策在我国当然具有十分重要的作用。同时国家在一定时期为了完成一定历史任务和执行一定的路线而制定的活动准则和行为规范，也就是所谓的国家政策对我国的执法和司法活动也是具有影响的，比如“一国两制”的政策、“改革开放”的政策等。此外，由于现代司法状况的逐渐好转，法律从业人员的整体素质都有较大的提高，因此一些法学的权威性著作和观点也受到越来越多的重视。

第二节　法律发现

一、法律发现的内涵

对于法律发现的问题，一般来说可以从两个层面上对其进行理解：(1) 从法的本质的角度对法律发现所作的思考；(2) 从法律方法的角度对法律发现所作的思考。对于第一个问题，在不同学术流派那里具有不同的观点，如历史法学派认为，法律是与一个民族的精神相互联系的，法律就如同一个民族的语言一样是自然生成的，所以法律是被“发现”出来的；而自然法学派对法律发现的问题在不同的时期有不同的观点，如认为法律是来源于神的意志或理性精神或公意等；法律社会学派、法律实证主义学派也都对法律发现发表过各自的见解。笔者在这里就法律发现问题的讨论是从法学方法论角度展开的，而从这个角度讨论法律发现的问题，实质上是在讨论一个关于法的想象和法的本质问题。在此，我们主要从第二种意义上来对法律发现展开分析。

从第二种意义上来对法律发现展开研究，其意义在于这种研究具有很强的操作性和实践性，与人们的法律实践活动能够紧密地勾连在一起。就法律发现笔者作这样定义，即在事实构建和法律分析之后，在现行的正式的法律渊源和非正式的法律渊源中寻找能够适用于案件的法律规范的活动。这种观点与一些学人相左。比如郑永流认为应该把“法律适用”和“法律发现”相区分，能够将法律规范直接用于案件而进行判断的情形，可称之为法律适用；而不能直接应用现有的法律规范来进行断案的情形，可称之为法律发现。[①] 考夫曼也持有类似的观点，“法律适用是当拟判断的案件已经被规定在可适用于绝大多数案件的法律时，这时所进行的只是一种单纯的涵摄。相对于此，法律发现就是少数的例外，当对拟判断的案件找不到法律规定，而这个法律规定是依照法律秩序的计划必须被期待时，亦即当法律出现违反计划的不圆满性时”[②]。郑永流与考夫曼的观点也有一些区别，郑永流认为法律适用和法律发现是平行关系，考夫曼则认为法律适用是法律发现的下位概念。两人的共同之处就在于都认为应该将法律适用和法律发现加以区别。但笔者认为法律发现最为重要的应该是为案件寻找到合适的法律规范，因此更应该具有结果指向性。不需要在法律发现过程中按难易程度和所利用的法律方法的复杂程度过于纠结地再造一个新的阶段，尽管有些案件的情形可以将现有的法律规范直接进行判断，但这种判断的思维过程仍然有一个对案件法律关系分析、思考的过程，而这个分析、思考过程不是一个简单的、机械性的过程，而是有创造性的成分在其中。也就是说法律发现应该“是一种定格在法律与个案互动关系中，为个案判决寻求正当性、合法性基础”[③]的活动。

二、法律发现的情形

通过利用法律关系这一工具对案件事实进行分析之后，实际上我们已

① 郑永流：“法律判断形成的模式”，载《法学研究》2004 年第 1 期。
② [德] 考夫曼：《法律哲学》，刘幸义等译，法律出版社 2004 年版，第 94 页。
③ 陈金钊：《法治与法律方法》，山东人民出版社 2003 年版，第 266 页。

经知道了案件的性质、所有的法律关系以及核心法律关系了，换句话说法律事实已经被解剖成诸多的法律关系了，下一步的活动应该就是要为这些法律关系分别找到合适的法律规范，从而在此基础上，形成法律判断。一般来说，在此过程中，将会出现这样几种情形：(1) 能够直接找到相对应的法律规范；(2) 能够找到相应的法律规范，但需要对法律规范加以辨别；(3) 不能找到能够适用的法律规范，也就是通常所说的存在法律漏洞；(4) 能够找到相应的法律规范，在将法律规范应用到具体的案件之时，发现判决结果会违背整个法律精神。

在第一种情形下，由于法律规范与法律事实之间存在的关系是比较清晰的，因此直接适用演绎推理的法律方法之后就可以形成法律判断了。

在第二种情形下，由于能够直接适用到具体的案件事实的法律规范存在模糊性，所以需要分不同的情形加以区别对待。为此，可能存在这样几种情况：(1) 存在多个能够适用到具体的法律事实的法律规范，在这种情况下就需要对法律规范的效力加以识别了。依据《立法法》以及相应的其他法律，可能会出现一般规定与特殊规定、新规定与旧规定、上位法与下位法等相矛盾的情况。就一般规定与特殊规定相矛盾的情形而言，法律规定应该使用特殊规定；就新法与旧法相矛盾的情形而言，在法律适用的过程中如果是同一部门制定的话，就应该适用新法，如果是不同部门制定的话，还应该与第一种、第三种情形联系起来加以考虑；就上位法与下位法相矛盾的情形而言，应该直接适用下位法。(2) 法律规范在适用到具体法律事实的过程中，出现的意义模糊的情况。比如说，对某个特殊场所有法律明文规定“禁止车辆通行”，但案件中出现的自行车是否属于车辆这种情形就需要加以辨明了。再如，某被告人在担任某公司副总工程师期间，在为该公司测试软件过程中，相继在三台网络分析仪的内存中设置了工作不需要、执行后会导致黑屏的程序并设置了时间条件。后来被告人为了提高自己在公司的地位，数次有意造成黑屏，在他人无法解决的条件下他将问题排除。但在其离职时，却未将上述程序删除，亦未向公司汇报，从而导致公司的分析仪器按照其预设的时间条件自动执行了程序并造成黑屏，给公司带来重大损失。[①] 这里法律发现的依据是《刑法》第二百八十六条第一、二款关于破坏计算机信息系统罪的法律规范，但紧接着出现的问题就是，该公司的网络分析仪是否属于计算机系统。该案后来审理的观点是认为该网络分析仪属于计算机系统，原因在于该仪器具备计算机的基本功能，在这里实际上是利用了目的解释的方法来对计算机的概念进行了界定。该案例的例举说明，在法律规范出现概念模糊从而需要加以辨明的情况下，是需要利用法律解释的方法来对模糊的法律规范加以解释的，如扩大解释、限制解释、目的解释、历史解释等。

在第三种情形下，在寻找能够适用于具体案件的法律规范时，无法找到能够适用的法律规范，这时候就出现了一种称之为“法律漏洞”的情形。形成法律漏洞的情形是多种多样的，如立法的滞后、法律体系的不完整等，但问题在于当出现法律漏洞之后，如何利用法律方法加以解决。一般而言可以有两种解决途径：第一种是以没有相应的法律依据为理由，对案件拒绝；第二种是对法律漏洞进行填补。但随着现代司法理念的逐步确立，“法院有义务在对争议的事实情况没有相应的法律规范的时候，对属于其管辖范围的待决法律案件作出判决”[②]，所以第一种解决途径已基本消失了，但也为第二种解决途径的出场埋下了伏笔，在对待法律漏洞的填补问题上，魏士德认为可能会运用到“类推、反向推理、目的性限缩、事物的本质/法律概念或者结构的本质、自由的法官造法”[③]。对此，结合中国具体的法律实践来说，笔者有着不同的理解。一般认为，在对待法律漏洞的问题上，首先会采用类推、法律解释以及利益衡量的法律方法来解决。就类推的问题来说，就是寻找到与案件比较类似的法律规范，进而形成一个类似的法律规范，从而以该法律规范为依据对案件进行法律判断。在这一过程中值得注意的就是不同

① 褚红军：《运送正义——无锡法院裁判案例精选》，法律出版社 2007 年版，第 40 - 46 页。

② [德] 魏士德：《法理学》，丁晓春、吴越译，法律出版社 2003 年版，第 349 页。

③ [德] 魏士德：《法理学》，丁晓春、吴越译，法律出版社 2003 年版，第 371 - 391 页。

性质的案件对类推的要求是不一致的，如在刑事案件中是绝对禁止进行类推的。类推的过程，实际上存在一个法律规范的拟制过程，也就是说并不是直接地将类似的法律规范直接适用于具体的案件之中，而是拟制出一个能够适用于具体案件的法律规范来，进而以此拟制出来的法律规范对具体案件加以适用。其次是利用法律解释的方法来对漏洞加以填补，一般情况下会具体地利用到如扩大解释的法律方法、目的解释方法等。再次是采取利益平衡的方法来对法律漏洞加以填补，这一过程与魏士德所说的法官的自由造法的过程比较类似，但也有所区别，利益平衡的法律方法对法官有所限制，即法官必须在几种相关的利益中进行权衡，同时利益平衡的方法与类推、法律解释的漏洞填补方法也是有所区别的，在类推、法律解释的方法中是大致可以找到相应的法律规范的，但在利益平衡的法律方法中是无法找到大致可以应用的法律规范的，所以这一过程基本上相当于立法的过程。

第四种情形是一种颇为复杂和较少见的情形，在将法律规范应用到具体的案件进行法律判断的过程中，发现依据法律规范形成的法律判断仅仅在形式上与法律规范相符合，但在实质上却与法律规范相违背。为此，对于这种情况，一般认为可以利用法律解释的方法加以解决，如对法律规范进行体系解释，将法律规范置于整个法律体系中来进行理解；或对法律规范进行目的解释，从法律规范设定的目的角度来对法律规范的应用情形加以解释；或对法律规范进行限缩解释，即限制法律规范适用的范围。

上面探讨了在具体的法律实践过程中，在进行法律发现之时可能会碰到的几种情形以及相应的解决方案。值得注意的是，如果从法律渊源的角度来考虑的话，由于法律渊源存在正式的法律渊源和非正式的法律渊源之分，其各自所具有的法律效力和拘束力是不同的，所以在寻找法律渊源的过程中，首先应该从正式的法律渊源中寻找相应的法律规范，只有在相应的正式的法律渊源不存在的情形下，才能够从非正式的法律渊源中寻找相应的依据。

第四章　案件事实查明

在本书中，我们多次谈到，适用法律的过程严格说来，是一个三段论式的演绎推理过程。在这个三段论推理中，大前提是法律规范，调整主体在不同前提下的权利义务关系，型塑社会中的法律关系，规制人们的行为；大前提并不是法律条文原文，而是从法律条文中抽象、归纳出的法律规范和法律制度的构成要件，亦即对现实实际发生效力的部分。小前提则是在具体案件中，通过固定、集中、证明或者推论等一系列过程，由生活事实中凝练和查明的案件事实，即一般所称的法律事实。将此两者按照特定的逻辑方式和规则相结合，推导出的结论就是案件的裁判结果。[①]

尽管长久以来，法学界一直主张法律适用过程绝不是简单的三段论推理过程，更多的是体现了法官的直观、法感觉等因素，依据个人的价值观、社会情势等作出判断的复杂过程，但即使是说出“法律的生命并不在于逻辑，而是经验”这样的名言的霍姆斯大法官，以及孕育了他的美国司法界，也从

① 法律推理和论证的详细方法，参见本书相关章节。

未主张在适用法律过程中抛弃逻辑，相反，英美法系国家法学院的逻辑训练是非常扎实而严格的。可以说，司法实践要求法律人在学习和研究方法论时具有开阔的、适应性强的思路和视野，而这种研究和学习，是应当以逻辑为起点的。如果不坚守形式理性，适用法律的科学性和客观性就无法保证，那么裁判结果的公正性、平等性也就无从谈起了。

而在适用法律过程中，法院必须将纷繁复杂的生活事实予以归纳、凝练，突出要旨而删其烦冗，将生活事实变为法律事实，使其能够涵摄于法律规范之要件，从而得以进行裁判。为贯彻本书兼顾法理和司法实践两方面的主题，我们认为应当对法律适用过程中每一环节的基本问题进行认真探讨，因此有必要辟专章对法律事实查明问题进行研究。

第一节　对法律事实的认识

一、查明案件事实是否是法律方法论的研究对象

长远以来，法学界对于是否应当将查明案件事实纳入法律方法论的研究论域莫衷一是，一直有相对独立的两种见解和做法。一部分学者认为，从广义上理解法律方法，认为它等同于法学方法论，这种研究涉及法学研究方法、立法研究方法和法律解释（包括漏洞填补）方法等，而其中法律解释方法是核心。法律解释学的核心在于对文本法律作说明，这就排除了对具体法律案件事实查明的问题的研究。而另一些学者则认为，事实一般而言并非直接可与法律规范发生联系，必须由法官在规范的指引下按照一定的规则进行归纳、加工，才得以涵摄于规范内，而这一过程所呈现的法律方法，体现了法律人特有的思维方式，是法律方法论重要的研究对象。拉伦茨就在其《法学方法论》中专章介绍了法律案件的事实形成问题。

对于查明案件事实是否应被列入法律方法论的研究领域这一问题，我们认为，应当从如何理解法律方法论的研究对象、如何理解查明案件事实的

这一活动的性质等两方面予以考虑。其实，即使广义上把法律方法当作法学方法来理解，也不排除应当重视对具体法律案件事实查明的问题研究。法律方法论所涉及的知识内容，并非只是某些具体的法律技术（立法技术、法律解释技术等），还包括整个法律实践中的思维有组织的连续运用的原则、逻辑等。对法律方法所涉及的知识内容，我们不能脱离具体案件法律事实抽象地进行研究，必须在从理论到实践、再从实践到理论不断反复的过程中加以掌握。这里不仅包括法律知识，也包括对法律的适用经验作全面研究和探索。

案件事实查明是法律适用环节不可或缺的部分。这一判断基于以下两方面的理由：其一，适用法律的目的就是对特定事实作出法律效果的评判（裁判），如果没有案件事实被涵摄于规范，则法律推理就无从发生，也就不会产生任何结果；简言之，法律适用如无目标，则规范只是静态的规范，法律适用也就无从发生了。因此可以说，无案件事实，即无法律适用可言。其二，在法律适用过程中，在寻找大前提（总结、归纳、填补法律制度和法律规范漏洞的实质性要点）和小前提（提炼案件事实）时，案件事实与法律规范是完全不能分离的。一方面，对法律条文的解释必须在特定的语境中进行，理解必须依赖对事实的“前理解”，才能使对法律规范的理解更精确并具有针对性，法律规范本身的意义才能确定；另一方面，从纷繁的生活事实中通过突出或删减等手段形成案件事实，必须在一定的标准指引下进行，而这种标准无疑只能是法律规范的要件。因此，法律适用过程中并不存在阐明法律规范和形成案件事实的先后顺序，而如恩吉施所言“在规范与生活事实间的眼光往返流转”，是交织的和同时进行的。

上述论述是否意味着法律规范与案件事实相互支持，从而使法律适用陷入循环论证之泥淖？对此疑问，我们认为，逻辑学上所谓的循环论证，是指在一个论证中，论据的真实性由论题的真实性加以证明的情形。而案件事实与法律规范之间却并非互相支持的关系。支持案件事实的真实性的是证据，而支持法律规范的正确性、针对性的则是法律解释和法律漏洞填补等技术。因而，这种确定法律规范与查明案件事实的共同行进过程，只是一种思维过程，属于诠释学意义上的循环，而非一个单向的意义过程，故而不属于逻辑上的循环论证错误。

基于上述原因，笔者认为将案件事实查明作为专门内容予以研究十分必要。但需要阐明的是，我们这里所关心的，仅仅是查明和认定案件事实过程中需要遵循的原则、逻辑和如何组织相关方法，亦即案件事实形成的思维过程。而关于证据的搜集、整理、出示、质辩、确认，以及法官的心证、法官对事实的自由裁量等，则属于具体的法律部门——证据法和程序法的研究范围，方法论的研究则不过多涉及。

二、案件事实与生活事实

在我国司法实践及学理中，多将案件原始的全部事实信息称为“客观事实”；而将经过加工、提炼，在法律适用过程中予以陈述的事实，称为“法律事实”。对于这两种称谓，笔者认为甚为不妥。其一，“客观”的对立概念是“非客观”，而一般意义上提到“客观”时，总是与其矛盾概念“主观”并立。与案件全部原始事实信息（“客观事实”）相比，在案件中得以陈述的部分信息（“法律事实”），虽经过加工、提炼，但毕竟是依据严密的证据规则经过质证认证形成的，即便与所谓的“客观事实”存在一定的偏差，也是人类认识客观世界之局限性所导致的必然结果，将其归入“主观”或“非客观”之列，实在缺乏逻辑上的自洽。其二，所谓“法律事实”，是希望突出其形成与“法律认定的”结果相关，是由经过充分质证认证的证据所支持，此种称谓在逻辑上并非排除其具有客观性的特点。因此，为了理解的便利，笔者将上述两个概念称为“生活事实”与“案件事实”。

在我国法律中，“以事实为依据，以法律为准绳”是诉讼活动的基本原则。当事人及律师的诉请、举证，法官的裁判，无不以此为指导。然而这一原则中的“事实”，究竟是指案件事实还是指生活事实？对此，诉讼法和学理上虽已明确其含义为“案件事实”而无疑义，但在司法实践中，仍不乏将“事实”拔高要求为“生活事实”之事例，其中较为著名的，即为广东省四会法院法官莫兆军涉嫌玩忽职守罪一案，我们就这个案件涉及的问题作出分析。

2001 年 9 月 3 日，原告李兆兴持借款借据、国有土地使用证、购房合同等证据向广东省四会市人民法院提起诉讼。该借条的内容为：

今借李兆兴现金壹万元整(10 000 元)作购房之用(张妙金与陈超新购入住房一套)，现定于今年八月底还清，逾期不还，将予以收回住房。

此致

借款人张妙金、父张坤石、母陆群芳、妹张小娇

2001 年 5 月 1 日

李兆兴诉称张妙金等四人未能按期还款，请求法院判令他们归还借款和利息并承担诉讼费用。该案由莫兆军独任审判，在法庭调查过程中，原、被告双方确认借条上“张坤石、陆群芳、张小娇”的签名均为其三人本人所签，张妙金签名为张小娇代签。但张小娇称，借条上的签名是因 2001 年 4 月 26 日其装有房产证的手袋被一名叫冯志雄的人抢走，其后冯志雄带原告李兆兴到张家胁迫其一家人所签的，实际上不存在向原告借款的事实。但对上述抗辩，被告方不能提出任何证据支持。庭审后，主审法官莫兆军认为，被告虽提出抗辩主张借条系受胁迫所签，但被告未能提出任何证据证明此节，且原告对此不予认可，依据《最高人民法院关于民事诉讼证据的若干规定》第二条、第五条的规定，莫兆军认为应当认定原告诉请成立而被告的抗辩不成立。四会市人民法院作出[2001]四民初字第 645 号民事判决，判令被告张坤石、陆群芳、张小娇于判决生效后 10 日内清还原告李兆兴的借款一万元及利息，并互负连带清还欠款责任；被告张妙金不负还款责任。判决下达后，被告不服一审判决但未提出上诉。11 月 14 日中午，被告张坤石、陆群芳夫妇在四会市人民法院围墙外服毒自杀。此后，被告亲属报案，在公安机关询问过程中，原告承认了借条确系其胁迫被告签名的事实。2002 年 11 月 4

日，莫兆军因涉嫌玩忽职守被广东省肇庆市人民检察院批准逮捕，检察院起诉的一项主要理由为莫兆军作为本案独任审理的法官，在审案过程中没有认真履行职责，未能查明案件事实。2003 年 12 月 4 日，广东省肇庆市中级人民法院作出[2003]肇刑初字第 26 号刑事判决，判定莫兆军不构成犯罪，肇庆市中级人民检察院不服，提起上诉，2004 年 4 月 28 日，广东省高级人民法院下达“刑事裁定书”，裁定维持原判，宣告莫兆军无罪。

这是一例影响深远、意义重大的案件。此案反映出司法界内部对于诉讼法上的“事实”，究竟是指生活事实还是指案件事实的理解上的冲突。长久以来，我国司法界奉行职权主义而非当事人中心主义，法官被期望在审理中全面还原与案情有关的一切信息，“还原客观事实”“全面查明真相”，曾经是对法院在审判过程中查明事实环节的最高原则。但是，1996 年最高人民法院在全国法院审判方式改革工作会议上，正式提出庭审方式改革，改革的核心就是从职权主义向当事人中心主义转换，庭审方式则从纠问式向控辩式转变。这一转变的意义在于，在纠问式庭审方式下，法院对案件的审理大包大揽，几乎所有的搜集证据、出示证据、调查案情等查明事实的工作，全可由法院完成。而一旦转为抗辩制，则法官只是中立、消极的听审者，事实到底如何，则由双方当事人通过出示证据和对证据进行质认的过程，向法庭证明。当事人之间就事实和法律方面的相互质辩成为庭审的核心，而法庭的盘诘仅仅是对当事人举证、质证和辩论的补充。由此，就带来了新的问题：由当事人通过举证、质证而确定的“事实”，可能会在很大程度上隐藏、改变了相关的信息，从而与曾经发生的案件事实存在一定的偏差。这就要求在司法实践中法官必须遵循一定的规则，确保所查明的案件事实尽量趋近生活事实；而更重要的是，应确保各方当事人在诉讼中的举证权利充分、举证义务恰当。于是，2002 年 4 月，我国第一部诉讼证据规则——《最高人民法院关于民事诉讼证据的若干规定》(以下简称《证据规定》)开始实施。这部《证据规定》尽管存在某些未尽如人意之处，但已作为我国法治发展史上的一个重要里程碑而载入史册。其原因并不在于它是我国第一部现代意义上的证据规则，而在于《证据规定》尽管没有一处直接指明案件事实与生活事实的分野，但证据规则存在的本身就意味着遵循证据规则所确定的事实将被法院所认可。

当然，这样分析并不排除所查明的证据事实会与所谓的客观事实存在差距，但我们必须认识到还原案件的客观事实其实很难做到。有一句名言“一切都处在流变之中”，在时光流转中，一些事物的原貌变得模糊，而经过人们的认识活动呈现在人们面前的事物又受到人们感受语言等表达的影响，从而与事物本身存在一定距离。因此，希望在分析案件过程中还原本真的事物是完全做不到的。正是在这个意义上，有人说“时间是法官的天敌”，这是有一定的道理的。[①]在庭审过程中，唯一能够认识到的就是遵照司法规律—证据规则—获得的案件事实。另外，依照宪法确定的原则，法院在诉讼活动中处于居中裁判的位置，这是诉讼活动的基本原则，其他原则——包括查明事实的原则，效力都在此原则之下。如果法院为查明事实而搜集和出示本来应由一方当事人出示的证据，那么对方如果同样要求法院搜集相反的证据，法官当如何为之？这样延伸下去，是否所有应当由当事人完成的诉讼行为最终都会由法官包揽？必须明确，诉讼法的最高原则是均衡当事人双方在诉讼中的权利义务关系，而非查明案件事实，因此法院的活动应以平衡两方诉权为指导，依职权搜集和调查证据，必须限定在非常必要和非常少数的界限内。因此，我国经过对司法实践长期探索和不断总结以及对司法规律的不断深入认识，确定了以案件事实而非生活事实作为定案基础的诉讼法基本原则。

三、案件事实的类型

法理学上根据不同的标准，对案件事实有着多种分类。其中比较常见的有以下几种。

---

① 邹碧华：《要件审判九步法》，法律出版社 2010 年版，第 67 页。

（一）法律事件和行为

按照案件事实是否是当事人意志的产物，可以把案件事实分为法律事件和行为。所谓法律事件是指与当事人意志无关的，能够引起法律关系形成、变更或消灭的法律事实。法律事件的产生与当事人的意志无关，不是由当事人的行为所引发的，但可能会对当事人的意志产生影响、制约甚至控制。导致法律事件发生的原因，既可以来自社会，也可以来自自然，还可能来自时间的流逝，如时效的规定等。

所谓行为是指由当事人意志支配的，能够引起法律关系产生、变更或消灭的作为和不作为。行为是当事人有意向并指向特定对象的产物，而依据行为是否符合法律规定的要件，又可以将其进一步分为行为和法律行为，法律行为产生法律效果。

（二）确认式案件事实和排除式案件事实

按照案件事实的存在方式，可以将其分为确认式案件事实和排除式案件事实。确认式案件事实指的是只有当该事实得到确认之后，才能引起一定法律后果的法律事实，例如经登记方产生对抗效力的合同，就是确认式案件事实。而排除式案件事实与前者相反，是指只有该事实被排除后，才能引起一定法律后果的案件事实。

第二节　案件事实的形成

一、案件事实的证明过程——生活事实归入要件

生活事实向案件事实的转换，实际上就是按照法律规范的要件，将生活事实中的信息进行抽象和归纳，使之能够与规范要件相对应以便进行比较的过程。在司法实践中，当事人反映的事实信息往往是包罗万象、毫无重点

的,有时甚至被当事人忽略了最重要的部分。对此,法律工作者必须时刻以规范的要件作为指引,对当事人提供的各类事实信息进行选择、辨析、编辑、增删,使其能够为当事人的诉讼目的服务。为了对问题有更好的理解,我们在这里举例进行说明。

在一起离婚诉讼案庭审中,笔者记录了作为原告的女方所表达的信息和法官将原告的陈述归入要件的过程。

原告诉讼请求:

1. 请求判决离婚;

2. 请求判令男方因出轨行为对女方进行损害赔偿;

3. 请求婚生子的抚养权;

……

事实与理由:结婚以后,他就没安心在家里待过,整天往外面跑。法官啊,我实在过不下去了啊,结婚没几天他就这样啊。他一直在外面有人,他骗了我这么多年啊!法官,你们要惩罚他啊,他骗了我这么多年。(哭)现在小孩都这么大了,我苦啊!(抽泣)我才知道他一直在外面有人啊。我几次问他,他都是含含糊糊地跟我说,应付我!我的青春损失啊(情绪激动)……

审:原告,你先不要激动,法庭问你,你说被告"在外面有人",具体是指什么情况?

原:他一直和一个女的勾勾搭搭,经常在外面开房,经常的,我同事就看见好几次。法官啊,你说他要脸不要脸啊!他和别的女人开房居然跑到离我们公司那么近的地方!他根本就是在羞辱我啊!(痛哭)法官啊,我要求法院为我做主!我的青春啊,我可怜的孩子啊!(抽泣)……

审:原告,你说的被告的事,除了开房,还有其他的没有?

原:什么其他的?

审:法庭的意思是,他有没有和别的女人同居?或者干脆和人家登记?

原:法官啊,同居不同居我不知道啊,你说他们男的在外面干那些事情,总归是要防着老婆的，他就算干了他怎么会让我知道啊！登记我估计他不敢，借给他个胆子他都不敢！他就是个赖皮死狗……

审：原告，你不要进行人身攻击！这是法庭！我也理解你的情绪，但你们不要在这里吵，要吵请出去！请你控制一下自己，法庭现在要审理这个案子，请你相信法律会公正处理的。如果你再这样骂他，法庭要采取措施了！

原：我相信法律，我当然相信法律，我不骂了！

审：原告，你主张要小孩子归你，小孩子今年多大了？

原：7岁。

审：你说三年前你们分居以后，小孩子就一直是你带着，被告没有去看过孩子吗？

原：他找过，我不会让他碰孩子的，我绝对不会让他把我儿子带走，带到那个女人身边的。他们非常想要孩子，想要孩子有本事自己要去！自己又没这个本事，别拿我的孩子！

审：原告，你说被告想要孩子没本事要，什么意思？是不是被告不能生育了？

原：我不知道，谁知道那个狐狸精怎么生不出来！

审：被告，原告说的属实吗？你是否存在生理上不能生育的问题？

被：她完全是血口喷人！

审：原告，你这边一直是你自己带孩子吗？有没有老人帮你带过？

原：一直是我自己带，我不需要老人，我自己能带，最多请个保姆。

……

审：原告，这三年里，被告有没有给孩子支付过什么费用，比如孩子生病、上学、吃饭穿衣这些方面的费用？

原：没有，一分钱也没拿过，他就没有个正当工作。

审：被告，原告说你们分居这三年，你从来没有给小孩子拿过钱，是因为你没有正当职业。对此你认可吗？

被：我想给，我不是不给，可她根本就不见我，更不让我见孩子，我怎么给？

原：你放屁！

审：不要吵！原告，法庭最后一次警告你，你要是再谩骂被告，你就退庭！裁定你撤诉！

审：被告，你先回答法庭的问题，你是否没有固定的职业？

被：我没上班，自己做生意的。

……

在这一段记录中我们可以看到，原告所反映的事实是庞杂的。针对原告第一项诉讼请求，《婚姻法》第三十二条第二款第(四)项规定的要件是：夫妻双方分居二年以上的，调解无效应判决离婚。针对原告的第二项诉讼请求，依据《婚姻法》第四十六条的规定，规范的要件为：1. 原告无过错；2. 被告的过错为：(1) 重婚；或(2) 与他人同居；或(3) 实施家庭暴力；或(4) 虐待、遗弃家庭成员。针对原告的第三项诉讼请求，最高人民法院《关于人民法院审理离婚案件处理子女抚养问题的若干具体意见》相关条款的要件是：超过2周岁未成年子女的抚养权：(1) 以有利于子女成长的原则为准；且(2) 如果一方丧失生育能力的，则应优先考虑；且(3) 长期与子女生活的，优先考虑；但(4) 如果子女长期与老人生活的，应当作为优先考虑的条件。然而，要件所对应的事实显然不是原告陈述的重点。对她而言，对方长期隐瞒出轨的情况、对方在离自己单位很近的地方与其他女性开房而被自己同事撞见等感情因素，甚至对方的态度、语气等，显然都比要件更为重要。因此，法官不得不通过发问，将原告的陈述与相关的规范要件相结合(其间还要不断压制原告过于激动的情绪以维持法庭秩序)。法官针对第二个诉请所对应的规范要件，询问原告对方是否有与其他异性同居或登记结婚的情况，原告对此告知不知情，显然，原告所陈述的被告多次与其他异性开房的情节(即便被证明为真实的)是与相应的规范要件不一致的，故不能产生规范的法律效果。针对第三个诉请，法官主动询问了小孩与谁生活、是否有老人两个要件，根据原告的陈述，又追加了双方经济情况、男方是否不能生育等几个问题，以确保庭审查明的事实均能与要件相对应。而针对原告的第一个诉请，由于要件规定的分居二年以上在司法实践中很难取得有足够证明力的证据，在这一情节上案情极易陷入无法查明的境地，而本案法官则非常有技巧地将其发问的问题隐含在其他问题中，使被告在不经意的情况下以不予否定的形式作出了答复，查明了事实的真相。

但是，另一个常见的问题是，同一个案件事实往往会对应多个法律规范，因此将面对不同的要件组合。究竟何种要件事实对于当事人而言是最有利并且最容易举证的？要回答这个问题，就要求法律工作者全面地、严密地接受与当事人诉请全部相关的生活事实，从而从其中抽象出对其有利的案件事实。

例如：某当事人委托律师起诉他人不当得利。据委托人陈述，其于2012年9月误将47万元汇入对方账户，但向对方讨要后，对方拒不返还，遂希望委托律师起诉。承办律师在与委托人办理完所有委托手续后，查阅了委托人的付款凭证、催讨记录等证据材料，准备撰写起诉状。此时，该律师事务所其他律师与委托人闲聊："你也挺倒霉的，怎么会把钱打错了呢？这个人和你要付款的人名字一样吗？"谁料委托人旋即告知："也不是名字一样，之前他要问我借钱，说好用他的车作抵押的，我就把钱打给他了，可是他没把车拿来，那这不是就成为借款了吗？所以他要把钱还给我。"律师一听大惊，由于没有从当事人处全面了解信息，差点将案件归入错误的法律关系中。很显然，本案双方当事人订立了借款合同且已实际履行，在借款合同中双方约定了担保条款，虽然借款方未履行担保义务，但这不足以否定借款合同的成立和生效。因此，按照借款合同的构成要件（1. 双方有借款的合意；2. 实际履行借款义务），本案的事实完全符合该要件，而不符合不当得利的要件（1. 没有合同或法律的依据；2. 获取不当利益；3. 造成他人损失）。如果当事人以返还不当得利为诉求提起诉讼，则势必败诉。

二、案件事实的证明标准

（一）民事案件证明标准——盖然性

由于案件事实与生活事实必然分离，诉讼过程不以追求全面再现生活事实为目的，故世界各国在民事诉讼中对证据无不以“高度盖然性”为要求，即证据归纳为事实具有高概率的可能性而非必然性，案件事实只要经过严格的程序和严密的逻辑，即可被法律所认可而被赋予法律效力。《最高人民法院关于民事诉讼证据的若干规定》第七十三条第一款规定：“双方当事人对同一事实分别举出相反的证据，但都没有足够的依据否定对方证据的，人民法院应当结合案件情况，判断一方提供的证据的证明力是否明显大于另一方提供证据的证明力，并对证明力较大的证据予以确认。”该规定表明，我国在民事诉讼证明中确定了盖然性规则。对于民事案件证明标准，两大法系传统不同。英美法系国家一般采用的是“盖然性占优势”的标准，即证据所归纳的事实发生概率的程度是确定证据证明力的决定因素。而在大陆法系国家，包括我国，主张的是“高度盖然性”，即证据证明事实发生概率的“优势”应是绝对优势。由此可见，大陆法系对证明的要求更高，更追求实质的公平。而在英美法系，在民事诉讼中负有举证责任的一方当事人，其最终所证明的结果能达到一般正常人在具有普通常识的情况下，认为具有某种必然的或合理的盖然性，或确定程度就够了。

我国民事诉讼证据规则之所以选择“高度盖然性”标准作为证明标准，是由我国长期以来的意识形态基础决定的。在我国，占主导地位的意识形态是以辩证唯物主义哲学理论为基础的，认为世界的本源是物质的，物质之间是相互运动和联系的，物质之间的运动和联系是可以被认识的。因此，长期以来我们一直主张案件中事实的因果联系与相关法律规定之间可以具有内在联系。庭审方式改革后，虽然司法实践中引入了较为先进的案件事实与生活事实相分离、以可被证据证明的案件事实定案的理念，但“尽量还原客观事实”仍被奉为圭臬，成为指导审判工作的原则，因此对证据盖然性采取较高标准是不足为奇的。

受民事案件影响的就是举证责任分配。举证责任是对当事人在诉讼中承担何种以及如何承担举证义务的要求。当事人负有对自己提出的主张提供证据进行证明的义务，具体包含行为意义上的举证责任和结果意义上的举证责任。结果意义上的举证责任是指当事人在举证不能的情形下需要承担对己不利的法律后果。这里的举证不能是指当事人所提供的证据不能达到法律规定的证明标准。由于证明标准关系到当事人对结果意义上的举证责任的承担，所以在立法和司法实践中要依据案情选择不同的证明标准。正如《最高人民法院关于民事诉讼证据的若干规定》第七条规定的："在法律没有具体规定，依本规定及其他司法解释无法确定举证责任承担时，人民法院可以根据公平原则和诚实信用原则，综合当事人举证能力等因素确定举证责任的承担。"从这条规定可以看出，在法律对举证责任规定不明确时，法官对于当事人举证责任的安排享有自由裁量权，而自由裁量的依据是"公平原则和诚实信用原则"。笔者认为，这个原则体现在实践中，就是更多地依据一方当事人提供证据使自己的主张达到证明标准的难易程度来分配举证责任。

（二）刑事案件证明标准——确实、充分

对于刑事诉讼中的事实证明标准，在英美刑事诉讼中，不同的诉讼阶段包括侦查、起诉和审判，证明标准在可能性或确定性上呈递进的态势，对被告人作有罪要求达到最高的证明程度——排出合理怀疑。排除合理怀疑是指全面的证实，完全地确信或相信一种道德上的确定性，排除合理怀疑的证明，并不排除轻微可能的或者想象的怀疑，而是排除每一个合理的假设，除非这种假设已经有了根据。排除合理怀疑的证明，是达到的确定性的证明，是符合陪审团的判断和确信的证明，作为理性的人，陪审团成员在根据有关指控犯罪是由被告人实施的证明进行推理时，是如此确信，以至于不可能作出其他合理的结论。质言之，排除合理的怀疑，是诉诸内心的道德化的高度确信。而大陆法系国家的刑事诉讼中奉行的是自由心证原则。在一些大陆法系国家，将刑事诉讼中的待证事实分为实体法事实和程序法事实，并以此区分刑事诉讼中不同的证明标准。对于实体法事实中作为犯罪构成要件的事实，以及倾向于可能加重或从重被告人刑罚的事实，要进行严格证明，其他的实体法事实以及程序法事实，则只要进行较低程度的证明即可。

将英美法系与大陆法系有关证明标准方面的内容进行比较，可以看出：无论是英美法系还是大陆法系，在法庭审判阶段，对于被告人证明均要求达到诉讼证明的最高程度。前者表述为“排除合理怀疑”，后者表述为“内心确信”。两者的表述虽然不同，却无本质差异，而且由于两大法系均采用客观真实模式，实行自由心证的证据制度，因此，这种表述只是一个证明标准从两个方面体现出来而已。

我国刑事诉讼法规定了明确的证明标准，这就是《刑事诉讼法》第一百二十九条、第一百三十七条、第一百四十一条、第一百六十二条中多次规定的“犯罪事实清楚，证据确实、充分”。也就是说，侦查机关对案件侦查终结移送人民检察院审查起诉，人民检察院对犯罪嫌疑人提起公诉，人民法院对于被告人作出的有罪判决，都必须做到犯罪事实清楚，证据确实、充分。所谓犯罪事实清楚，是指与定罪量刑有关的事实和情节，都必须查清。所谓证据确实、充分，是指对作出定案根据的证据质和量的总要求。证据确实，即每个证据都必须真实，具有确定的证明力。证据充分，则要求证据所证明的对象必须达到一定的量，足以认定犯罪事实。在司法实践中，“确实、充分”具体应达到以下标准：(1) 据以定案的每个证据都必须查证属实；(2) 每个证据和待查证的事实均有相应的证据加以证明；(3) 所有证明在总体上已足以对所要证明的犯罪得出确定无疑的结论，并排除了其他一切可能性。由此可见，我国刑事审判的思维，仍然停留在“完全还原客观事实”的阶段，对于通过证据认识和再现生活事实赋予了不切实际的过高期望。从理论上讲，我国所确立的证明标准，其要求远远高于英美法系的“排除合理怀疑”，也高于大陆法系的“内心确信”，但我国刑事司法现状的严峻程度，则是不能让人乐观的。在实践中，不少地方存在为了追求证据的“确实、充分”而超期羁押或长期羁押的现象，刑讯逼供也屡见不鲜。这些非法侦讯手段，都是为了实现所谓的证据“确实、充分”而实施的。因此，有必要在汲取民事诉讼证明标准改革所取得的成效和经验教训的前提下，认真研讨我国刑事诉讼证明标准的发展方向，重构刑事诉讼证明标准，以便更好地打击犯罪、维护人权。

第三节　对案件事实的推定

事实推定可以分为两种方式：一种是法律明确规定的推定，即当某事实无法查明时，法律有明文规定适用何种规则推定该事实是否成立以及如何成立的形式。如《最高人民法院关于民事诉讼证据的若干规定》第七十五条规定：有证据证明一方当事人持有证据无正当理由拒不提供，如果对方当事人主张该证据的内容不利于证据持有人，可以推定该主张成立。另一种推定方式则是法院在自由心证范围内，根据证据或者经验法则所构成的前提事实即间接事实对审判上的待证事实所作出的假定或推论。

对于第一种事实推定方式，一向无过多异议。唯有对于第二种推定方式，由于系法官自由裁量权的应用，历来争议较多。这种推定形式是否必须存在，以及如何实行，有必要作出说明。

一、事实推定的含义

（一）事实推定的含义

在司法实践中，事实推定是按照如下形式进行的：根据已有证据已经证明了另一事实（即 p 已存在），但不能证明要件事实（q）。因为不知道这两个事实之间是一种什么样的联系，无法进行推理。法官的操作步骤都是先在另一事实（p）与要件事实（q）之间建立一种逻辑联系（即确立 p→q），加上已有的前提 p，这样推理所需的两个前提就都已具备。然后法官再根据逻辑推理推出要件事实。很显然，整个要件事实的认定过程包括两个阶段：第一阶段是在两个事实之间建立一种联系（即确立 p→q），以成就推理的另一个前提；第二阶段是根据两个前提进行推理。就这两个阶段而言，第二阶段是一种纯粹的逻辑推演，并不具有特殊意义，无须法学研究、探讨。其中最关键也是最本质的部分是第一阶段。没有第一阶段,就不会有第二阶段。虽然这两个阶段共存于法官的要件事实认定过程中,但两者的重要性有天壤之别,不可同日而语。鉴于在第一阶段中需要法官发挥主观能动性,必然会牵扯诉讼中的另一个永恒话题,即如何进行制度设计以确保在发挥法官能动性与制约法官恣意之间保持一种平衡。

(二) 事实推定的必要性

事实推定是司法实践中常用的一种查明事实的技术。不可否认,在事实查明的过程中,有可能遇到依据举证规则当事人已充分举证,且已穷尽了其他所有手段仍然无法查明事实,又不能径行判决的情况。在此情况下,就要求法官必须运用自由裁量权,对案件事实进行推定。这一技术存在的必要性包括如下方面:

第一,事实推定可以缓解证明上的困难,推进诉讼程序的进行。诉讼程序中包括质证、认证等环节,且是环环相扣的。其中的一个环节出现问题,诉讼程序便无法进行。运用事实推定便可以解决此时的尴尬处境,提高诉讼效率。

第二,公平的分配证明责任。如在环境侵权案件中,由于受侵害一方对环境污染的知识及搜集证据的困难,对其有利的证据材料可以说大部分处于侵害方的控制之下,这样若由受侵害方来承担举证责任显然是不公平的。虽然证据规则设置了举证责任倒置原则,但举证责任倒置不能适用于有举证责任一方无证据可出示的情况。在此种情况下,为了推动当事人充分举证,事实推定就成为必需。

二、事实推定的限定

(一) 适用事实推定的原则

第一,慎用原则。必须明确:只有在穷尽了一切查明手段仍无法查明案件事实,而案件事实必须予以查明的情况下,才能适用事实推定。也就是说,案件事实一般不得推定,只要有查明事实的其他手段和方法,且案件事实非必须查明不可,决不可适用事实推定。

第二，允许反驳的原则。任何一种事实推定都要赋予当事人反驳的权利，这不仅是保障当事人诉讼权利的需要，也是为了防止法官滥用自由裁量权的基本约束。

第三，公开原则。法官无论是依据法律规定还是依据经验法则来认定案件事实，都应说明其认定事实的认证过程和依据，从而保障认定事实的准确性。应当注意的是，这种公开必须是在庭审过程中随公开心证结论一同公开的，而不能在判决中公开了事，从而间接剥夺了当事人反驳和继续举证的权利。

(二) 适用事实推定的条件

事实推定的构成及特点决定了其适用的严格性，只有满足以下条件时，方可适用事实推定来认定案件事实：

第一，事实推定的前提事实，即基础事实必须真实。前提事实在某种程度上可以说是一种经过可靠证据得以证明的事实，也就是说前提事实必须是肯定发生的。只有前提事实是客观真实的，它才能作为推定的基础去推出待定事实，这样经过推定而得出的事实才更接近于客观真实。在司法实践中，适合于作为前提事实的主要有：已经其他法院或行政机关以法定程序查明的事实、众所周知的事实、自然规律、起诉状和答辩状中相同的事实陈述、对方自认过的事实、经充分证据证明的事实。

第二，当事人有反驳的权利和机会。

事实推定很大程度上是基于经验法则及法官的自由心证而得到的，故法官进行事实推定时，必须同时确保当事人有反驳和继续举证的机会。法律上的事实推定审判机关可以直接启动，简要陈述法律规定即可。而司法上的事实推定应由审判机关依职权启用，或者依申请审判机关同意的基础上启用，并向当事人公开。作出推定之后，应宣布作出的依据和理由。这两者都应允许不利一方提出反驳及继续举证，并在程序上保障当事人反驳的顺利进行。比如审判机关在宣告理由之后，应有一个反驳环节，而不是宣告完理由之后便为此事实的认定画上了句号。

第五章 法律解释

第一节 法律解释的作用和目的

一、对法律解释的界说

对法律解释的基本概念，法学界有着不同的认识：

首先，大部分学者认为，对法律的解释主要是为了对法律规范及其概念、术语的准确含义，按照一定的准则予以明晰化、确定化。例如，有学者指出："法律的解释是科学地阐明法律规定的内容和含义，确切地理解法律规范中所体现的统治阶级的意志，从而保证法律规范的准确适用。"[①]法律解释是"对法律规范的含义以及所使用的概念、术语、定义等所作的说明"，"法律解释是指对特定法律规定意义的说明"。从广义上讲，法律解释包括对宪法、法律和法规的解释；从狭义上讲，则不包括对宪法的解释。"法律解释既

① 孙国华：《法学基础理论》，法律出版社1982年版，第296页。

是实施法律的一个前提，也是发展法律的一个方式。"①。

其次，也有学者从法律与统治阶级意志的关系的角度，阐释了法律解释的含义。如有的学者认为："阐明法律或国家政权的其他文件的意义和内容，即称为解释。在将法律或其他文件适用到具体的、实际的、需要根据法权进行判决的案件上时，就应该对这一法律或其他文件进行解释。"②"法律解释同法律的实施、执行和适用有着密切的关系。""按照通常的理解，所谓法律解释，就是根据统治阶级的政策、立法意图和法律意识对法律规定的具体内容和含义所作的必要的说明。"③。

再次，有学者从法律解释在法律适用过程中的作用出发，提出"法律解释乃是法适用之不可欠缺的前提"，"为了解决具体的案件，必须获得作为大前提的法律规范。这种获得作为判决大前提的法律规范的作业，即广义的法律解释"。具体说来，广义的法律解释包括三项内容：其一是在有可适用的法律规范的情况下，确定法律规范意义内容的作业，即狭义的法律解释；其二是在没有可适用的法律规范情况下的漏洞补充；其三是在法律规范因过于抽象或不确定情况下的价值补充。④"司法中所说的法律解释并不仅限于对法律文本的解释，甚至主要不是对法律文本的解释。尽管哲学解释学意义上的解释存在于任何人类活动之中，因此必然存在于任何案件审理之中，但是司法上所说的法律解释往往仅出现在疑难案件审理之中，这时法官或学者往往将这整个适用法律的过程或法律推理过程概括为'法律解释'，其中包括类比推理、'空隙立法'、剪裁事实、重新界定概念术语乃至'造法'。"⑤

无论上述何种界定，其相同之处在于：各种理论比较一致认为，法律解释是法律适用中的一个环节。在讨论法律规范是否适用个案事实时，规范

① 沈宗灵：《法理学》，高等教育出版社1994年版，第420－421页。
② 苏联科学院法学所：《马克思列宁主义关于国家与法权理论教程》，中国人民大学出版社1955年版，第505页。
③ 北京大学法学理论教研室：《法学基础理论》，北京大学出版社1984年版，第428页。
④ 梁慧星：《民法解释学》，中国政法大学出版社1995年版，第192－193页。
⑤ 苏力："解释的难题：对几种法律解释方法的追问"，载《中国社会科学》1997年第4期。

的内容准确、明晰而稳定，就成为需要解决的首要问题。而解释的规则，无外乎是通过各种途径探寻承载法律的文字的意义，以及文字意义背后体现出来的立法者的目的和法律本身的价值取向与内在规律。

二、法律解释的作用

所谓法律解释过程，实际上是法官将案件事实与法律规范作推理论证的过程。法律解释的作用也就蕴含在其中。在具体案件中，法官在充分了解当事人双方的诉求及其事实和法律依据后，从当事人的诉求、陈述、证据中甄别和摘选出合理的部分，归纳为案件事实（小前提）；由案件事实提炼抽象符合要求的规范（大前提）；法官将案件事实与法律规范进行推理论证，从而得出对案件的裁判（结论）。这一三段论式的法律适用过程，法官要将其表达出来，也就是进行法律解释，其价值在于确保法官在具体的案件中能够"正当"裁判。而是否能确保裁判正当，有赖于上述诸环节的客观性和科学性程度如何。我们以大家熟悉的一个案件作分析。在 2007 年轰动一时的"许霆案"中，检察院以犯罪嫌疑人许霆"盗窃金融机构"定性起诉，引起颇多争议。很多关心该案的人士，甚至是法学研究人员和律师，都在争论：到底何谓"金融机构"？当时《刑法》第二百六十四条第一项所称之"金融机构"[①]，其外延究竟为何？是否包含金融机构设置的、但位于金融机构物理界限之外的自动取款机？因此，明确界定"金融机构"的内涵及外延，是该案正确适用法律的第一步。而最高人民法院《关于审理盗窃案件具体应用法律若干问题的解释》（法释[1998]4 号）第八条，也已明确了"金融机构"的内涵和外延："刑法第二百六十四条规定的'盗窃金融机构，是指盗窃金融机构的经营资金、有价证券和客户的资金等，如储户的存款、债券、其他款物，企业的结算资金、股票，不包括盗窃金融机构的办公用品、交通工具等财物的行为。"

---

① 2011 年 2 月颁布的《刑法修正案（八）》，已不再将"盗窃金融机构"作为盗窃罪的加重情节。据相关资料显示，"许霆案"所引起的巨大社会反响，确系该修正的一部分考量因素。因此，该案例更可以作为法律解释活动无法满足社会需要，从而推动法律变动的有力例证。

故，该案经一审、二审、再审，法院均认定许霆构成盗窃罪，且具有“盗窃金融机构”的情节。

不论该案最后的裁判结果如何，从《刑法》和司法解释所确定的法律概念即可明确：金融机构所经营的资金，不论是否在物理上置于金融机构的范围之内，均属于《刑法》第二百六十四条所称之“金融机构”概念的外延内。倘无此解释，则本案很难对“自动取款机是否属于‘金融机构’”作出判断。

由此可见，法律解释首先发生在法律规范中概念不明确之场合。由于法律是使用文字承载其含义的，而任何文字与自然科学符号不同，其在表达意义时具有模糊、不确定等特点。在社会科学中，语言与其说是以精确的含义表达特定的意义，毋宁说语词与现象的分离确保了文字的外延范围较广、富有弹性因而具有更大的适用性。因此，在不同的社会历史条件下、不同的语境及不同的上下文体系中，确定法律用语的内涵，是法律解释最重要的目的。

同时，即便是较为明确的概念，有时仍然缺乏某些界限明确的要素。产生这一问题的原因在于：法律，特别是民事法律，来源于日常生活，因此同样的语词，作为一般性用语与作为法律概念时，其内涵差别无几，但其外延仍可能存在较大差异。例如：

《合同法》第三百二十六条第二款所称之“主要利用法人或者其他组织的物质技术条件”，其内涵是明确的，但究竟何种“物质条件”属于“法人或其他组织的物质条件”呢？依据最高人民法院《关于审理技术合同纠纷案件适用法律若干问题的解释》（法释[2004] 20 号）第四条的规定，对“主要利用法人或者其他组织的物质技术条件”这一概念外延的限定要件为：(1) 在职期间研发工作过程中；且(2) 全部或大部分利用；且(3) 资金、设备、器材或原材料等；且(4) 这些物质条件对形成该技术成果具有实质性的影响；且(5) 该技术成果实质性内容是在法人或者其他组织尚未公开的技术成果、阶段性技术成果基础上完成的。下列情况不在该概念外延之内：(1) 对利用法人或者其他组织提供的物质技术条件，约定返还资金或者交纳使用费的；

或(2) 在技术成果完成后利用法人或者其他组织的物质技术条件对技术方案进行验证、测试的。(第四条：合同法第三百二十六条第二款所称“主要利用法人或者其他组织的物质技术条件”，包括职工在技术成果的研究开发过程中，全部或者大部分利用了法人或者其他组织的资金、设备、器材或者原材料等物质条件，并且这些物质条件对形成该技术成果具有实质性的影响；还包括该技术成果实质性内容是在法人或者其他组织尚未公开的技术成果、阶段性技术成果基础上完成的情形。但下列情况除外：(一) 对利用法人或者其他组织提供的物质技术条件，约定返还资金或者交纳使用费的；(二) 在技术成果完成后利用法人或者其他组织的物质技术条件对技术方案进行验证、测试的。)

司法解释对内涵清晰的“物质条件”这一概念的外延，从以下两方面进行了限定：(1) 该概念中的“物质条件”限定在哪些种类中；(2) “法人或其他组织的”这一限定如何体现。这两点是限定该概念外延的主要条件。把这个概念从普通语言中界定出来，成为法律专门用语，更为清晰、确定，更能适用于个案裁判。

此外，即便法律概念的内涵明确、外延清晰，但仍然可能存在同一法律概念在不同的法律条款中(事实上是在不同的法律制度中)具有不同含义，或同一意义由多个法律概念、表述在不同条款、制度中予以体现的情况。此类矛盾或竞合，会给法律适用带来混乱。因此，必须通过法律解释，限定概念在不同条款中的外延，从而限定不同法律制度的效力范围，以消除矛盾和竞合的情形。

综上所述，适用法律的过程，迄今为止仍然被看成是严格的三段论式演绎推理过程，唯有通过这种严格的逻辑分析，才可以使司法在一定程度上摆脱日常生活用语固有的不精确性，趋向客观和科学，从而确保个案判决的“正当”和司法整体的稳定。而借由法律解释以使法律概念内涵明确、外延清晰，是严格的逻辑分析过程的起点。这是法律解释在司法过程中的最主要作用。

三、法律解释的目的

法律解释的目的,总体来说是通过解释对文字所承载的法律规范的本意予以明确,以致个案裁判适用。而法律规范文字所要表明的法律规范本意究竟为何,自萨维尼以来,法学界形成了两种不同的见解:一种见解认为,法律解释所探究的是立法者的意志和意愿,此种观点被称为"主观解释论"或"目的论";另一种见解则认为,法律解释的目的在于阐明法律规范内在的规律和客观的价值取向,此种观点被称为"客观解释论"。

客观地说,此两种学说均具一定合理性,但也均存在一些问题。主观解释论的合理之处在于:立法不同于自然现象,是人主体的能动行为的过程,其所产生的法律必然受到立法者主观意志的长远影响。因此无论立法者的本意是否反映法律的本质要求,法律解释都无法绕开立法者的价值取向、意图和思考。但主观解释论的缺陷在于:其一,由于主观说强调借助文本词语的解读探寻立法者的本意,那么这种观点的合理性就建立在一种假设前提之上:一切意图都可以用语言精确地表达。[①] 但是法律是一种用文字表述的符号,每一个文字都有多种含义,在不同的语言背景中也会有不同的含义,所以其自身的不确定性导致了语言表达的有限性。当立法者运用语言立法时,语言的不确定性使立法者的本意发生第一次偏移;当司法者通过语言接受立法者的本意,个人的理解和表达的效果会发生第二次偏移。所以以文字为载体的法律所传达的意义并不能做到准确无误。其二,由于社会生活处在不断的发展变化中,故而法律颁布后必然会遇到很多立法者在立法时无法预计、其意志无法完全涵盖的问题,这些问题无法以立法者的意志回应,但又是法律不得不予以回应的。因此,主观解释说显然过于狭隘,无法承担法律解释的功能。

当 19 世纪末 20 世纪初社会急剧变迁时期,当固守着遵循立法者制定初

① 马青连:"法律解释目标评析",载《铜陵学院学报》2009 年第 1 期。

衷原则的主观解释论已经无法满足社会发展对法律解释提出的要求时，产生了以探求法律内在规律和标准意义为指向的客观解释论。客观解释论认为：法律在不断流变的社会关系中，面对立法者未曾考虑过但又必须回应的问题，逐渐发展成一种独立的精神存在，产生了内在的规律，从而成为一种相对标准化的意义。客观解释论无疑更为发展地、动态地揭示了法律的内在意义，使法律的内容经过解释后更客观、更标准化，因而更趋科学化。但如果认为法律自颁布后完全获得了独立的生命，摆脱了立法者的意图和影响，亦与事实不符。法律毕竟是人的有意向的社会行为产物，规范意义的起点仍然是立法者的意图。如果法律在使用过程中所面临的问题完全超越了立法者的意图和预料，那么通过法律解释满足社会需求的过程，毋宁说是一部新的法律订立的过程。

由此可见，法律解释活动的目的，应当兼顾主观解释论和客观解释论的合理成分：吸收主观解释论视为对法律规范的意义的起点的观点，同时以客观解释论对法律规范不断发展、运动过程的观察所得之法律为适应社会生活而产生的标准化意义的观点，将法律解释的目标定位在探究立法时的规定意向是如何参与时间流，满足当下社会生活需求的过程上。因此，法律解释的目的就可以概括为：立法者如果处在当下的社会生活环境中，其所订立的法律规范的意图、目的为何，而非为立法当时立法者的意旨。

第二节　法律解释的种类

法律解释，依作出解释的主体不同可以分为立法解释、司法解释、行政解释；依解释最终对法律适用所产生的效力不同，可以分为有权解释与无权解释。其实，这种分类与其说是从不同标准对法律解释予以剖析，毋宁说是以一个标准的两个侧面分别进行观察得到的不同结论而已：主体从事有意向的行为，必然会在同一事项上产生或正或负的效力。因此，不同的解释主体，就意味着具有或不具有法定的权力去进行可以产生法律效力的法律解释活动。由此可以了解不同的解释活动在法律适用中是如何发挥作用的。

一、法律解释的不同效力

按照法律解释行为是否可以产生法律效力、成为适用的对象的标准，法律解释可以分为有权解释和无权解释两类。

有权解释又称正式解释、法定解释、官方解释、有效解释等，是指法定的主体依据法律的授权对法律进行的具有法律效力（即可成为司法裁判适用法律的参照标准）的一类解释行为。而无权解释是指任意主体在没有法定授权的情形下，对法律条文作出的对法律适用并无强制影响力的解释。无权解释又分为学理解释和任意解释。由上述定义可知，从广义上讲，法律解释可以分为有权解释和无权解释，但司法过程中以法律适用为指向的狭义法律解释，仅指能够作为未使用规范提供参照的有权解释。

在历史上，尽管有权解释的权力也曾短暂地赋予过某些个人——如罗马帝国时期，公元426年颁布并在东、西罗马帝国同时生效的《引证法》正式承认：盖尤斯、J.保罗（？—约222）、D.乌尔比安（约170—228）、A.帕比尼安（约150—212）和H.莫迪斯蒂努斯（？—约244）五大法学家的对法律适用中各种问题的解释具有法律效力[①]，但长久以来，法律认定的有权解释主体，仍然是各类权力机关。这种做法是符合逻辑的：司法本身就是重要的政治权力，而有权解释是为了准确有效地执行法律，对法律规范文字的含义、概念和适用的条件等所作的明确化、具体化、操作化；故而有权法律解释是司法体系中法律适用过程的起点，是司法过程的重要组成部分，故也属于一种政治权力；因而，将有权法律解释交由政治权力机关之外的其他社会主体

① 有学者认为，五大法学家的解释权实际是立法权，但笔者认为，罗马帝国时期，帝国已经有完整的立法程序和正式的立法机构，也有相对完整的成文法体系，因此五大法学家对法律问题的解答只可能是对法律适用中出现的问题作出的法律解释和法律漏洞填补，虽然其效力与成文法相同，高于现代法治中的法律解释，但就其性质而言仍属于对立法的补充而非立法本身。

行使，殊为不妥，不但与基本的法治理念相悖，且实际上亦无法确保解释权的顺畅运行。因此，在法律适用过程中有权解释的主体只能是立法、司法和行政机关。

无权解释又可以分为学理解释和任意解释。学理解释指法学研究者在研究法律过程中，对法律的含义、价值、目的等提出理论见解的解释类型。任意解释则指任何社会主体对法律的理解和解释。无权解释尽管不对适用法律产生强制性影响，但法律与社会生活息息相关，与其说是单向的规制社会主体的社会行为、调整社会主体之间的各方面社会关系，毋宁说法律作为一种精神存在是在进入社会实践流和意识流的过程中获得完整而独立的意义，并且成为社会意识和社会实践的组成部分的。因此，无权解释在作出解释的瞬时对司法不产生影响，但从实践流来看，无权解释必然会成为法律精神的有机组成部分。在我国近些年的法治实践中，相当数量的法律制度——如醉驾入刑、疑罪从无，甚至《物权法》，都是从学界、民间对法律的解读出发，逐渐进入立法者和司法者的视野，成为正式制度的。法律本身就应是开放的体系，任意解释作为法律体系之外的有益因素进入这一体系的有效渠道，将对于法律不断调整规范内容以适应社会生活的变化，起到不可取代的作用。

二、不同主体进行的法律解释

不同主体进行法律解释，必须严格遵循宪法和法律确定的职权分际。在我国的法治实践中，宪法和法律将有权法律解释分为立法解释、司法解释（以及检察解释）和行政解释。分别由立法机关、司法机关（法院、检察院）和行政机关执行。

（一）立法解释

我国现行立法解释由全国人大常委会实施。《宪法》第六十七条规定：全国人大常委会行使解释法律的职权。而在现行《宪法》（1982 年）出台前，

1981 年全国人大常委会即出台《关于加强法律解释工作的决议》，规定："凡关于法律、法令条文本身需要进一步明确界限或作补充规定的……由全国人大常委会进行解释或用法令加以规定。"其中的"法令"，后来指由全国人大常委会制定的法律。而 2000 年 3 月九届全国人大通过的《立法法》则规定：法律解释权属于全国人大常务委员会；法律有以下情况之一的，由全国人大常委会解释：法律的规定需要进一步明确具体含义的；法律制定后出现新的情况，需要明确适用法律依据的。

从正式、完整的意义上说，全国人大常委会是获得宪法授予的对法律进行正式解释的唯一国家机关，具有最高的解释权威。《立法法》同时规定：国务院、中央军委、最高法、最高检和全国人大各专门委员会以及省、自治区、直辖市的人大常委会可以向全国人大常委会提出解释法律的要求。《立法法》规定，全国人大常委会解释法律先要由其工作机构研究拟订法律解释草案，由委员长会议决定列入常务委员会会议议程，经常务委员会会议审议后，由法律委员会根据常务委员会组成人员的审议意见进行审议、修改，提出法律解释草案表决稿，草案表决稿由常务委员会全体组成人员的过半数通过，由常务委员会发布公告予以公布。由此可见，立法解释的程序基本与立法程序相同，解释的主体与立法主体相同，故而其效力与成文法相同。

（二）司法解释

在我国的法治实践中，广义的司法解释包括最高人民法院的司法解释和最高人民检察院的检察解释，狭义的司法解释仅指前者。我国现行宪法没有赋予最高人民法院及最高人民检察院解释法律的职权，但 1981 年全国人大常委会《关于加强法律解释工作的决议》规定，"凡属于法院审判工作中具体应用法律、法令的问题"，由最高法进行解释；"凡属于检察院检察工作中具体应用法律、法令的问题"，由最高检进行解释。

1983 年颁布的《人民法院组织法》规定，最高院"对于在审判过程中如何具体应用法律、法令的问题，进行解释"。此外，《民事诉讼法》《刑事诉讼法》

等相关法律法规，也规定了最高人民法院、最高人民检察院对法律适用过程中如何具体理解法律、适用的具体标准等问题具有统一解释的权力。最高人民法院于1997年发布了法发[1997]15号《关于司法解释工作的若干规定》(以下简称《若干规定》)，进一步明确了司法解释的性质、效力、分类和程序。《若干规定》第二条规定："人民法院在审判工作中具体应用法律的问题，由最高人民法院作出司法解释。"第九条则详细规定了针对不同解答对象的司法解释的类型："司法解释的形式分为'解释''规定''批复'三种。""对于如何应用某一法律或者对某一类案件、某一类问题如何适用法律所作的规定，采用'解释'的形式。根据审判工作需要，对于审判工作提出的规范、意见，采用'规定'的形式。对于高级人民法院、解放军军事法院就审判工作中具体应用法律问题的请示所作的答复，采用'批复'的形式。"由上述规定可以看出，司法解释针对的问题主要有两类：第一类是对适用某部法律时如何具体化、可操作化进行具体规定，如《最高人民法院关于适用〈中华人民共和国民事诉讼法〉若干问题的意见》《最高人民法院关于适用〈中华人民共和国合同法〉若干问题的意见》等，对此类问题，司法解释一般采取与法律条文紧密挂钩，逐条解释的方法；第二类是人民法院在审理某一类型案件或处理某一类型问题时较为集中的具体标准、尺度、思路、对法律制度如何理解的问题，最高人民法院集中予以解释，但解释内容并不和特定的法律挂钩。

需要注意的是，第一种解释类型直接以法律条文为解释对象，同时也是其解释依据；而第二种解释类型并无直接的条文对象，其依据何来？这需要作出具体分析。此类解释一般又有两种情形：一种情形是法律仅作出原则性规定，缺乏具体的操作性规定，或法律规定虽然明确但缺乏具体的量化标准，在此情况下，最高人民法院或依照法律原则对制度中的具体内容予以填补，或遵循法律原则对法律规定予以延伸；另一种情形是，最高人民法院针对某一类案件或者某一类问题，总结审判经验，归纳那些各地法院反复使用且被社会广泛接受的方法、标准和尺度，适时对外统一发布，指导该类案件的审判工作。

例如，2003 年颁布的最高人民法院《关于审理人身损害赔偿案件适用法律若干问题的解释》，在当时的立法背景下(《侵权责任法》直至 2009 年才颁布，而《民法通则》对人身损害赔偿的归责原则、赔偿事由及赔偿标准等主要环节的规定极为原则)，就被认为在诸如服务业在人身损害案件中的追责原则和赔偿标准、公共服务机构在人身损害案件中的追责原则和赔偿标准、人身损害案件中精神损害赔偿的标准、死亡赔偿等诸多方面，对立法的空白进行了大胆的填补。而最高人民法院《民事诉讼证据规则》，同样是对诉讼法中举证、质证、认证部分过于不完善的状况的极大延伸，引入了《民事诉讼法》中未予规定的诸如举证时效、自认、意见证据排除、非法证据排除等多项制度，极大地促进了民事诉讼程序的科学性和规范性，提高了民事审判水平。

上述司法解释的方法，已经超越了使法律、法规的既有内容明确化、可操作化、稳定化的界限，而变成了填补法律漏洞，甚至以解释法律的形式进行制度创新的举措。因此司法解释本身到底承担的是法律解释的功能，还是同时也担负了填补法律漏洞甚至立“法”的功能，对此学界颇多腹诽。在本书其他章节，将结合立法方法和法律漏洞填补等内容，对此问题进行详细论述。

同样，最高人民检察院在刑事犯罪领域也以基本相同的方式制定各类检察解释，以推动刑事司法过程中的法律适用，提高刑事审判水平。

(三) 行政解释

全国人大常委会《关于加强法律解释工作的决议》规定：“不属于审判和检察工作中的其他法律、法令如何具体应用的问题，由国务院及主管部门进行解释。”也就是说，属于民事、刑事和行政审判之外的法律，最高国家行政机关及下属主管部门在职权范围内可作行政解释，其中有关主管部门涉及重大问题的解释，需报国务院同意后才能作出。

行政解释的必要之处在于，诸多行政机关——特别是像公安局、食品药品监督管理局、消防局、工商局等在国计民生中承担重要任务的行政机关——具有行政执法权，如不能统一执法标准，对于维护法律本身的稳定性和权威性将造成不利影响。因此，以法律解释的方式统一执法标准、程序和尺度，是形成统一行政法律秩序所必需的。但法律解释毕竟又可能触及法律的模糊甚或空白地带，因而带有准立法的意味，而行政权与立法权、司法权相互独立，作为立法权、司法权监督和约束的对象，不宜僭越立法权。因此，必须严格注意对行政机关行使法律解释行为的界限。在我国的法治实践中，较为通行的做法是：凡行政过程中必须通过立法方能解决的问题，一般由立法机关以委托行政机关立法的方式予以解决；凡涉及司法权的事项，则由行政机关会同司法机关以订立司法解释的方式予以处理。例如，在刑事法律领域大量存在的“两院一部规定”(最高人民法院、最高人民检察院、公安部)，即属此种情形。

三、不同类型法律解释的界限

依前文所述，法律解释的功能系对法律规范的内容予以明确化、稳定化、可操作化，以资司法机关适用，从而增强司法的客观性和科学性。然而通过对我国法治实践中不同主体进行的有权法律解释分析后不难发现，司法解释、行政解释有时难免涉及立法解释的事项。为了明确各类法律解释的界限，必须坚守不同主体进行法律解释行为的宪法授权，明确如下要点：

第一，立法解释与司法解释的性质有着本质区别。立法解释涉及法律“本身需要进一步明确界限或作补充规定的”方面，换句话说，立法解释解决的是本应通过制定法律来解决的实质性问题。而司法解释，依授权只能涉及审判、检察过程中“如何具体应用法律”的方式方法问题，不能有创新、改变、延续规范实质内容的情形，否则则属于超越宪法授权、僭越立法权的行为，其解释内容应归于无效。

第二，最高人民法院、最高人民检察院应分别就具体应用法律的问题作出自己的解释，并相互监督制约。宪法规定，法院独立行使审判权，检察院独立行使检察权。全国人大常委会《关于加强法律解释工作的决议》规定，最高法和最高检的解释“如果有原则性的分歧，报请全国人民代表大会常务委员会解释或决定”。《监督法》也规定：最高法、最高检之间认为对方作出的具体应用法律的解释同法律规定相抵触的，可向全国人大常委会书面提出进行审查的要求，由常委会工作机构送有关专门委员会进行审查、提出意见。

第三，司法解释的合法性除受立法机关依职权审查外，还应受到广泛的民主监督。《监督法》规定，国务院、中央军委和省级人大常委会以外的其他国家机关和社会团体，企业事业组织以及公民个人，认为最高人民法院、最高人民检察院作出的具体应用法律的解释与法律规定相抵触的，可以向全国人大常委会书面提出进行审查的建议，由常委会工作机构进行研究。必要时，送有关专门委员会进行审查、提出意见。

第三节 法律解释的方法

如前所述，法律，无论是使用普通语言还是专用语言，均存在内涵模糊、外延不明，以及受社会生活决定的富有弹性的特点，因此往往无法直接供司法机关适用。为了明确规范所使用的语词的内涵和外延，必须对法律规范进行解释。而为了确保法律适用的客观性和科学性，法律解释行为必须遵循一定的方法。

萨维尼在其《现代罗马法体系》中强调了四种法律解释要素：文义、逻辑、历史、体系。萨维尼强调，这四种法律解释要素并非彼此独立的解释方式，而是一个解释过程的不同环节，完整的法律解释往往需要将上述四种要素结合运用，上述四种要素之间具备一定的关系，但具体进行解释时，应根据个案情况安排解释方法。萨维尼的学说影响深远，被此后法律哲学各家学说一再引用，至今已成为法律解释方法的基础命题。本书在此学说基础上，提出法律解释的文义解释、体系解释、目的解释、法社会学解释等四种解释方法。

一、法律的文义解释

文义解释，系指按照语词——普通语词或专用语词——根据语法构成的组合的意义，予以说明并进行必要的限定的过程。任何对于文字的解释都起始于对文字意义的解释。之所以如此，在于法律作为日常生活和社会秩序的重要组成部分，其必须保持与日常生活语言的勾连，以便任何主体都可以通过文字进入法律领域；故而法律不能使用意义高度精确的符号语言。法律所使用的语言富有弹性、具有适应性，因此在与特定的社会行为结合起来之前，必须依据逻辑和客观经验，确定文字的意义。

一般而言，确定文字意义的主要方法有四种：

第一，根据文字的普通含义来确定文字在法律规范中的含义。如前所述，立法者应确保法律使用的语言能够与日常社会生活中的语言保持关联，从而确保法律成为社会生活的组成部分。立法者在制定法律的时候，要考虑本国语言的习惯，根据语法规则表述法律规范的意义，尽可能使法律规范的内容在本国语法的框架内清楚、明确，以使适用法律的司法人员和适用对象，能够最大程度地对规范的意义获得一致的理解。

例如：法律规范的行文中多会出现“以上”“以下”等用语。按照《现代汉语词典》的解释，如指涉有量词修饰和限定的名词，则“以上”指“表示品第、数量、级别、位置等在某一点之上”，“以下”指“表示位置、品第、级别、数量等在某一点之下”。由此可见，在日常用语中，按照现代汉语语法规范，“以上”“以下”均包括作为参照的数量起点。因此，《民法通则》第一百五十五条、《刑法》第九十九条均规定：法律所称“以上”“以下”，均包含本数。同理，法律所称“不满”“以外”则不包含本数。

第二，准确理解法律专业术语的特定含义。法律专业术语是在特定的法律环境中形成的表达特定事物、概念的语言，其一般在法律人之间进行无障碍交流，但对社会一般人员而言，法律专业术语与同样字面的日常用语在含义方面有本质区别。由于法律专业术语往往代表了相应的法律制度，而法律制度是社会生活和历史的凝结，因此具有丰富的内涵和相对狭窄的外延，故应当准确理解法律专业术语的含义，严格按照法律专业术语的本意解释，而不能以日常社会生活用语解释之。

最常见的例子，如“法人”这个术语，“法人”系指因能够独立承担民事责任而被法律拟制、赋予独立法律主体资格的组织，质言之，即法律上虚拟存在的“人”。“法人”这个语词所代表的“法人”制度，是立法技术发展至“法律虚拟”阶段的产物，是17世纪以来，社会生活主体逐渐由个人转化为组织，因而具有更强的行动能力、更大的抗风险能力和更稳定的责任承担能力这一历史发展潮流的产物，故而其制度内容丰富。而在日常生活中，一般社会人士常以“法人”一词指代法人的法定代表人。这种混淆，忽视了法人这一语词背后的制度内涵，故难为正式的法律适用过程所接纳。类似的例子还有：除斥期间（区别于诉讼时效）、天然孳息、物权、定金（区别于订金）等。

第三，对一词多义的情形，须参照其他解释方法——主要是体系解释方法和目的解释方法确定其准确含义。

第四，根据个别现象与其类概念的逻辑联系，确认法条中以列举方式未穷尽的同类现象，均与明确列举的现象的含义相同。

法律规范中经常出现如下用语：“当事人、代理人及其他诉讼参加人”“及其他……”这类表达方式所指涉的事物，即是对前面所列举现象的同一种概念中未能列举的其他现象的概括，法律规范此处的含义，自当包括“诉讼参加人”这一类概念中的全部对象。

二、法律的体系解释

解释法律规范的字面含义，是法律解释的起点，但大多数时候，仅仅从字面上很难准确理解法律规范所使用文字的确切含义，很难排除文字的其他有可能指涉的意义。因此必须进一步根据文字在法律体系中所处的位置，来准确理解其含义。这种结合某具体法律规范文字在法律体系中位置的理解方式，称为体系理解方式，即法律的体系解释。

所谓法律体系中的位置，有两方面的含义：首先，如理解某一具体法律规范的文字含义存在障碍，应当结合其上下文的意义进行理解，上下文从语法、逻辑上为待理解的具体规范文字创造了特定的语境以便于把握文字的准确意义；其次，单独的法律规范往往是完整的法律制度的一部分（或者说，一个完整的法律制度往往由多个法条共同构成），因此必须将单个的法律规范置于完整的法律制度中，按照一致的法理进行解释。

法律的体系解释，包括扩张解释、限缩解释、反对解释、合宪解释四种。

第一，扩张解释，是指如果严格按照法律规范的文字意义解释法律，则概念的外延过于狭隘，不足以充分体现立法者的原意，因此必须扩张法律规范的文字意义，以期达到立法者期望的目的。

扩张解释在刑事司法领域中广泛适用，例如，《刑法》第一百一十六条规定，破坏交通工具罪的对象是“火车、汽车、电车、船只、航空器”，但司法实践中一般认为对该条款中“汽车”的解释应当扩大，外延应包含农用拖拉机等。显然，按照一般文义和法律专业术语两个层面的理解，农用拖拉机均不包含于“汽车”的外延内，但如果从立法的意图考量，显然农用拖拉机也是一种交通工具，因此在立法意图内对文字意义进行扩大，并不违背罪刑法定原则，有利于准确打击犯罪行为。

因此，需要特别说明的就是，扩张解释系指在文字意义未能完全体现立法意图的情形下，对文字意义进行扩张以满足立法意图，但如果立法目的本身显得狭隘或者不能满足社会发展的需求，需要对法律作超越立法目的的解释时，则显然不属于法律解释而进入立法或漏洞补充的范围，这就需要慎重地等待宪法授权，特别是在刑事司法领域，必须严格恪守罪刑法定的原则，不得超越具体条款的立法本意，肆意扩张。此外，扩张解释对文字意义的扩张，应当在文字可预测的可能性，即碧海纯一所谓的“射程”之内，因而并不违背法理。

例如，《刑法》第九十四条对“司法工作人员”的解释——“指有侦查、检察、审判、监管职责的工作人员”，即为一种扩张解释。因按照《宪法》的规定，作为侦查机关的公安机关，虽承担部分司法职责，但其终归系政府的职能部门，因此其工作人员严格来说不属于司法工作人员，而应属于政府工作人员。但从社会生活实践来看，一般大众显然能够接受公安干警属于“司法工作人员”。故而如果将“司法工作人员”这一概念的外延“扩充至有侦查……职责的工作人员”，显然在人们对“司法工作人员”这一概念理解的可能范围之内。

第二，限缩解释，系指法律规范所使用词语的外延过于宽泛，超出了立法本意，为正确适用法律，对外延进行限缩，局限于核心部分。限缩解释同样是法律条文的字面含义与立法意图、社会发展需要明显不符时，为贯彻立法意图，反映社会发展的实际需要而对规范内容进行解释的方法。

例如，《刑法》第四条规定，对任何人犯罪，在适用法律上一律平等。不允许任何人有超越法律的特权。这里的“人”应作限缩解释，即：应局限于有刑事责任能力的人。无刑事责任能力的精神病人、十四周岁以下的少年儿童等无刑事责任能力以及不完全刑事责任能力的间歇性精神病人和十四至十六周岁的人，在一定条件下不负刑事责任。这里的限制已超出刑法立法意图的“人”的核心意义，为立法者的目的而须将之限缩，为限缩解释。又如，最高人民法院在《关于审理为境外窃取、刺探、收买、非法提供国家秘密、情报案件具体应用法律若干问题的解释》中，将为境外窃取、刺探、收买、非法提供国家秘密、情报罪中的“情报”解释为“关于国家安全和利益、尚未公开或者依照有关规定不应公开的事项”，这也是一种限缩解释。

第三，反对解释，系指根据法律规范的文字意义，依照逻辑规律判断其逆命题是否为真，由此进一步明确法律规范的内涵和外延。必须承认，法律解释所追求的理想的客观性目的是很难被“发现”的，因此法律解释本身给予了司法机关将自己的意图“变为”立法意图的权力和可能。因此，必须存在强有力的逻辑障碍，以确保司法机关必须尊重法律，难以肆意超越法律规范命题的意义。

依照法律规范（原命题）与逆命题之间的关系，反对解释存在三种可能的结果：

（1）如果法律规范命题的主项是不周延的，谓项是周延的，则不能进行反对解释。例如“违反法律和行政法规强制性规定的合同无效”，其逆命题是“无效合同是违反法律和行政法规强制性规定的合同”，该判断显然为假，因为按照《合同法》第五十五条的规定，合同无效的原因除了第五项“违反法律和行政法规强制性规定”外，还有其他四种情况。

（2）如果法律规范命题的主项是周延的，而谓项不周延，则可以进行反对解释，亦即可以以逆命题来解释和理解原命题。例如：“无效合同自始无效”，其逆命题“自始无效的合同是无效合同”显然是真命题。

（3）法律规范命题的主项、谓项相同，则可以进行反对解释。法律中大量存在的“本法所称的……是……”这类命题，其逆命题必然为真。

第四，合宪解释，系指法律解释必须与《宪法》的意旨和原则保持完全一致。合宪解释的必然性在于：法律解释的目的就在于追求法律的明晰、可操作，从而确保法律秩序的稳定，若解释行为超越了《宪法》的授权，解释内容逾越了《宪法》的界线，则解释的起点就已经远离了法律秩序，很难保证解释的效果还能回归法律秩序之内。但由于宪法的规定过于原则，因此较少有需要直接援引《宪法》作为低位阶法律的解释依据的情况，故而合宪与其说是一种法律解释的方法，毋宁说是法律解释的界限和基准。

三、法律的目的解释

在依照语意和语法规范进行解释以及依照法律规范的上下文和体系脉络进行解释后，如仍然不能排除法律规范可能包含的其他意义的，就必须依照如下思路对法律进行进一步的解释：立法者究竟希望通过法律规范的文字承载何种意义？法律规范在实际运行中究竟应产生何种效果？因此，从历史及现实的角度，对立法者的立法目的，即立法者如果处在当下的社会环境中，其订立法律规范的意图和意欲实现的目的，进行探究，是解释法律的重要步骤。

（一）正确认识立法目的

运用目的解释的首要问题在于如何确定某一法律规范的立法目的。在我国司法实践中，确定立法目的通常有以下两种途径：一是法律有直接或间接的表述确定；二是通过规范的内容来推定。

第一，法律对立法目的的表述。一般而言，成文法的序言、前言、第一个条文（或前几个条文）会明确记载立法目的，这些条文应成为进行目的解释时着重考虑的因素。此外，还可以从法律条文之外的其他文件中找到立法目的，如法律起草机关的说明或报告、立法背景资料、部长在人大常委会或议会上的发言、法律委员会的审查报告、法制工作委员会的报告等。这些都是在进行法律解释确定目的时直接或间接的依据。

第二，从法律内容推导出立法目的。在很多情况下，虽然法律文件规定了该法的一般立法目的，但涉及具体条文的解释时，可能还需要判断该条文的具体目的。

例如，《行政诉讼法》第七十条规定："行政行为有下列情形之一的，人民法院判决撤销或者部分撤销，并可以判决被告重新作出行政行为。"但是，该条并没有规定被告重新作出行政行为的期限，尽管这一期限对于维护行政效率、保护相对人权益是十分必要的，也是立法所追求的目标。因此，最高人民法院在《关于执行中华人民共和国行政诉讼法若干问题的解释》中，确定了在符合某项法律目的的条件下，人民法院可以判决被告在一定期限内重新作出具体行政行为。

（二）目的解释的效果

第一，排除法律规范的不确定含义。在法律规范外延过于宽泛，而且适用前述解释方法仍不能排除其他含义的情况下，目的解释将在很大程度上消除法律规范的不确定含义。这里所说的“不确定含义”，可能包括两种情况：第一种是法律条文作了原则规定，但其具体内容还需要根据现实情况作出解释。法律规范中，大量类概念的法律术语，如“住所地”“密切联系地”“负责人”等，其外延都是依靠这种方式予以明确的；第二种情况是条文字义含混，可能有两种截然相反的含义的，司法机关根据条文的目的确定其真实含义。

第二，目的性限缩。目的性限缩与限缩解释不同，如前所述，限缩解释是依据立法意图，将法律规范的外延局限在法律意图的核心上；而目的性限缩解释，是指因立法技术原因，立法者将不应当规制或进入法律规范的事项纳入该规范，解释者对法律文义所涵盖的这一类立法意图，排除在法律意图之外。

例如，《民事诉讼法》第一百八十五条规定：“最高人民检察院对各级人民法院已经发生法律效力的判决、裁定，上级人民检察院对下级人民法院已经发生法律效力的判决、裁定……发现有下列情形之一的，应当按照审判监督程序提出抗诉：（一）原判决、裁定认定事实的主要证据不足的……”从字面含义来看，法律并没有对可抗诉的判决、裁定的范围加以限制，因此可以理解为检察院对所有裁定都可以抗诉。但是，最高人民法院在一系列司法解释中，根据法律的基本原则，对抗诉范围进行了限制。

第三，目的性扩张。目的性扩张解释是指立法时并未包括某种意图，但司法机关在适用法律时认为依据社会发展的需要，应当将该意图列入法律考量范围的解释方法，实际上，这就在司法实践中形成了某些法律并未包含的新的规范。

例如，在商品房买卖法律实践中，相关行政法规要求开发商在签订商品房预售合同前必须取得预售许可证。这一规定属于法律的强制性规定，依据《合同法》第五十二条第五款的规定，对该条款进行反对解释即可得到如下命题：如开发商在售房前未取得预售许可证的，商品房预售合同应归于无效。但最高人民法院从尊重意思自治、尽量促成交易的原则出发，对法律的目的进行扩张性解释：将《合同法》第四十四条第二款之“应当办理批准、登记手续”扩大，将预售许可证纳入其中，并进一步规定，“依照《合同法》第四十四条第二款的规定，法律、行政法规规定合同应当办理批准手续，或者办理批准、登记等手续才生效，在一审法庭辩论终结前当事人仍未办理批准手续的，或者仍未办理批准、登记等手续的，人民法院应当认定该合同未生效；法律、行政法规规定合同应当办理登记手续，但未规定登记后生效的，当事人未办理登记手续不影响合同的效力，合同标的物所有权及其他物权不能转移”，从而确认了这类合同的效力。同样，对于存在当事人超范围经营这一违背法律强制性规定事宜的，最高人民法院同样从尊重意思自治、尽量促成交易的原则出发，按照前述扩张方式将超范围经营的行为列入未经登记、批准的行为，扩大了立法的目的，从而确认了此种情形下合同的效力。

对于目的性扩张解释和目的性限缩解释，包括萨维尼在内的相当数量的学者认为，此两种解释方法实际已经逾越了法律解释的界限，而变为法律漏洞补充甚至干脆是立法。对于法律解释方法与法律漏洞补充方法、立法方法的分野，待由本书其他章节详细论述。对于目的性扩张和目的性限缩是否确实超越了宪法授予的司法权的界限，笔者认为，司法机关在适用法律过程中，为了使法律能够更加满足社会需求，更加趋向公平、正义之价值，对于立法时的意图已经远远不能适应需求之处，通过解释的方式予以赓续的做法，实际上是在使法律规范具有当下语境的标准化意义，这种做法对于促进司法的科学性和适应性是有着很大裨益的，因此各国司法——无论是成文法系还是判例法系——无不遵循此道。唯司法机关在进行目的性扩张解释或目的性限缩解释时，应以在个案中追求实现法的公平、正义价值为唯一目的，方可使其突破宪法授权的行为是有价值的，任何出于其他目的的此类解释行为均为司法权的滥用，应当予以严格的限制。

四、法律的法社会学解释

19世纪以来，法律社会学勃兴，并渐成显学。法律社会学借鉴社会学的进路和方法，将法律现象置于广阔的社会背景之中，探寻制度和制度运行的环境、背景和机理。其实证的研究方法、以作为社会事实的法律与其他社会事实的连带关系为研究对象的视角，极大地丰富了包括法律解释在内的法学方法论的内容。因此，将法律社会学的研究方法引入法律解释，是法律解释方法发展的必然。

（一）以法社会学方法解释法律的必要性

法律是社会通行的规范，法律必须适应社会生活的要求，适用法律的过程，必须能够回复日常生活所提出的常规性社会问题。因此，对法律的解释就不能够仅依文义、逻辑和标准化的意义，而不顾及法律作为一个社会事实在社会事实关系链中的位置与功能。当对某法律规范存在多种不同的解释，而依其他方法难以取舍时，甚至于当以其他方法已经作出了取舍时，从制度的社会环境和社会背景出发，对法律规范实施的条件、程度和效果予以实证评估，即进行法律社会学的解释，于实现法律和司法的社会功能而言，都是非常必要的。

首先，针对我国目前的法治实践而言。我国目前社会面临着急剧的转型，从以下两个方面产生了以新的方式解释法律的需求：一方面，纷繁复杂的社会现象尚未经历长时间沉淀而转变为稳定的社会问题，因而难以进入立法程序的视野；另一方面，立法的“速度”远远跟不上对其产生的不断更新、不断变化的“需求”，如果仅以文义、逻辑、意义脉络、立法目的为限解释法律，难免失之于狭隘和停滞，因此，通过程序性对简单的法律进行解释，不断调适以适应社会变化，是较为适合的方法。

其次，司法判决，特别是民事裁判本身就是对利益归属的衡量和界定，法官必须从具体的法律规范中抽象出利益归属的规则，而在不同的社会环境中和不同的个案语境里，如何公正地划分利益必须从法律与相关社会事实的连带关系中通过社会学的实证思考方可获得，仅从法律规范的文字、逻辑乃至立法文献资料中，很难获得符合社会实际的解释。

(二) 构成法社会学解释的因素

第一，社会效果。社会效果是法社会学解释方法考量和预测的核心内容。在我国司法理论中，法律效果以法律和事实演绎推理、归纳推理和类比推理为主要内容；社会效果则以定纷止讼、化解矛盾、维护社会稳定和高公认度为主要内容。裁判的法律效果倾向于法律的证明，侧重以文义、逻辑、体系方式解释法律并适用之；社会效果则倾向于法律价值的实现，侧重于司法目的的实现。实现裁判的社会效果至少要做到以下几个方面：一是避免静态地、局限性地理解和适用法律，以法律条文的字面含义作为解释法律的唯一依据；二是案件的处理结果应在程序和实体上是正当的；三是对法律的解释应符合社会发展的潮流，促进同一类型的社会问题向着有利于社会进步的方向获得解决。

第二，民(商)事习惯。尊重民(商)事传统和习惯是一种重要的社会要求。社会秩序的形成需要多种规范的共同作用，是各种规范相互协作、共同作用的结果。民(商)事习惯是社会成员在长期的社会生活中形成的稳定而有效地解决常规性社会问题的思维方式和行为模式，大量存在于社会生活中，被社会主体广泛认可并切实遵行，广泛而深刻地约束着社会主体的社会行为，调整社会关系。因此，在法律解释特别是解释民(商)事法律规范时，要充分考虑业已存在并且长期反复适用的民(商)事习惯因素。

第三，公共利益。法社会学解释中的社会目的的确定不只是一个单一的评价标准，在绝大多数情况下，要综合评价多个价值标准后才能作出判断。法社会学解释的方法虽然强调社会效果，但是逻辑、历史、习惯、效用以及为人们所接受的正确行为标准是一些独自或共同影响法律进步的力量。在某个具体案件中，哪种力量将起支配作用，很大程度上取决于将因此得以推进或损害的诸多社会利益的相对重要性和相对价值。因此，卡多佐将社会利益作为社会各种价值的最高判断标准。在审判实践中，经常会遇到诸多的价值冲突问题。例如，在生命权与财产权发生冲突时，应当优先考虑生命权的维护；当公共利益与个人利益发生冲突时，应当优先考虑公共利益。正如20世纪的法律是法律社会化的阶段，法律不仅应当保护个人利益，而且更应强调保护社会利益，等等。这些价值考量本身就是利益衡量的结果。当然，在利益的衡量中，法官作出的选择既要能带来最大社会效用，又要“确保那些能够给他人带来伤害的行为能够以一种损害最小的方式运作，以维护一般性的公共利益”。

综上所述，法律解释是由文义、体系、目的、社会学等多层面复合而成的有机过程。前述各种方法与其说是解释方法，毋宁说是一个完整解释的不同步骤和不同视野。质言之，一个完整的法律解释过程往往需由上述几种方法共同构成。法律规范的解释必须自文义解释开始，如果字面意义尚未明确，则其他解释亦为缘木求鱼。同时，文义解释也是为其他解释划定界限：超出法律规范的全部可预测到的字面含义之外(即碧海纯一所谓的在文字“射程”之外)的解释，毋宁说已经进入了法律漏洞填补甚至立法的范围。而法律规范的文义，往往应当在法律的意义脉络，即上下文的含义以及统一一致的法理之中获得，要获知法律规范文字在其意义脉络中的准确意义，必须遵循相应的逻辑规则。倘仍不能排除法律规范的其他可能的意义，则必须考量立法的意图，即立法者在当下的社会环境中赋予法律规范的意义，这是法律解释的核心方法。除此之外，法律必须保持与其他社会时事的联系和互动，因此，以法律社会学的方法解释法律，将会更为动态、联系地揭示法律的意义。

第六章　法律漏洞填补

第一节　法律漏洞填补的含义与界限

在适用法律的过程中，作为大前提的法律规范必须是稳定的、明确的、能够针对个案的。然而，在通过法律解释获得法律规范文字的准确而稳定的含义的同时，司法机关还经常会遇到这样的问题：某些法律条款或法律制度有所欠缺，导致法律无法适用，或者某些法律条款虽然存在，但其规定的内容过于原则或模糊，甚至无法探寻立法者的本意，再或者某些法律条款虽然存在并且意义明确，但其内容已无法适应社会发展的需要而必须在个案中予以矫正。上述这些问题，均属于本章所探讨的法律漏洞填补的范围。

立法必然会存在漏洞，而司法机关则不得因为法律存在漏洞而拒绝作出裁判，即不得拒绝审判原则。由此就必须赋予司法对法律漏洞进行填补的权力，法律漏洞填补就是一种必然也必需的法律适用方法。在司法实践中，司法机关应针对法律漏洞的不同类型，适用不同的填补方式，在充分衡量不同利益分配的基础上，遵循法律基本的价值追求，对法律规范的内容进行必要的赓续，并力戒对司法权的僭越。

上述过程，即为法律漏洞填补过程。

一、法律漏洞的含义与类型

（一）法律漏洞的含义

法律，作为一种体现立法者意志的有计划、有特定价值取向的文本，一旦固定，其所体现的意义就随之固化，不能跟随时代的发展或案情的具体化而有所发展或延展，且作为立法者意志的产物必然会受到立法者知识背景、认识水平、所掌握资料的信度和效度、价值取向等主观因素的影响，因此，法律总是客观地存在着不能回应社会生活的常规性问题，或不能周密地体现立法者的计划和意志之问题。法律的这种“不圆满性”，在历来的法学理论和司法实践中被称为“法律漏洞”。

如前所述，法律适用过程是以意义明确、稳定、具有针对性的法律规范的存在为前提的推理过程，而一旦法律规范本身存在不圆满之漏洞，则法律适用就变得不可能，更遑论裁判结果是否具有科学性和客观性。现代以来，立法技术已经取得了巨大发展，立法活动的科学性得到极大的增强，然而无论立法者采取多么高明的立法技术，基于以下原因，立法总是难以实现完全无漏洞：首先，立法作为一种社会行为，即便立法者可以在订立过程中的具体分析环节上不作价值判断，但在确定立法方向和具体选题上，立法者的价值取向仍然是最具指引性的指标，否则立法作为一种社会行为就丧失了主观恰当性和实践性；这种特定的价值指引总会使法律规范具有特定的意向，因此其与现实仅具某种范围和某种概率上的符合（此即马克斯·韦伯所谓的社会科学的因果恰当性），而非类似自然科学那种逻辑严密、毫无漏洞的“公理—定理—概念”体系；其次，法律是特定社会环境的产物，因之只能回应其诞生之时的特定社会问题，而对于嗣后社会发展产生的新的社会问题，则未必列入计划，此即所谓法律的“滞后性”之根源；再次，法律的意义系由文字记录，而文字必须经过解释，也就是说，法律解释是适用法律过程的第一步，而法律一经解释，其意义就被固定，文字中本来蕴含的其他意义就被排除，因而意义的范围就大幅度缩小，由此就可能导致法律体系内的不自洽；最后，立法是一个利益博弈的过程，在绝大多数现代国家中，立法者都是一个群体，代表社会各个利益阶层的诉求，因此对很多问题的决定必然是妥协、让步的结果，由此而产生的法律就不可能是完满的、周密的。综上可知，法律规范的漏洞是不可避免的。

（二）法律漏洞的类型

对于法律漏洞的类型，依照不同的标准有不同的划分。德国学者拉夫伦茨对法律漏洞进行了如下分类：(1) 法的漏洞与制定法漏洞；(2) 明显漏洞与隐含漏洞；(3) 自始的漏洞与嗣后的漏洞。我国有学者认为，既然司法实践的主要任务是填补法律漏洞，那么从法律漏洞填补角度划分法律漏洞才最具意义。就法律漏洞填补时的思考习惯来说，首先应当考虑立法时这一法律体系整体的立法意图，这样才能切中要害，决定采取什么样的填补方法。

按照这一标准，法律漏洞可划分为法律体系内的法律漏洞和法律体系外的法律漏洞。

第一，法律体系内的法律漏洞。这主要指按照立法原意本可避免，但由于技术上的错误而导致的疏漏和矛盾。这一类的法律漏洞可再细分为开放的漏洞和隐藏的漏洞。

(1) 开放的漏洞是指按立法意图应当规定，但却错误地没有规定的情形。例如，《民法通则》第三章第二节虽然规定了企业法人制度，但对于法人的法定代表人或其工作人员以其名义从事民事活动的责任归属问题未予规定，显然，这是一个在司法实践中会经常遇到的问题，必须予以填补。对此，《最高人民法院关于贯彻执行〈中华人民共和国民法通则〉若干问题的意见》

第五十八条对这一漏洞进行了填补:“企业法人的法定代表人和其他工作人员,以法人名义从事的经营活动,给他人造成经济损失的,企业法人应当承担民事责任。”

(2) 隐藏的漏洞是指依立法意图不属该法律条文规范范围,却错误地加以规范的情形。这种情形表面不属漏洞,但实质上却同样违反立法意图,构成隐藏的漏洞。

第二,法律体系外的法律漏洞。它指立法原意中没有包括,但根据事物的本质和法理应当对该类型予以规范的情形。最高担保额制度、醉驾入刑等,都是在发现了法律漏洞后逐步发展起来的。

此外,依据立法者在立法时的意图,还可以将法律漏洞分为明知漏洞和不明知漏洞。明知漏洞包括授权性漏洞和一般概念漏洞两种。

(1) 授权性漏洞,是指立法者在订立法律时,明知缺乏某项必须存在的规范而放任其缺位,容许司法在适用法律时自由裁量或进行补充的一种做法。授权性漏洞与其说是法律规范的不圆满和不周密,毋宁说是一种为司法保留确定操作规范、程序、标准的权力和允许法官在司法过程中适当引入个人价值判断的立法技术。在司法实践中,各类适用法律的具体标准,如刑法中的具体的量刑量化标准、民法中各项量化的标准等,都属此类。此外,凡是允许法官行使自由裁量权之处,亦均属此类。

(2) 一般概念漏洞,包括法律中的一般性概念和一般性条款两种情形。在法律规范中,内涵与外延均明确的概念为明确概念,但法律规范中这类概念不多,大多数是外延不明确或内涵与外延均不明确的概念。前者如“法律行为”“物”等,后者如“诚信”“公平”“显失公平”等,这些概念在司法实践中都必须与个案情况相结合,临时界定其外延。而法律中的原则性条款,特别是民法上的一般原则如诚实信用条款、情势变更条款、公序良俗条款等,均属只能在个案中明确其内涵和外延的条款。此类一般性的概念和条款,是社会生活的丰富性与法律规范的稳定、明确性之内在张力的必然要求,法律只有通过这类有弹性的、原则性的规定,才能将更多的社会生活实践列入自己的调整范围，从而对社会生活起到实际的作用。因此在司法过程中，法官必须通过解释和漏洞补充的方式，沿着立法在此指明的方向向正当的裁判迈进。

（三）法律漏洞的确认

为了正确适用法律，作为推理过程的大前提的法律规范必须完整、明确。因此，法律漏洞是必须填补的，而且长久以来，学理也一致认可对法律漏洞进行填补是追求正当判决的司法过程题中应有之意。唯何种“漏洞”确系需要填补之“法律漏洞”？对此，在着手进行填补前，宜从如下三方面对法律规范是否确实存在不圆满之处予以考量：

第一，所谓不圆满之处，是否确属法律调整之范围。法律，是为了平衡不同社会主体间的利益，从而以社会主体的社会行为模式作为规制对象，贯彻公平、正义、诚信、效率精神调控主体间权利义务关系的强制性规范、制度体系。因此，有的社会存在并不涉及社会主体间的权利义务关系，如人的思想、看法、认识、情绪等纯粹的精神范畴，就完全不在法律规制的范围之内，不宜以法律手段予以调整——哪怕此类社会存在严重违背公认的价值观和意识形态。另外，某些社会存在虽然也涉及主体间的关系，但此类社会存在长久以来更多是以文化或道德范畴存在的，则也不宜以法律方式调整之，否则难免产生鸡同鸭讲之虞。

例如，将子女经常探视与子女分居的老人作为一项法定义务写入《老年人权益保障法》中，就引起了社会较大争议，并认为难予施行。学术界普遍认为：该规定本属道德义务，不宜以强制的手段予以规制，而更宜以规劝、激励、陶冶之方式予以内化，故列入法律调整范围是不当的。

此类问题，实际上并非法律规范的不圆满，亦不存在对法律进行补充的问题。

第二，如缺乏某项规定，法律将无法实施。此种在当今中国的司法实践中事例虽然越来越少，但在法律发展的过程中确曾存在。法律体系中大量量化标准和操作规范，均属于此列。对于此类漏洞，应以适当方式进行填补。

例如，2012年修正之前的《民事诉讼法》，在证据部分，对于举证的程序、期限，质证、认证的标准与方式，均缺乏规定，以致长期以来民事诉讼中对证据的质认水平混乱低下。直至最高人民法院于2002年发布《民事诉讼证据规则》，以司法解释的形式对这一重大空白进行了填补，这种状况才发生了改变。此外，目前《民事诉讼法》对于证人证言方面的规定也有明显漏洞：法律仅规定了知晓案情的人的作证义务，而对于证人身份、证言质认标准、交叉盘问规范等，均无规定，这就导致在司法实践中证人证言几乎无法进行反驳的局面，间接地使法律关于证人证言的规定落空。

第三，某些制度和条款虽然存在，但其法律效果实际上已不能满足其所规制的社会存在日渐发展所产生的新的需要，但又未达到需要进行立法变更的迫切性，故而当以漏洞填补之方式进行赓续。

例如，在房地产买卖合同法律制度中，过往惯例是认为未取得商品房预售许可证的销售合同当归属无效。然而随着我国城市建设一日千里的发展，大量商品房建设速度远远超过了政府审批的速度，因此未取得预售许可证而订立销售合同的情况愈来愈多。如一概认定合同无效，对于促进商品房市场的繁荣和维护交易稳定，有较为明显的负面作用。此处，法律制度即体现出了不能满足社会发展需要的漏洞。最高人民法院遂在2003年6月颁布的《关于审理商品房买卖合同纠纷案件适用法律若干问题的解释》第二条中规定，此类合同应当认定为无效，但在起诉前取得预售许可证的，可以认定为有效。即，通过司法解释，不再一概认定此类合同为无效。

二、法律漏洞填补的界限

（一）法律漏洞填补与法律解释的区分

在许多法理学论述中，法律漏洞填补与其说是一种单独的法律适用方法，毋宁说是法律解释的自然延续或法律解释的一个步骤，法律漏洞填补与法律解释并无本质不同。甚至有许多学者主张，狭义的法律解释指本书相关章节所介绍的法律解释，而广义的法律解释则包括法律漏洞填补和前述狭义的法律解释。

对此，我们认为，法律解释与法律漏洞填补确实是一个思维过程的不同阶段。法律适用的大前提是寻找适当的法律规范，而确定法律规范的两个步骤即为法律解释和法律漏洞填补。而当司法对业已存在的明确的法律规范进行填补时，与依照立法者的目的或社会需求进行法律解释的工作，其实并无太大差异。但归根结底，法律漏洞填补与法律解释并不是同一种方法，在目的和方式上，两者均具有本质区别，因此不能把法律漏洞填补归入法律解释过程。法律漏洞填补与法律解释的区别在于：

首先，两者的目的不同。如前所述，法律漏洞填补的目的是对于法律规范的不圆满之处，以特定方式进行完善的过程。司法机关在进行此项工作时，其目的在于在既定的法律规范体系之外寻求解决法律规范不能适用这一问题的方案。而法律解释的目的则仍然是在既定的法律规范体系之内获得规范文字的明确而稳定的含义。因此这两种方法的出发点是完全不一样的。

其次，两者的方式不同。法律解释必须以文义解释的结果为起点和界限，通过体系解释、目的解释、法社会学解释，或以上方法的结合，均需努力探究法律规范文字“正确”的含义，而不应进行有创造性的工作。而法律漏洞填补则不然，必须以法官的创造性工作，对法律的意义进行赓续，对法律制度和规范的内容进行发展。因此，具体方式是否具有创造性，是法律解释和法律漏洞填补两种方法的另一个不同之处。

（二）法律漏洞填补与立法的关系

对法律存在的不圆满之处，从长远来讲，只有以立法方式解决方为根本。法律规范是体系化的、相互关联的制度组合，因此单独就某一缺陷进行弥补，很容易造成制度间在权利义务设置上的失衡。在司法过程中以“法官造法”的方式进行法律漏洞填补，仍然是一种“找法”的活动，是在法律授权之下进行的对完善法律的功能、实现立法意图进行的补充性工作。法律漏洞填补与立法的区别主要表现在：

首先，法律漏洞填补是在法律适用过程中对个案中发现的某一个或某一类具体的法律规范不尽完满的问题，按照立法业已指明的方向，将规则完善化和具体化的行为，其指向是个案的，并且要在裁判中予以体现。而立法工作则是直接从社会生活中总结需要以设立新的制度、规范的方式，来回应常规性的、稳定性的社会问题的一种行为。因此，法律漏洞填补和立法不能互相替代。

其次，法律漏洞填补作为“法官造法”，尽管只是对个别问题作出的个别回应，但也不失为一种在个案中回应普遍性问题、为立法进行适当尝试的有效途径。在我国的司法实践中，存在着大量的法律漏洞填补内容上升为法律的例子。

例如，在2008年《专利法》修订之前，《专利法》关于专利侵权法定赔偿仅规定了上限和下限，而并未规定法定赔偿的标准或参照，这就为司法实践带来了极大的不确定性。最高人民法院在《关于审理专利纠纷案件适用法律问题的若干规定》中，确定了参照涉案专利授权许可费的1～3倍确定赔偿数额的标准，填补了这一空白。2008年《专利法》修订时，则将此内容吸收进法律。

法律制度本身，特别是依据《立法法》规定的基本民事和刑事法律制度的阙如，则必须通过立法来填补。

再次，按照宪法确立的原则，司法机关的职责是适用法律，对于法律漏洞，严格来说并无通过规范性文件予以填补的权力。但由于法律漏洞的必然存在以及不得拒绝审判原则，司法机关对法律漏洞进行填补成为必然的情形。唯司法机关进行司法解释时，必须恪守界限，不得僭越立法权，特别是对于《立法法》规定的必须通过法律解决的问题，不得以司法解释的形式予以规制。

在司法实践中，大量存在着司法机关的行为——特别是司法解释——僭越立法权、违背法律的明文规定的例子。如《刑法》明确规定，只要与不满十四周岁之幼女发生性关系，即构成奸淫幼女罪。但是，2003 年 1 月最高人民法院发布的《关于行为人不明知是不满十四周岁的幼女、双方自愿发生性关系是否构成强奸罪问题的批复》中，却解释为：对行为人确实不知对方是不满十四周岁的幼女，双方自愿发生性关系，未造成严重后果，情节显著轻微的，不认为是犯罪。这一批复，显然是对《刑法》该条款规定的奸淫幼女罪的客观要件做了毫无法律依据的限缩，因而僭越了立法权。

由此可见，法律解释、法律漏洞填补、立法，是“寻找法律”这个过程中的不同环节。作为不同的法律方法，上述三者具有各不相同的目的和方式。法律漏洞填补必须严格恪守界限，不得僭越立法权，在法律授权的范围内，对于法律解释无法实现的创造性延伸法律规范既有内容、使法律规范更加有效地回应社会生活的需求这一功能，按照特定方式予以实现。如果在司法实践中法律漏洞填补与法律解释和立法相混淆，则势必导致由于所产生的规范所设置的权利义务失衡，从而无法公平、正义地处理不同的利益，最后也就无法作出公正的判决。

第二节　填补法律漏洞的方法

对于填补法律漏洞的方法，拉伦茨依据其对法律漏洞的分类，而区分为对开放漏洞的填补——类推适用、对隐藏漏洞的填补——目的限缩、基于目的修正文本——目的扩张等；而我国有学者认为，应根据漏洞填补的渊源分为三类，即依习惯补充、依法理补充、依判例补充。本节以在司法实践中的实际使用为依据，重点介绍三类法律漏洞填补方式：类推适用、目的扩张和目的限缩。

一、类推适用

在法律适用过程中，当穷尽解释的方法仍无法获得具体、明确的规范时，一般认为法律存在漏洞，需要借助特定的方法“找到法律”，从而达到适用法律的目的。而面对漏洞时，首先想到的途径，就是从“邻近”的法律规范中有所“借鉴”，亦即：对于缺乏可直接适用的法律规范的待决个案，分析其构成要件，将与其构成要件相同或类似的案件的法律规范转用至该案，质言之，即将法律对某构成要件 A 或与之类似的构成要件所赋予的法律规范，转用于法律所谓规定而与前述构成要件类似的构成要件 B。

(一) 类推适用的哲学基础

有学者认为，从认识论方面讲，类推的方法源自物的差异性与同一性的并存，存在即在这两极中自我展开。存在物之间只存在较大的相同性或者较大的不相同性，也即离相同性更近一些抑或离相异性更近一些。若离相同性更近一些，即为类似。对类似的事物进行相同的处理，即为类推。在认识论中，拓展知识的认识大部分来源于类推，也即大部分知识来源于类推。因而，类推是认识客观事物、产生知识的重要方法。逻辑固然强调同一律，然而现实中并不存在完全相同的事物，因此在逻辑过程开展之前，必须先通过一种抽象作用设定前提，而这个前提则只能是通过类推完成的。

类推作为类型化思维方式的具体运用，在法律适用过程中具有极为重要的地位。研究法律方法的目的，在于使法学研究和适用法律的过程因标准化而客观化，进而科学化，从而使判决结果更趋向公平、正义。在司法过程中，法律适用者在个案审理中，面对无法可依的局面而诉诸类型化的思维方式，选择在法律体系内通过逻辑方式寻找与其“相同”或“类似”的个案探寻规则这一做法，无疑是具有一定科学性和实践性的。唯何种个案可以达到“相同”或“类似”的标准，而可以采取规则专用的做法呢？对此我们认为，任何案件都可以抽象为一定的构成要件的组合，而如果 A 案件的构成要件包含 B 案件的构成要件，则 A、B 两案件的构成要件就属于相同或类似的情况。由此可见，案件的构成要件，就是确定权利、义务是否相同或类似，是否可以运用以及以何种方式进行类型化处理的标准。但是，必须明确的是，法律是社会文化的产物，案件的构成要件是否相同或类似，不仅仅是逻辑归纳决定的，同时隐含着法官强烈的价值取向在内，即：与其说判断案件是否构成是一个逻辑思考过程，毋宁说这种判断是一个对"寻找法律"的个案和待转用的法律规范的评价过程，在这一过程中，价值取向将两个个案的不同予以排除以确保其不足以排斥法律类推，然后消极地对要件是否相同予以确认。

在构成要件中，哪些要件在不同案件中必须同时出现，哪些要件可以不同时出现——即不会影响对案件的评价，必须通过法律规范之外的因素：规范的目的、价值取向等来决定。法律理念与法律规范之间，以及法律规范与现实生活之间，要完成这个类推过程，必须有一个中点，这个中点就是意义，就是一般所称的"事物本质"，它是沟通规范与事实，也即当为与存在之间的桥梁，因而，"案件本质"则是对案件事实加入价值引导的产物。事物本质意味着一种普遍性和同一种现象的可重复性，因而也就意味着对这些重复发生的事物予以类型化的思维方式。于是，案件的本质在实际的理解和诠释中被归为不同的类型。类型化的构成要件则是普遍的规则与特定的个案的中点。类型虽然有一个固定的核心，但没有固定的范围，这也决定了被类型化的案件外延的开放性。基于这种开放性，立法者可以发现和描述各种类型，而司法得以运用类推的方式在法律规范所归属的类型中考量个案事实。

(二) 类推适用的具体应用

类推适用的过程，从表面上看是"从个案到个案"的过程，但仔细推敲其定义，我们会发现，类推适用并非个别的类推，而是一个集假设、归纳、演绎于一体的综合的论证过程。

如前所述，类推适用是对于缺乏可直接适用的法律规范的待决个案，分析其构成要件，将与其构成要件相同或类似的案件的法律规范，转用至该案。质言之，即将法律对某构成要件 A 或与之类似的构成要件所赋予的法律规范，转用于法律所谓规定而与前述构成要件类似的构成要件 B。因此，完整的类推适用的思考过程为：

1. 归纳待决案件的法律构成要件(本质)；

2. 归纳同类的有法律规范以资适用的案件的法律构成要件；

3. 假设上述法律规范的价值取向，从而推论出该类规范所体现的法律原则(本质)；

4. 对本质相同的两类案件，将现有的法律规范通过演绎方式适用于待决案件。

例如，沈某某与李某之子沈某与被告陈某为同学。2000年×月×日，沈某等5名同学一起到附近水坝游泳。因被告陈某不习水性，故未下水，只是坐在坝上观望，后其从坝上站起时不慎滑入水中，其余4人急忙施救。最后，陈某获救，但沈某在救人过程中体力不支，不幸溺水身亡。事后，沈李夫妇因爱子身亡，给自己在精神上造成极大痛苦，故向被告提出了经济补偿的要求，并于2003年×月×日向人民法院提起了诉讼。法院经审理认为：原告之子与被告一起游泳时，见后者落水，便与其他同学积极施救，使他得以逃脱危险，自己却不幸身亡。沈某的行为，应予表彰。被告陈某及其法定代理人作为受益人，对沈某之死造成的损失，应对沈某的父母给予适当补偿。补偿标准应参照沈某的死亡赔偿金。在本案中，法院两次使用类推适用方法，对法律漏洞予以填补：第一次是对见义勇为是否应由被救援人提供经济补偿这一法律未予规定之漏洞进行了类推适用，第二次是对见义勇为经济补偿标准进行了类推适用(在此，本书对第一个法律类推适用进行详细分析，有兴趣的读者，可以自己对第二个法律类推适用进行分析)。针对第一个法律漏洞，实务中则大多类推适用民法中关于无因管理的规定。其类推适用过程为：

1. 根据相关的案例，归结出见义勇为的基本构成要件：(1) 行为主体一般应是实施该行为时不负有法定或约定义务的自然人，且无须要求行为人具有完全的民事行为能力，只要事实上有此行为，即当然地发生相应的法律效果；(2) 行为客体的范围既包括物质利益，也包括人身利益，同时并不局限于他人权益，还包括了国家、集体的利益；(3) 见义勇为者主观上应是力图使国家、集体、他人的合法利益避免遭受损失，但这一主观意思仅需通过其具体行为能够显明即可；(4) 客观上实施了积极具体的救助行为，至于最后是否达到了理想的救助效果则并不影响该行为的成立。

2. 民法无因管理的要件为：(1) 行为主体是不负有法定的或者约定的义务的自然人；(2) 行为客体是他人的利益；(3) 客观上实施了为避免他人利益遭受损失的管理或者服务行动；只要符合上述要件的，无因管理人有权要求受益人偿付由此而支付的必要费用。

3. 法院在作出裁决前，做了如下假设：立法者对于见义勇为行为是采取褒奖、鼓励的态度的，而对于无因管理，由于其减损了社会风险带来的损害，因而为了在全社会提倡此类行为，则必须在受益者和行为人之间进行利益平衡，必须填补由此给行为人造成的损失。

4. 由此，通过演绎推理认定，行为人或其利害关系人有权要求受益人偿付由此产生的损失。

(三) 类推适用的负面作用

综上所述，类推适用作为一种最常见的法律漏洞填补方式，在司法实践中具有重要作用。但不可否认的是，类推适用是一种非常不严密的论证方式，其结论并不具有逻辑上的必然性，因此，对于类推适用应当慎重使用。

第一，类推适用存在逻辑漏洞。如前所述，类推适用是一个包含假设、归纳、演绎推理的综合论证过程，由此而产生了极大的不确定性。在归纳环节，对之前个案的归纳往往是不完全归纳，所以由此归纳出的法律规范的要件是否完整、准确，是无法确保的；在假设环节，所依据的并非既有的知识或经验验证的认识，而是作为精神文化产物的立法者的意志和意图，所假设的内容也是法律的价值取向，是无法以经验验证或者进行逻辑论证的，故而其真实性也无法确保；而在适用法律规范阶段，其演绎论证模式是：

前提　M是P(无因管理中受益人支付必要费用)

且　S与M相同或类似(见义勇为与无因管理构成要件类似)

结论　S是P(见义勇为中受益人应支付必要费用)

该推理是一个包含关系判断的推理,关系判断的主项、谓项是否周延,以及关系项是否具有传递性,都会影响推理结论的真实性。因此,类推适用作为一种推理,其前提与结论之间的关系并不是必然的。亦即,在待决案件中能否适用看似本质相同的规范,并不是必然的,而是具有高度的或然性。

第二,适用《刑法》时禁止使用类推适用。类推适用是对法律无明确规定之处,转用其他法律规范的方式。唯《刑法》的基本原则:罪刑法定原则,要求法无明文规定不为罪,必须被严格而全面地贯彻执行。如果法律对是否构成犯罪无明文规定,则不论该行为如何严重地违反了社会秩序、侵犯了受害者的利益,司法机关均不得援引比附,定罪量刑。因一旦违反罪刑法定,将会使社会关于犯罪的界限完全混淆,不但严重地冲击了宪法秩序,同时也给社会带来了极大的政治风险,从根本上动摇了司法的正当性。故而,无论采取如何高明的类推技术,在刑事司法领域,都应当严格禁止使用类推适用。对于法律的相关漏洞,只能留待立法予以解决。

二、目的扩张

作为法律漏洞填补方式的目的扩张,是指法律对相应的问题并无计划予以规制,然而为了实现立法的意图,对法律规范的具体目的予以适当扩张,使其可以涵盖待决案件问题的漏洞填补方式。目的扩张与法律解释中的目的性扩张是有区别的:目的性扩张是在法律规范的目的之内,扩充法律规范文字的含义;而目的扩张则是对本来不属于法律计划的目的,纳入法律规范的范围内。

例如,我国《立法法》规定了法律的效力高于行政法规、地方性法规、规章,但《立法法》并未规定司法机关在适用法律时,是否对不同位级规范有审查之权力。由于在司法实践中大量遇到此类不同位级的法律发生冲突的情况，因此这一漏洞对于司法机关适用法律而言是很大的障碍。2003 年 5 月，河南省洛阳市中级人民法院在审理一件种子赔偿纠纷案时就遇到这个问题，当时双方当事人分别援引《种子法》与《河南省农作物种子管理条例》来支持自己的主张。该案合议庭经审理认为"《河南省农作物种子管理条例》因违反了《种子法》，自然无效"。该案判决下达后，引起轩然大波。河南省人民代表大会认为该判决严重侵害了河南省人大的权威，法院审理不以地方性法规为依据是违法的，故要求撤销原判，免去该案审判长李慧娟法官的审判员资格。在之前类似案件的处理中，司法机关面对这类法律冲突和无权进行司法审查这一法律漏洞时，往往选择两种方式：一是中止审理，逐级上报；二是绕开下位法，直接适用上位法。而本案的合议庭认为，《种子法》的制定，其立法意图就是为了在农作物种子的生产、销售领域以市场机制代替行政机制，而《立法法》的意图就是排除下位法与上位法的冲突，综合以上理由，合议庭认为应当对《立法法》的法律适用部分进行目的扩张，将司法审查机制纳入法律规范，故而作出了径行认定下位法无效的判决。

三、目的限缩

目的限缩，主要是针对依照立法意图应当予以限制，而法律文义并未作出限制的漏洞。司法机关对此字义过为宽泛而适用范围过广的规则，应对其目的进行限定，从而对其适用范围进行限缩。

目的限缩的特征为：

1. 目的限缩是一个完整的三段论式演绎推理过程，其格式为：

大前提　　M 是 P，

小前提　　S 不是 M，

结论　　S 不是 P。

2. 目的限缩的实践效果往往是司法权的谦抑和限缩的结果，因此在司法谦抑领域，特别是刑事司法领域，目的限缩的情形大量存在。

例如，《刑事诉讼法》规定的刑事自诉案件的三种类型之一是被害人有证据证明的轻微刑事案件。然而在司法实践中，对此种类型若不加以限制的话，这类案件可以包括所有有被害人的轻微案件。但在当前国家追诉占主导地位的前提下，自诉只是公诉的例外，或者说是对国家追诉主义的一种限制和补充，鉴于被害人追诉能力有限，其范围不宜太过宽泛。在这种情况下，最高人民法院《关于执行〈中华人民共和国刑事诉讼法〉若干问题的解释》第一条将“被害人有证据证明的轻微刑事案件”的范围限定为故意伤害(轻伤)等八类案件，实际上就是将除这八类案件之外的其他轻微刑事案件都排除在了此类自诉案件之外，对此类自诉案件的范围予以目的限缩。

第七章　法律推理与法律论证

第一节　法律推理的含义

法律推理作为法哲学的基本问题之一和法律适用的基本方法之一，其理论源头可溯至亚里士多德，但它真正成为西方法学研究的热点则始于20世纪60年代。直到20世纪初，法学界对于法律推理的研究，大多数还集中在推理的形式和法律逻辑学方面。而新中国的法律推理研究也是进入21世纪之后才逐渐被重视起来的。

一、逻辑推理概述

《牛津哲学词典》对“推理”的解释是：任何从一组前提当中得出某一结论的过程都是推理的过程。如果这个结论涉及人们的行为，这个过程就被称作实践推理，否则即为纯粹推理或理论推理。按照这一定义，推理作为一种思维形态，是从已知的一个或一些判断/命题出发（前提），通过特定的逻辑形式(基本为演绎、归纳两种),得到另一个或一些判断/命题(结论)的思维过程。正确的推理,就是对真实的前提按照正确的逻辑推理规则,得出关于未知事物的正确知识的判断。故而推理这种思维形式,对于正确认识和判断事物,是最为基本的思维形式。

逻辑学一般将推理分为演绎推理和归纳推理,以及概率推理和模糊推理;此外,不同学科亦有独特的推理方法。推理方法的分类如表 7-1 所示。

表 7-1 推理方法的分类

<table>
<tr><th></th><th>属</th><th>种</th><th>逻辑特征</th></tr>
<tr><td rowspan="4">逻辑方法</td><td rowspan="2">传统逻辑方法</td><td>演绎推理</td><td>从一般到特殊</td></tr>
<tr><td>归纳推理</td><td>从特殊到一般</td></tr>
<tr><td rowspan="2">现代逻辑方法</td><td>模糊推理</td><td>从模糊命题归纳或演绎出模糊结论</td></tr>
<tr><td>概率推理</td><td>从概率知识归纳或演绎出概率结论</td></tr>
<tr><td rowspan="3">科学方法</td><td>自然科学方法</td><td>自然科学推理</td><td></td></tr>
<tr><td rowspan="2">社会科学方法</td><td>经济分析推理</td><td>从效益原则推出最佳效益结论</td></tr>
<tr><td>社会心理推理</td><td>从主体行为推出其心理动机和意图</td></tr>
<tr><td rowspan="2">哲学方法</td><td>辩证逻辑方法</td><td>辩证推理</td><td>对立统一的矛盾分析法</td></tr>
<tr><td>因果关系方法</td><td>因果推理</td><td>从行为结果回溯原因并推出责任</td></tr>
<tr><td rowspan="4">经验方法</td><td rowspan="4">实践理性方法</td><td>常识推理</td><td>从已知的常识推测未知的事实</td></tr>
<tr><td>直觉推理</td><td>从自明性规则推出大致正确的结论(从结论到前提)</td></tr>
<tr><td>类比推理</td><td>从特殊到特殊的价值推理</td></tr>
<tr><td>解释推理</td><td>从法律规范中推出法律原则</td></tr>
</table>

传统逻辑学一般从推理的前提与结论之间的关系,即推理的真假值出发,将推理主要分为两大类:演绎推理和归纳推理。这两类推理形式是最基本、最重要的推理形式。

演绎推理:如果P,那么 Q,

P/非 P,

所以 Q/非 Q。

归纳推理：S1 是 P，

S2 是 P，

S3 是 P，

……

S1，S2，S3……都是 S，

所以，所有 S 都是 P。

（一）演绎推理

演绎推理是指前提与结论具有必然的因果关系、前提为真则结论必然为真的逻辑形式。由于演绎推理的前提“蕴含”着结论，故而演绎推理一般是从已知的一般规律、一般存在，导向特定的事物的性质、存在的思维过程。一般而言，在发生由一般性的判断获得特定性的判断的认识过程中，较多使用演绎推理。在演绎推理中，前提和结论均为简单性质判断的推理称为性质判断推理。性质判断推理中，由两个前提导出一个结论的间接推理称为三段论推理。由于这种在已知认识之间相互发生关联从而产生新的认识的思维形式是最为常见的思维形式，因此，三段论推理是最为常见、应用最广的一类推理形式。三段论推理由且仅由三个性质判断组成，其中两个判断是前提，另一个判断是结论，在这三个判断中，只能包含三个概念。

例如：

企业的正职负责人是企业的法定代表人；

（大前提）

张三是该企业的正职负责人；

（小前提）

张三是该企业的法定代表人。

（结论）

在这个推理的两项前提中，大前提的主项是一个概念“企业的正职负责人”，谓项是一个概念“法定代表人”；小前提的主项是一个概念“张三”，谓项是一个概念“企业的正职负责人”；结论的主项是概念“张三”，谓项是概念“法定代表人”。在此推理中有且仅有三个概念“企业的正职负责人”“法定代表人”“张三”。显然。这个推理的结论是正确的。但如果按照如下形式：

企业的正职负责人是企业的法定代表人；

（大前提）

张三是该企业的总经理；

（小前提）

张三是该企业的法定代表人。

（结论）

在这个推理中，出现了四个概念：依照《公司法》第十三条的规定，公司董事长、董事、经理皆可担任企业的法定代表人。因此，小前提的谓项“总经理”与大前提的主项“企业的正职负责人”并不是一个概念，故而这个推理的大前提和小前提并无逻辑关系，自然不能推理出任何结论。在实践中，公司总经理不是公司法定代表人的情况也较为常见。因此，这个推理的形式存在错误，结论也不是必然的。

（二）归纳推理

归纳推理是指由个别的事物或现象推出该类事物或现象的普遍规律的逻辑形式。在归纳推理中，作为前提的判断是一些关于个别事物或者现象的判断，而结论却是关于该类事物的普遍的性质或规律的判断，结论的概念往往会超出前提的概念的范围。因此，前提不必然能够推出结论，结论与前提的关系是或然的而非必然的。

为了确保归纳结论为真，归纳推理必须首先通过观察、实验等方式搜集供分析的感性材料，然后对感性资料进行比较、分类、分析与综合，通过契合法、差异法、共变法、剩余法等方法，并适当运用演绎推理，探寻现象之间的因果关系，从而进行推理，得出结论。

演绎推理和归纳推理是紧密联系和互不可缺的，不但在一个完整的研究过程中既会用到演绎推理也会用到归纳推理，即便在单独进行演绎推理或单独进行归纳推理时，也往往会用到另一种推理形式。正如前文所指出的，演绎推理的前提大多数情况下都是归纳的结论，是通过归纳推理从实践中得到的。而归纳推理为了提高自身的科学性和可信性，就必须对搜集到的材料进行科学的分析，所谓科学的分析，就是应用已知的知识和理论，对个别现象进行分析的过程，即演绎推理的从一般到个别的思维过程。

二、法律推理

狭义的法律推理，主要是指司法活动中从一个或几个已知的命题（法律事实、法律规范等）得出某种法律结论（裁判）的思维过程，即适用法律的过程。质言之，典型的法律推理过程是以意义明确、稳定且具有针对性的法律规范为大前提，以经过证据归纳因而具有一定或然性的案件事实为小前提，按照推理的逻辑规律，做出裁判（结论）的过程。

（一）法律推理的一般含义

毋庸讳言，上述的三段论式逻辑推理过程只是适用法律过程的理想类型。在司法实践中，更多的法律推理过程是这样的：法院对能够作证各方陈述的证据进行分析、总结，进而确定可以由证据支撑的部分，即案件的“法律事实”，然后，法官以类似“法直觉”的某种主观感觉——法官内心对公平、正义等法律基本原则的把握、长期适用法律所积淀的经验的反应等——为出发点，对案件的结果做出大致的裁断；而作为裁判重要依据的法律规范，仅仅是裁判做出后为支持裁判的正当性而找出的论据而已。因此，研究三段论式的法律推理过程，是否脱离了司法的实际而陷入学究的窠臼？是否仍然对司法实践有价值？不能否认这种“直觉判断”在法律适用过程中的客观存在，但基于对适用法律的科学性和客观性的一贯追求，笔者认为：如果适用法律不依照严谨而普遍的程序和方法，而诉诸法官个人的“法直觉”、经验的反馈等主观因素，那么法律适用过程将变得愈发不可确定、无法衡量，司法的科学性和客观性将愈发无法保障。因此，这种以“法直觉”先对案件进行大致裁断然后找寻规范依据的做法，是不应被鼓励和提倡的。即便是在以这种方式适用法律时，为内心做出的“裁判”寻找法律依据，同样需要按照三段论式的法律推理过程进行论述和思考。因此，研究和学习三段论式法律推理，对提高司法的科学性、客观性，是非常必要的。

与一般的逻辑推理相比，法律推理有这样几个特点：

第一，法律推理是以法律以及法学中的理或理由为基础的。不同科学中的推理是以该科学中的理或理由为基础的。法律推理与其他类型推理的差异，就在于它是以不同于其他科学中的理为基础，是法律规则等法律共同体共用的法言法语以及法理。

第二，现行法律规范是三段论式法律推理中的大前提。此处所述的法律规范，系指依据《立法法》定理，且在司法实践中被明文规定可以作为法律适用依据的法律的正式渊源。在缺乏明确的法律规定的情况下，法律原则、政策、法理和习惯也可能在法律授权的情况下，成为法律推理中的前提。在三段式法律演绎推理中，由于法律规范规定的内容都是一般性的、规律性的命题，往往蕴含结论（裁判）中的谓项（即大项），故而处于大前提的位置。

第三，法律事实是三段论式法律推理中的小前提。在三段论式法律演绎推理中，如之前章节所述，法律适用中一个重要的步骤是查明案件事实，即法律事实。这一步骤的作用首先在于明确需要与大前提发生联系以进行推理的小前提的内容，同时，确定法律事实也有助于明确法律解释的边界，从而有助于确定大前提。在三段论式法律演绎推理中，法律事实往往是具体的、需要进行进一步推断的判断或命题，蕴含结论（裁判）中的主项（即小项），故而处于小前提的位置。

第四，法律推理是一种以正当性为标准的推理。由于法律是一种社会规范，其内容为对人的行为的要求、禁止与允许，所以法律推理的核心主要是为行为规范或人的行为是否正确或妥当提供正当理由。法律推理所要回答的问题主要是：规则的正确含义及其有效性即是否正当的问题，行为是否合法或是否正当的问题，当事人是否拥有权利、是否应有义务、是否应负法律责任等问题。法律推理的目的与其他推理不同，其主要在于寻求一种正当性证明。比如在法庭上的控辩双方进行法律推理就是为了寻求这样一种正当性证明，他们的推理并不是为了追求事实的真相，而是为了使自己的请求更具说服力，能说服法官。

（二）法律推理的逻辑方法

完整的、广义的法律适用过程包括演绎推理和归纳推理，以及模糊推理和概率推理；前两者属于传统逻辑范畴，后两者属于现代逻辑范畴。从功能上讲，归纳推理主要发生在证明法律事实的过程中。而对于法律规范已经明确、法律事实业已被总结出的情形，依据上述两方面因素得出裁判的过程，就属于狭义的法律推理过程。同时，由于三段论式演绎推理的前提与结论之间具有必然的因果关系，符合司法裁判的要求，因此在司法实践中，主要使用的是三段论式演绎推理方式。下面对这些逻辑方法加以阐述。

第一，三段论式演绎推理，其主要形式为：从两个相互关联的已知命题或判断，推断出未知命题或判断为真。

例如：

违反合同约定的应当承担违约责任；

（大前提）

甲公司违反合同约定；

（小前提）

甲公司应当承担违约责任。

（结论）

而三段论式演绎推理有若干规则，在应用时必须注意，如不注意这些规则，则会造成逻辑错误，从而有可能导致结论判断为假。

规则一：一个三段论中只能有三个概念。如前所述，如果三个判断中出现了四个概念，则两个前提可能互不指涉，有可能推理不出任何结论。

规则二：中项至少在前提中要周延一次。所谓中项，逻辑学上是指在大前提和小前提中都出现的概念，即两个前提的连接点；所谓周延，是指在一个命题或判断中，断定了其主项或谓项的全部外延。如果在主项和谓项中，谓项都是特称概念，即都不周延，那么主项判断的事物仍有可能与谓项判断的事物不发生任何关联。

例如，在某产品质量纠纷案件中，法院经审理查明："经质量鉴定，查明卖方所售设备存在……问题，而造成该等问题的原因不能查明……双方在合同中约定：'如果机台质量问题系甲方（卖方）生产中所导致，则甲方按照总货款3%的比例承担违约责任；如机台质量问题系因使用不当或未按照技术手册进行保养等乙方原因所导致，乙方应自行承担责任。'……本院认为，鉴于鉴定机构并未查明造成设备质量问题的原因确系被告（卖方）所致，不能排除原告（买方）使用不当造成的，结合其他证据，故对原告的主张不予认可……"本案的法律事实、法律依据以及裁判结果，可以归纳为以下三段论式演绎推理过程：

大前提　　卖方造成质量问题的由卖方承担违约责任

小前提　　设备存在原因不明的质量问题

由于中项在大前提中是特称的（"卖方造成的质量问题"），在小前提中也是特称的（"原因不明的质量问题"），均未周延，因此大前提中的"质量问题"有可能与小前提中的"质量问题"指涉的是完全不同的情况（买方使用不当造成的质量问题），仅从逻辑的角度无法得出"设备应由卖方承担违约责任"这一结论。因此，法院自然无法支持原告的主张。

规则三：在前提中不周延的概念，在结论中不得周延。

例如：

大前提　　共同侵权行为人承担连带责任

小前提　　共同侵权行为有两个以上的侵权行为人

结论　　两个以上侵权行为人的侵权行为承担连带责任

显然，这个三段论的结论是不正确的，因为两个以上侵权行为人的侵权责任，除连带责任以外，还可能是共同责任。导致这一错误的原因就在于在小前提中，“两个以上侵权行为人”是不周延的，而在结论中却周延了，因此不当地将其他可能包含了进来。

规则四：两个否定的前提不能推理出任何结论。

例如，依据《民事诉讼法》，书记员不是合议庭组成人员，但下面的三段论是不能得出任何结论的：

大前提　　书记员不是合议庭组成人员

小前提　　张某不是书记员

显然，张某可能是审判员，可能是人民陪审员，也可能不是任何诉讼参加人员，所以仅从这样两个否定的前提无法得出任何关于张某身份的结论。

规则五：如果前提中有一个否定判断，那么结论中必然有一个否定判断。

第二，模糊推理，又称近似推理，是从至少含有一个模糊命题的前提推出模糊命题结论的推理。模糊推理的一般逻辑形式是：

X 是小的，X 和 Y 是近似相等的；

所以，Y 多少有点小。

模糊推理是对不精确的命题进行推理的方法，其得到的结论也是不精确的，因此往往只能在极个别对盖然性要求极低的案件中使用，是一种使用很有限的法律推理方式。

第三，概率推理，是指在该推理前提为真的情况下其结论为真的概率。如：

肖恩是一个爱尔兰天主教徒；(A)

80%的爱尔兰天主教徒是民族主义者；(B)

因此，肖恩大概是一个民主主义者。(C)

这个推理过程既从样本的概率知识推出总体的概率结论(从 A 到 B)，又包括从总体的概率知识推出样本的概率结论(从 B 到 C)。就是说，现实中的概率推理既可以是概率的、演绎的，也可以是统计的、归纳的。

特别需要强调的是：逻辑正确的推理方式是法律推理的基本方法，但绝非法律适用的全部，甚至不是“最后的步骤”。在现实中，很少存在完全依赖逻辑结构就可以确定的案件，更多的案件是依靠法律之间的联系和对事实的证明，特别是法律事实与法律的相互制衡作用，而获得裁判的。例如在前面所举的质量纠纷案中，尽管从逻辑角度无法直接推理出原告的诉请，但是法院并没有直接对案件依靠逻辑推理做出裁判，而是先“结合其他证据”，从事实上将案件的判断最终归置于逻辑推理，在排除其他一切可能之后，才得出“无法支持原告诉请”的结论的。也就是说，判决结果的必然性，不能仅凭三段论式演绎推理的必然性获致，而是事实与法律的双重必然性凝聚的结果，由此而得出的判决，才是科学的、无疏漏的，才是正当的。

（三）法律推理的科学方法

第一，法律推理的自然科学方法。法律推理如何运用自然科学方法是一个正在探索的新问题，如人工智能与司法推理的结合，就是自然科学方法在法律推理中运用的很好例子。形式主义的法律推理学说是人工智能在法律推理中应用的基础，它强调法律推理的形式方面，从而把严格的逻辑思维能力看作是一个优秀法律职业者的基本条件。此前出现的“电脑量刑”就是这种推理的一种表现。

第二，法律推理的社会科学方法，主要包括经济分析推理和社会心理推理。经济分析推理方法在说明法律规则都是基于效率考虑而制定的同时，试图进一步预测法律规则在应用过程中所产生的效益，以便最适当、最有效益地适用法律。社会心理推理，是一种探知诉讼人主观心理状况的方法，较多地在刑事案件和民事侵权案件当中采用；同时它也是一种研究主体法律推理活动规律的方法，可以发现主体在推理活动中为什么会产生各种主观偏向，也有助于法律推理主体积极正确地克服这种主观偏向，以便达到客观、公正的司法效果。

(四)法律推理的哲学方法

第一,辩证推理。它是与形式逻辑方法相对应的辩证逻辑方法。按照亚里士多德的观点,三段论必然推理与辩证推理的区别主要有:其一,大前提不同。三段论推理的大前提是必然的论断,而辩证逻辑推理中的大前提是经常发生的或被人们普遍接受的意见,因此需要"在两种相互矛盾的陈述中应接受哪一种"作出选择。其二,前者是在推理过程中证明的,后者是辩证的或论证的,或通过辩论、运用论据来推理的过程。辩证推理的手段有四种:一是获得命题;二是区分每一表达的多层含义的能力;三是发现区别;四是研究相似性。其三,三段论式推理的结论具有必然性;而辩证推理中由于前提缺乏必然性,其结论也不必然可靠。

张文显认为:"辩证推理的方法不是从固定的范畴出发进行的推理。它是一种对各种价值、利益、政策进行的综合平衡和选择。"博登海默认为,法官在解决争议时有必要运用辩证推理的情形有三种:(1)法律未曾规定实用主义的判决原则的新情形;(2)一个问题的解决可以适用两个或两个以上互相抵触的前提,但必须在它们之间作出真正选择的情形;(3)对于所受理的案件尽管存在着规则或先例,但法院在行使其所被授予的权力时考虑到该规则或先例在此争讼事实背景下总的来说或多少是不完美而拒绝适用它的情形。在这些情形下,形式逻辑的方法无助于解决问题,法官必须求助于辩证推理方法。

有学者甚至概括出了辩证推理的三种基本类型,即对立互补推理、整体解构推理和具体重构推理。对立互补推理是根据对象的某一方面,寻找或构想出一个或更多的与这一方面相对立的方面,在对立面的统一中认识对象的本质。整体解构推理的特点是以整体作为思考对象,依照要素、结构、功能的层次逐步分析整体由哪些要素构成、要素之间的联系方式怎样、对象整体与外部环境交互作用表现出什么样的特征和能力,从而在整体上认识对象;这是从整体到部分再到整体综合的推理。具体重构推理的特点是从最基本的抽象规定出发，渐次分析出它所包含的各种矛盾和矛盾的各个方面，从而达到关于对象的多样性统一和多种规定综合的认识；这是从抽象上升到具体的推理。

辩证推理侧重对法律规定和案件事实的实质内容进行价值评价，或者在相互冲突的利益间进行选择的推理，其特点在于不能以一个从前提到结论的单一连锁链的思维过程和证明模式得出结论。类比推理、法律解释、论辩、劝说、推定是通常进行辩证推理的具体方法。辩证推理一般适用于以下几种情况：其一是法律没有明文规定，但又必须处理；其二是法律虽有规定，但过于原则、模糊，以至可以根据同一规定提出两种对立的处理意见，需要法官从中加以判断和选择；其三是法律规定本身就是矛盾的，存在相互对立的法律规定，法官同样需要从中加以选择；其四是法律虽然有规定，但由于新情况的出现，适用这一规定明显不合理，即出现合法与合理的冲突，如安乐死问题，等等。辩证推理的长处在于，承认法官的自由裁量权的客观存在，把司法活动作为推动法律发展的力量；短处在于，在制度不健全和法官素质不高的情况下，会演变为法官的任意司法，从而破坏法治。辩证推理的存在是必然的、必需的，这是一个无从选择的问题。所需要的是，通过有效的制度建设，对司法活动中的辩证推理加强监督，以防司法权的滥用。辩证推理并不是没有前提的推理，只不过辩证推理的前提不同于形式推理的前提那样明确。它更需要借助法官的理性思维能力，在法无明文规定的情况下，通过司法权力，实现法律的正义目标。所以，辩证推理向法律职业者提出了更高的要求，一个称职的法律职业者，应该善于寻找、提出并能够充分说明作为案件处理的前提。

第二，因果推理。因果推理是基于事物之间存在着引起和被引起的普遍关系的哲学思想而形成的一种法律推理方法。因果关系是一种在原因和结果之间包含着时间顺序的必然关系。因果推理与归因方法的区别在于，它不仅要判断一个人的作为或不作为是否引起某一特定的损害，而且要通过推理确定因果责任。

因果推理存在的主要问题是，客观的因果关系内化于主体头脑中会形成一种观察问题的思维结构，这种先入为主的认知框架会使观察者“选择性地”对待现实。因果推理的另一个问题是，追溯引起损害的原因要走多远？

（五）法律推理的经验方法

法律推理的方法是逻辑和经验方法的统一。实践中推理包括若干实践理性的方法，在法律推理中常用的有常识推理、直觉推理、类比推理和解释推理几种。应当说明的是，这几种推理方法虽然是客观存在的，但其于司法裁判的客观性而言，实在是弊大于利，甚至往往会造成错误的裁判。因此在介绍这些方法的同时，也希望通过揭示其错误，使读者了解其弊端，从而慎重使用。

第一，常识推理。这是以人类的共同经验、信以为真的普遍信念或直觉推定为大前提，对一定的案件事实进行推理，得出常识意义上不可置疑性结论的推理活动。常识推理在司法实践中往往借助于推定。常识推理的论证可以从三个方面进行：一是“合理联系”论证，即证明法律将要认定的事实和推定的事实之间存在合理的联系；二是“极有可能”论证，即在有相反的极大可能的情况下，证明法律将要认定的事实和推定的事实之间没有合理联系；三是“合理怀疑”论证，即某一推定所必须具备的证据足以使人超出合理怀疑地认定该判断的事实。

尽管常识推理在法律实践中具有重要作用，但由于作为大前提的常识来自人们的经验，而经验常不具有不证自明的真理性，所以常识推理虽然有时得出了像逻辑证明那样所能产生的确定性结论，但在许多情况下又可能是不确定的，因此将大大降低裁判的确定性。

第二，直觉推理。其逻辑形式是：

如果直觉是 P，

那么，P 可能是真的。

作为推理前提的 P 是一个先验判断，是一个未经思考、论证或推论而作出的判断。而作为结论的 P 是盖然的。直觉推理的作用可能主要是为演绎推理提供一个大前提,或者为归纳推理预设一个结论。这决定了直觉推理一般不能单独使用,而且运用直觉推理的情况在刑侦推理中比在司法推理中更为常见。

第三,类比推理。这是根据两个对象某些属性相似而推出它们在另一些属性上也可能相似的推理形式。其基本逻辑形式是:

A 事物具有属性 a,b,c,d;

B 事物具有属性 a,b,c;

所以,B 事物具有属性 d。

类比推理在法律适用过程中的公式大体上是:甲规则适用于乙案件,丙案件在实质上都与乙案件类似,因此,甲规则也可适用于丙案件。类比推理是一种从特殊到特殊的推理,与从判例出发的推理联系最为密切,法律逻辑学研究的学者倾向于将其纳入归纳推理的范畴。类比推理的局限性与归纳理念一样,没有考虑法律论证的基本过程。它关注特殊规则的进化,但使论证过程变得模糊,因而在司法实践中应慎重使用。

三、法律推理研究及实务的现状

法律推理研究不仅是一个法学方法论问题,更重要的是一个深刻的法理学问题,隐藏在其背后的是法学本体论和法学认识论。法律推理研究在国内形成法理学界和法律逻辑学界两个阵营。如陈金钊教授就认为,我国学者研究法律推理的进路有二:一是从法学视角,讲的多是法言法语,运用法律思维方式,可称之为内行式研究;二是从逻辑学视角,讲的多是逻辑符号,运用逻辑思维方式,可称之为外行式研究。前者按照现实中综合的理性思考构建推理的前提,追求审判结果的可接受性;后者按照法律的规定进行严格的逻辑推理,追求审判结果的确定性。在此背景下,形成宏观和微观视野下的法律推理研究范式,其主流倾向是主张将法律推理研究建立在综合形式推理和实质推理的基础上进行。

国内关于法律推理的现有研究多将其置于逻辑学的框架内进行分析探

究，这对于法律推理技术的精致化有很大贡献，尤其考虑到我国法学理论研究缺乏分析法学传统以及法治建设对法律推理技术精致化的迫切需求时更是如此。但仅仅局限于法律逻辑学，将很难真正理解实践中的法律推理。现实中的法律推理不只是从大、小前提导出结论的逻辑方法，也是人类法律思维在不断理性化过程中而发展起来的审判制度，对法律推理的探究不仅需要逻辑视角，也需要社会学、伦理学等其他视角。在法制现代化、法律移植和社会转型的背景下，中国法律推理研究应放弃法律中心主义和形式主义的简单思维定势，建构转向现实主义立场、注重经验实证研究的方法。如果说以往的法律推理局限于形式逻辑，那么法律论证的研究，则使得法律推理技术达到精致化的同时，也能回应合理性与可行性的追问。使法律推理从逻辑方法向审判制度回归。

20 世纪 90 年代以来，随着中国司法改革全方位的推进，中国司法实践中的法律论证尤其是以裁判文书理由陈述为标志的法律推理和论证越来越多，且迅速成为司法改革的一个组成部分。司法实务主张从技术上研究法律推理及积极推进法律推理的一般意义，主张司法实践应该朝向“充分陈述法律理由”的目标不断改革。希望中国司法当中的法律推理、法律论证最终可以实现标准的、理想的“充分”乃至“令人信服”。

第二节　法律论证

法律审理的本质特征，为论证与判决。一方面，具体的判决发生在论证之前，另一方面，须对判决进行证立。因此需要一个法律论证理论。一般论证理论包括论证什么（命题、结论），依据什么论证（论据）和如何论证（方法）三个内容。不同于为命题的真实性而论的一般论证，总体上看，法律论证不是为真而辩，其使命是要使人信服。在诉讼中，法律论证甚至是为赢而辩。法律论证的目的在于找到命题和结论的正确性和可接受性，而不是去证明裁判或法律观点在“绝对”的意义上正确。法律职业者要使他的论证对手信服的东西,不仅是出于自身的利益所请求的“给付”(宣判被告无罪、判决对方当事人败诉、清偿债务)。法律论证并不是指向、无论如何不是直接指向当事人的利益,而是指向权利和义务。法律论证的直接论证对象是结论,有些国家的法律甚至规定,论证其判决的合理性是法官的义务。由于社会的价值趋向多元,价值判断的唯一正确性不复存在,推论能推出结论,但不一定能得出合理性,说服的义务胜于压服的权力。这是法律论证较之狭义法律推理的不同,在法律应用过程中需要论证的包括规则、事实和结论三方面,相应地便有规则论证、事实论证和结论论证。

一、法律论证概念辨析

法律论证适用于多种场合,如立法、司法适用与司法决定、法学教育和法学研究等。但本章重点讨论法律论证在司法当中的使用,即法官、律师或当事人等就案件事实与法律进行论辩,追求合理裁判结论的思维过程。与法律论证相关联的几个概念有“法律适用”“法律解释”“法律推理”。本书其他各章会论及“法律适用”“法律解释”问题,因此本章只为澄清概念的方便,将法律论证与其他几个相关概念进行比较。一般而言,法律论证是一种实践性论证活动,而法律适用活动从哲学解释学上也体现出实践性质,因而法学家往往将两者联系起来,甚至等同对待。而法律解释只有在论证的框架内才能得以理解。法学上的论证是一种规范性论证,此种论证不在于证明其真理的存在,而在于证明某种法律规范适用的妥当或正确,论证系对某种判断加以正当化的过程。

(一) 法律论证与法律推理的关系辨析

论证要使用推理,一个简单的论证就是一个推理,它的论据相当于推理的前提,论点相当于推理的结论,从论据导出论点的过程(即认证方式)相当于推理形式。一个复杂的论证是由一连串相同或不同的推理所构成的,只不过其中的推理过程和形式可能错综复杂。一般来说，论证总是借助于推理来进行，任何的论证过程都是运用推理的过程，没有推理就无法构成论证。但并非任何推理都是论证，论证和推理之间存在一定区别：

首先，两者的思维进程不同。推理不一定是有目的的，而论证则是有目的的；推理一般是从前提出发，而论证则是从论题出发；推理的归宿一般是肯定的结论，而论证总是先有论题，然后再围绕论题寻找有关的论据，这相当于从结论到前提的过程，而推理则相反，它总是表现为从前提到结论的过程。

其次，从逻辑结构来看，论证往往比推理复杂。一个最简单的论证可以由一个推理来完成，但复杂的论证常要由几个推理来构成，而且这些推理可以是各种不同形式的推理。从这个意义上说，论证是推理的综合运用。

最后，论证是借助于断定一个或一些命题的真实性，通过逻辑推理来确定另一命题的真实性或虚假性的思维过程。它必定要求断定论据的真实性，否则整个论证就难以成立。但推理并不要求前提为真，假命题之间完全可以进行合乎逻辑的推理。推理是从一个或几个已知命题推出另一个新命题的思维形式。它只是断定前提和结论之间的逻辑联系，并不要求断定前提与结论本身的真实性。

（二）法律解释与法律论证

法律解释与法律论证具有纠缠不清的关系，特别是诠释学进入法律解释之后。人们一般在两种意义上使用法律解释这一概念，即方法论意义上的法律解释和本体论意义上的法律解释。法律论证理论在兴起的过程中对法律解释学的某些研究方法提出了若干质疑，但本体论转向之后的法律解释理论，以其更为开阔的理论视野同样为法律论证研究提供了观察与思考问题的理论平台。两者的相互影响主要表现在以下几个方面：

第一，从对象上来看，本体论转向之后的法律解释与法律论证理论，都摆脱了传统理论所预设的那种封闭体系的观念，而主张“在敞开的体系中论证”。

第二，从理论目标来看，从以往注重对法律文本的理解，转向对论证的合理性、正当性、妥当性基础的探求。两者都否定规范性文本的独立性、自足性以及法律解释的客观性，而力求达到经过充分论辩的主体间性。

第三，从服务于司法过程来看，由于司法程序被区分为“发现的过程（裁判的过程）”和“证立的过程（裁判的正当化）”，与法律解释学理论当中的“涵摄”具有相似性，即在具体的法律规范与事实状况之间循环。

第四，从运作主体来看，改进后的法律解释不仅仅是司法者的工具，也是律师、立法者、法学家和普通大众理解法律的方法，解释的主体得以扩展。而法律论证理论即立足于这种解释主体范围的扩展。

第五，就两者所导向的裁判的结果来看，不再是“非此即彼”的唯一正确答案，而是“不仅……而且……也是”的结构，即追求判决结果的合理性和可接受性。法律论证与法律解释之间在方法上的关联是分析哲学与解释学趋于融合在法律领域的某种表现。

依照麦考密克的看法：“（法律解释）是法律实践论证的特定形式。在此人们主张对权威文本和资料的某一特定理解当作评阅法律判决的某种特定理由。因此法律解释应当在论证，特别是在法律论证的框架内予以理解。”可以认为：“没有解释的论证是空洞的，没有论证的解释是盲目的。法律论证理论固然来源于分析学的传统，但如果没有解释学知识的支持，它也是不可能的……通过法律论证，使得分析学与解释学这两种传统上截然二分、性质不同的知识在法律论证理论当中得以整合统一。”

（三）法律论证的界定

在当代哲学与社会思想背景下，论证的恰当观念应当包括以下几个部分：

首先，论证的基本要素是“陈述”而非“命题”。在论证当中，经常使用的是由祈使句表达的规范语句，亦即一个或若干个体现某种合理性的要求、命令等的语句。在逻辑学上，对论证的最重要的评价是它的有效性，论证的作用是预测、解释、决定和说服。

其次，论证不是用一个（或一些）真实命题确定另一命题真实性的单向的逻辑思维过程，而是一种论辩、对话、应答的语言与思想的双向交流过程。论证就是为某种立场观点寻找理由以及恰当的推理形式，用以说服读者或者观众。

最后，从结论而言，论证所追求的不是传统论证定义中的“真”，而是谋求在特定的背景下的“可接受性”。因而，论证结论的绝对性亦将被结论的可推翻性所取代。这与原来的归纳论证、演绎论证不同而构成“似真论证”。

广义上的法律论证包括立法论证、司法论证等，而狭义上的法律论证一般是指司法裁判过程中法官、律师或当事人等就案件事实与法律进行论辩，追求合理的裁判结论之思维过程。

二、法律论证研究的路径

法律论证的兴起有其独特的思想背景，与各理论流派的发展相关联。以法官裁判经验为基础，不同法学家从学理上对法律决定的模式作出概括。有学者区分了三种法律决定的理论体系，即受限定的司法判决制作的思想体系、自由的司法判决制作的思想体系、合法的与理性的司法判决制作的思想体系。第一种，即受限定的司法判决制作的思想体系既是政治自由主义的产物——政治自由主义旨在保护公民权利免于国家和其他公民的侵害，又是法律实证主义的产物，其具体表现为英国的分析法学、德国的概念法学及法国的注释法学。第二种是自由的司法判决制作的思想体系，这一思想体系包括了各种知识运动，如法国惹尼的自由法学，德国的自由法学运动、社会法学以及美国的现实主义法律运动，还有20世纪30年代纳粹德国的领袖国家意识形态。在司法观念当中，这一思想体系注重法官创制有效法律规范的作用，从而淡化立法者的相应作用。自由的司法判决制作的思想体系强化了裁判的动态性，即强调对现实世界中的问题进行回应。第三种是合法的与理性的司法判决制作的思想体系，它关注司法判决的合法性与合理性的统一，合法性单指合乎有效法律的要求，而合理性关系到法律证立的内在前提和外在前提。

法律论证理论研究大体存在以下两种路径：形式论证和实质论证。形式论证包括逻辑—分析立场的论证、程序—商谈立场的论证以及论题—修辞学立场的论证。

(1) 逻辑—分析立场的论证。狭义理解逻辑的立场之要义是严守矛盾律等逻辑法则进行三段论演绎。只要结论在逻辑上有效便为正确。逻辑分析对于任何理性论证都是有用的，论证要借助于逻辑。但逻辑不能解决大前提的正确性问题，因为对规则的证立是一种交织着不同论证和对立论证的论证结构，是观点的权衡而不是逻辑演绎在其中起着决定性作用。广义逻辑的立场将论证分为演绎论证、归纳论证和假真论证。

(2) 程序—商谈立场的论证。这一理论的核心是，论证在于商谈，商谈要有规则，遵守这些规则有助于保障结论的正确性。据此它建立了一套论证的程序规则，包括内在论证规则，它们要解决的是，判断是否从在判断理由中陈述的大前提中合乎逻辑地产生，而不考虑大前提的正确性；外在论证规则，它们要回答的是，如何保证大前提的正确性。但这种进路不完全适合于法院诉讼程序，这与法院诉讼程序的策略性相关。法院诉讼程序并非普通的沟通行为，其主要针对利益而不是真理性认识。

(3) 论题—修辞学立场的论证。它突出法律论证的修辞学特征和策略安排，很少考虑规则的约束力，注重结论为听众的可接受性，论证过程生动开放，在很大程度上是一种胜诉论证。

这三种立场要么强调逻辑，要么强调对话，要么强调修辞，以实现论证的目的：结论的正确性和可接受性。一般而言，结论愈正确，接受的可能性愈大，其形式上的完备性只是为了证成结论的可接受性。在形式论证之外，还有一种实质论证。它强调法的安定性、法的统一性、历史—文化论、是非感、社会效果、价值及利益。如“社会效果”论强调的是社会普通层次的可接受性及由此引发的后续事件，结论的正确性不依赖于论证的形式规则，而在于实质上符合人们朴素的公正观念和社会共识，民情民意是这种共识的反映。社会效果的含义在中国如最高人民法院所阐述，指国家利益、公共利益和社会稳定等。

三、中国的法律论证研究

国内对法律论证理论比较早的探索和研究，是刘星对芬兰法学家阿尔诺的“法律确证”理论的介绍。舒国滢也是国内较早地介绍法律论证理论的，他对实践理性与法律论证理论的兴起及其在欧洲，尤其是德国的发展概况进行了初步介绍。张志铭是较早以法律论证的视角来研究法律解释问题的。“把法律解释的实际操作与司法裁判过程中的法律适用活动相结合，意味着将选择一种法律的正当化证明的角度把握和分析法律解释的操作技术。”解兴权认为法律理由的充分说明以及程序理性的有效保证，可对法律推理予以有效的制约和保障。苏力认为司法当中的解释根本是一个判断问题。司法的根本目的并非搞清楚文字的含义是什么，而在于判定什么样的决定是比较好的，是社会可以接受的。因此法律解释的问题不在于发现对文本的正确理解，而在于为某种具体的司法做法提出有根据的且有说服力的法律理由。可见作者已经有明显的对司法判决的证成的理论主张。王涌提出“被倒置的法律推理”并非最可怕的，因为它在最终的判决中又“被正置”过来了。最可怕的是那些“被省略的法律推理”，法官根本就不愿意在法律推理的舞台上装腔作势，展示所谓的推理过程。季卫东将基于实践理性的法律议论（即法律论证）学说作为当代法律解释学的一种发展方向，并在日本学者的相关研究基础上对图尔敏、阿列克西、哈贝马斯等人的论证理论作了初步的介绍和讨论，尤其注重法律解释学必须最终要落实到判决理由上。实务界也关注法官判决案件说理的问题。国内也有一些法律论证理论方面的译著出版，已经有更多的学者意识到这一论题的重要价值，相关成果见诸一些期刊的专号、专题研究或者网上，如有学者开始对法律论证的概念进行了一些初步研究或个案研究。但总体上来看，国内对法律论证理论的既有研究，主要还在于对国外理论的引介，也有各种类型的有关法律推理与法律论证的学术研讨会召开。

最近几年趋热的法律方法论，解决的是个案事实与规范的内部不对称，属于内部解决，它能削弱但不能消除中国的社会事实（司法制度安排、解纷手段的传统等）与规范的外部紧张对立，要化解它，有赖于中国司法体制的转型和大众法治意识的形成。中国的事实与规范的对立关系，一旦从主要为社会事实与规范的外部不对称性，转化为主要为个案事实与规范的内部不对称性，便是中国法治形成的表征之一。中国的法律方法论需要创造性地应对社会事实与规范的这一外部不对称性。因此，法律方法，不仅是工于用法，也将功在造法。在用法造法中，法律方法显现出：方法改变前提，前提改变结论，结论改变行为。“在复杂的法律制度中，有许多职务和职位，也有许多方法把法律行为与更高权威联系起来，法律论证是这种方法中最强有力、最重要的方法之一……它的目的是把法官的结论和判决与某些更高原则或具有首要合法性的某机构或制度联系起来。”

法律论证和法律推论适用于事实、规范或结论。建构大小前提共同运用的方法，包括演绎、归纳、设证、类比、解释、论证、诠释；建构大前提的特有方法，包括客观目的探究（目的论限缩或扩张），法律修正、正当违背法律，法律补充、反向推论等；建构小前提的特有方法，即事实的物质性确认方法，包括观察、实验、技术鉴定、法医鉴定等。而这些具体的方法，在法律论证过程中都会使用到。

四、案例中的法律推理和法律论证

在司法实践中特别是疑难案件处理过程中，刘星认为，在司法中应该作出法律论证，但这种法律论证不应该追求“充分”。司法当中的法律论证，包括隐蔽的和公开的。法官个人的某些思考、合议庭的某些讨论以及法院审判委员会的某些讨论，其中的法律论证如果不以文字表现出来则是隐蔽的。

(一) 基本案情及两造的推理与论证

1. 上诉人的推理与论证

本部分以最高人民法院“[2007]民二终字第33号”民事判决书为例进行说明。这是一个有关借款担保合同的案件，原告为中国农业银行长沙市先锋支行(以下称“农行先锋支行”)，被告为湖南金帆投资管理有限公司(借款人，以下称“金帆公司”)和长沙金霞开发建设有限公司(借款担保人，以下称“金霞公司”)。本案经过湖南省高级人民法院一审，被告之一不服，上诉至最高人民法院。二审中各方的争执焦点是“担保人是否适格”和“是否应承担担保责任”。

作为原审被告的金霞公司不服原审法院民事判决，向最高人民法院提起上诉，其推理和论证的逻辑如下：

其一，农行先锋支行和金帆公司在提供给金霞公司的借款合同中，故意隐瞒借新还旧这一重要事实。金霞公司的合同与农行先锋支行持有的合同存在多处不一样的地方。(R1)金帆公司将自己持有的原件加上“借新还旧”字样，放入国土局档案，以帮助农行先锋支行向金霞公司主张权利。农行先锋支行和金帆公司存在恶意串通，骗取金霞公司提供担保的行为。(R2)依据《担保法》的规定，金霞公司不应承担抵押担保责任。

其二，金霞公司因对2003年12月31日借款系借新还旧不知情而不应当承担抵押担保责任。(R3)

其三，2002年12月31日的借款，因未征得金霞公司书面同意，且没有抵押额度，应视为金霞公司未对该借款提供抵押担保。金霞公司没有为2002年12月31日的借款提供抵押担保，因此本案不构成新贷与旧贷的延续关系，(R4)一审法院以所谓新贷与旧贷系同一保证人为由，判决上诉人承担抵押担保责任，是错误的。

其四，本案利息计算有错误。

基于以上推理与论证，提出请求二审法院：(1) 依法撤销一审判决书第

二、三项，驳回农行先锋支行对金霞公司的诉讼请求；(2) 判令农行先锋支行和金帆公司承担本案所有诉讼费用。

2. 被上诉人的推理与论证

针对金霞公司的上诉请求及理由，农行先锋支行也提出自己的论证理由：

其一，金霞公司对金帆公司 2003 年 12 月 31 日的借款用途属“借新还旧”是知道的。首先，在金霞公司提交给长沙市国土资源局的《借款合同》原件中，“借款用途”一栏明确标注为：流动资金借新还旧。(R5)其次，在金帆公司原担保的贷款未被告知已获清偿，而其又向金霞公司提出同等数额贷款抵押担保的请求，并要求以同一抵押物进行抵押时，作为金帆公司新贷与旧贷的同一担保人，金霞公司对该笔贷款的用途不会一无所知。(R6)再次，即便依照金霞公司自己在一审中提交的《借款合同》，金帆公司将借款用于借新还旧，也未超出流动资金的使用范围，并未违反借款合同的规定。(R7)

其二，金霞公司是金帆公司 2001 年、2002 年和 2003 年三笔贷款新贷与旧贷的同一担保人。(R8)

其三，本案借贷双方有关借款利率和逾期借款利率的约定，符合法律和行政法规的规定，也未违反有关规章和行业政策，(R9)依法应该获得法律保护。综上，金霞公司既是金帆公司新贷与旧贷的同一担保人，又知道所担保借款的用途，理应承担担保责任。请求二审法院依法判决驳回金霞公司的诉讼请求。

针对金霞公司的上诉请求及理由，金帆公司提出的论证如下：

本案借款从 2001 年 12 月 29 日签订(430108001)农银借字[2001]第 041 号《借款合同》起到 2002 年 12 月 31 日签订(430108001)农银借字[2002]第 047 号《借款合同》、2003 年 12 月 31 日签订(430108001)农银借字[2003]第 062 号《借款合同》止，均是同一笔借款借新还旧，该笔借款均是由金霞公司以金霞新区 5 号、7 号地块提供抵押担保，自始未发生过担保形式的改变。因此，金霞公司在上诉理由中提出金帆公司与农行先锋支行恶意串通，损害金霞公司合法权益的主张是违背客观事实的。(R10)在合同主体出借人、借款人、抵押人和抵押物未改变、债务未归还的条件下，农行先锋支行不会以损害自身利益来实现借款人的要求，也不会同意金霞公司将已设定的抵押物为另一笔借款提供抵押担保。(R11)农行先锋支行2002年12月31日《对长沙金霞开发建设有限公司12月31日致我行函的复函》给金霞公司后，金霞公司即未再提出异议，说明金霞公司已肯定了借新还旧这一客观事实自始存在。(R12)即便金霞公司是于2004年12月31日才知晓2003年《借款合同》是借新还旧的重大误解成立，依据《合同法》第55条，金霞公司已丧失了撤销权。(R13)综上，金霞公司认为金帆公司与农行先锋支行恶意串通，损害金霞公司的合法权益的上诉理由，没有事实根据。(R14)请求二审法院依法作出公正判决。

(二) 法院的推理与论证

法院另查明，2003年12月31日，长沙市国土资源局向金霞公司出具了一份编号为20031231004的业务受理回执单，载明：你单位丁利同志于2003年12月31日申办的国有土地使用权抵押备案(包括续期、变更)业务，我局已受理，请于7个工作日派人联系有关事宜。(R15)

法院认为，农行先锋支行与金帆公司签订的(430108001)农银借字[2003]第0062号《借款合同》系当事人真实意思表示，不违反法律禁止性规定，依法有效。(R16)金帆公司在合同到期之后未偿付相应借款，应当履行偿还借款本息的民事责任。债务人金帆公司对原审法院判决其履行债务的相关内容未提出异议，(R17)本院予以维持。

为保证上述借款合同的履行，农行先锋支行与金霞公司分别签订了(430108001)农银抵字[2003]第0053号和(430108001)农银抵字[2003]第0054号两份《抵押合同》，并办理了相关的抵押登记手续。上述《抵押合同》系当事人真实意思表示，不违反法律禁止性规定，依法有效。(R18)在金帆公司不履行相关债务时，金霞公司应当依照抵押合同约定履行担保义务。

金霞公司以其持有的借款合同与农行先锋支行提供的借款合同部分内容不一致为由，主张农行先锋支行和金帆公司存在恶意串通，故意隐瞒借新还旧的重要内容，骗取金霞公司提供担保。但当事人分别持有的合同内容有出入，客观原因复杂多样，不能据此简单认定是合同某一方的故意欺诈行为。(R19)金霞公司如主张农行先锋支行和金帆公司恶意串通欺诈，应当提供其他证据予以证明。金霞公司提出金帆公司在办理抵押登记手续时将合同原件加上“借新还旧”字样，以帮助农行先锋支行向金霞公司主张权利。从常理上看，办理抵押登记手续的申请主体应当是抵押人，而不是债权人；从本案证据上看，长沙市国土资源局提供的《业务受理回执单》上，明确记载办理本案抵押登记手续的人员是金霞公司的代理人“丁利”，金霞公司作为被代理人应当对代理人的代理行为承担民事责任。金霞公司没有提供相应证据证明债权人农行先锋支行参与了办理抵押登记行为，其关于农行先锋支行故意欺诈的上诉主张不能成立。(R20)

根据《中华人民共和国合同法》第五十四条第二款、第五十五条的规定，一方以欺诈、胁迫的手段或者乘人之危，使对方在违背真实意思的情况下订立的合同，受损害方有权请求人民法院或者仲裁机构变更或者撤销。具有撤销权的当事人自知道或者应当知道撤销事由之日起一年内没有行使撤销权，撤销权消灭。金霞公司 2004 年 12 月 31 日在向农行先锋支行出具的函件中表示，该公司已获悉金帆公司的贷款用途为以新还旧。金霞公司如认为农行先锋支行与金帆公司在订立合同时有欺诈行为，应当至迟在 2005 年 12 月 31 日之前向人民法院或者仲裁机构申请变更或者撤销合同。金霞公司在上述期限内没有行使撤销权，因此，即使抵押合同存在可撤销事由，其撤销权已经消灭。(R21)金霞公司在本案中以合同当事人欺诈为由拒绝履行合同义务与法律规定不符，本院不予支持。

本案当事人分别持有的借款合同中虽然部分内容有出入，但当事人对各自持有的合同本身的真实性不持异议，不妨碍合同成立的事实认定。(R22)金霞公司主张免除其担保义务的主要理由是其持有的借款合同中借款用途系“流动资金”贷款，与农行先锋支行持有的借款合同上借款用途为“流动资金贷款借新还旧”不同。企业流动资金系相对固定资产而言的企业资产，包括企业用于支付工资、购买原材料、偿付债务等的现金款项。金霞公司同意为金帆公司“流动资金”借款提供担保，金帆公司将借款用于支付到期债务，并未超出金霞公司的担保范围。金霞公司、金帆公司与农行先锋支行之间在本案合同签订之前已签订过其他的借款抵押合同，金霞公司对于金帆公司在农行先锋支行是否存在尚未偿还的债务是明知或者应当知道的。(R23)如果金霞公司不愿意为金帆公司用于偿还债务的借款提供抵押，应当在合同中明确加以限制。(R24)金霞公司在本案合同中笼统地承诺为金帆公司“流动资金”借款提供担保，未对金帆公司的借款用途加以限制，现在诉讼中提出不同意借款人将借款用于偿还债务有违诚实信用原则。(R24)

最高人民法院《关于适用〈中华人民共和国担保法〉若干问题的解释》第三十九条规定，主合同当事人双方协议以新贷偿还旧贷，除保证人知道或者应当知道外，保证人不承担民事责任。新贷与旧贷系同一保证人的，不适用前款的规定。本案中金霞公司就同一抵押物先后为金帆公司的新旧贷款提供抵押担保，金帆公司以新贷偿还旧贷，并未加重金霞公司的担保责任，金霞公司要求免除其担保责任的上诉主张与上述规定不符。(R25)金霞公司关于本案利息计算有误的上诉主张，亦没有相应的事实和法律依据，法院不予支持。

(三) 分析

第一，上诉人即担保人金霞公司论证的目的在于“己方不承担担保责任”，由于贷款共有三批次，分别为2001年12月29日签订(430108001)农银借字[2001]第041号《借款合同》起到2002年12月31日签订(430108001)农银借字[2002]第047号《借款合同》、2003年12月31日签订(430108001)农银借字[2003]第062号《借款合同》。为论证其担保责任的免除，金霞公司提出了一系列论证理由，这些理由也由一系列推理构成：

R1、R2：贷款人与借款人存在共谋行为，骗取金霞公司提供担保。

R3：对2003年12月31日的贷款，因对其使用范围“借新还旧”不知情故而不承担抵押担保责任。

R4：本案不构成新贷与旧贷的延续关系。2002年12月31日的借款，因未征得金霞公司书面同意，且没有抵押额度，应视为金霞公司未对该借款提供抵押担保。因而金霞公司没有为2002年12月31日的借款提供抵押担保，故不存在新贷与旧贷的延续关系。

通过以上三项论据，金霞公司试图论证，对后续的2002年、2003年贷款不承担担保责任。其中对贷款人与借款人的共谋骗取担保的行为，只能依有关的事实进行推论。对R2论据的反驳见之于被上诉人金帆公司的答辩意见以及最高法院的判决理由等。

第二，被上诉人农行先锋支行的论证目的是“金霞公司是三笔贷款新贷与旧贷的同一担保人”。其提出的论据如下：

R5、R6：这都是常识推理，即金霞公司自己提交给长沙市国土资源局的《借款合同》原件中注明的“借款用途”为“流动资金借新还旧”，推知金霞公司知晓2003年批次借款的用途。

第三，被上诉人金帆公司的论证目的是“金帆公司与农行先锋支行恶意串通骗取担保的诉求不成立”，其提出的论据如下：

R11：这是一个反向推理，也是一个常识推理和社会心理推理。即推论只作为贷款人的农行先锋支行的意图：不会以损害自身利益为条件来实现借款人的要求。

R12：从金霞公司未对2002年12月31日《对长沙金霞开发建设有限公司12月31日致我行函的复函》提出异议，推知金霞公司“肯定借新还旧的事实”。单独就此一推理而言，其证明力较弱。为此金帆公司提出另外一个推理，即：

R13：对因重大误解而签订合同的撤销权有特定的时效，而金霞公司未及时行使导致其撤销权消失。

第四,法院的论证目的是基于诉讼两造的请求及诉讼理由,得出司法判断,并保证此一判断的合法性、合理性和可接受性。其论证的基本结构是:

R18:农行先锋支行与金霞公司分别签订了(430108001)农银抵字[2003]第0053号和(430108001)农银抵字[2003]第0054号两份《抵押合同》,并办理了相关的抵押登记手续。上述抵押合同系当事人真实意思表示,不违反法律禁止性规定,依法有效。

R19、R20、R21:在肯定抵押登记的合法有效性基础上,法院要证明担保合同不存在其他瑕疵和效力阻却情形。主要证明两点:其一,担保合同不存在恶意串通,骗取担保的情形(R19、R20);其二,即使存在如上情形,法定的撤销权也已消灭(R21)。法院提出这两点基于的理由是R19、R20,使用的是辩证推理和常识推理。一方面,不能因为当事人分别持有的合同内容有出入就认定合同一方有故意欺诈行为;另一方面,从金霞公司办理抵押登记手续而未有债权人参与,推知农行先锋支行参与办理,故"故意欺诈"的诉求不成立。

R22、R23、R24、R25:本来案件经过上述论证,基本上已经可以作出判决了,但本案还主要针对上诉人的上诉请求,对其他相关事项也进行了论证,以使判决的"可接受性"更强。辅助论证主要从以下几个方面展开:其一,借款合同有效成立(R22);其二,对流动资金的概念进行解说,并推知金霞公司知晓系列合同及"借新还旧"的事实,且金霞公司对此无异议(R23、R24);其三,对金霞公司以借款用途不明拒绝承担担保责任作出评价(R25)。

三方论证的法律依据主要有《合同法》第一百九十六条、第一百九十八条、第二百零五条、第二百零六条、第二百零七条,《担保法》第三十三条、第三十四条第一款第(三)项、第三十八条、第四十一条、第四十六条、第五十七条之规定,以及最高人民法院《关于适用〈中华人民共和国担保法〉若干问题的解释》第三十九条。

附件：立法如何为司法创设基础

——浅谈对立法方法的认识和运用

第一节　法学方法、法律方法与立法方法之辨

虽然本书重点围绕法律方法展开，并着重探讨司法过程中的法律方法运用，但是，着眼于当下的现实环境，必须认识到司法这一法治运行过程中的重要环节，也只是一个环节而已。一方面，构成整个法治的运行过程，并最终使我们国家和社会走向法治国家、法治社会的，绝不仅仅是司法，必然要涵盖立法、执法、守法等不同主体的行动过程。而在这其中，立法无疑是最不能被忽视的部分。另一方面，立法过程兼具的理念和技术，可以被认知为一种立法方法。这种立法方法作为立法过程中理念和技术的集中体现，需要被更广泛地加以认识并予以运用。因此，虽然立法过程并不直接影响法律方法在司法过程中的运用，而是对司法效率、司法公正产生或多或少的影响，但是，作为一种方法的立法方法，却与本书的重要目的——解决一些

方法上的问题——有着很大的一致性。进一步来说，立法方法与法学方法、法律方法之紧密的联系亦使得其在笔者这里成了一个不得不谈的问题。故而，本书专列本附件，对立法方法浅谈一些见解。

在本书的第一章和第二章中，对于法学方法和法律方法已经做了一定的论述，而在这一附件中，我们将把法学方法、法律方法和立法方法这三者放在一起，全面地对其进行界定和阐述。这一方面可能会致使部分内容与第一章、第二章内容相近，但是也使得对于立法方法的认识和理解能更为准确与周到。而另一方面，这样的做法，不仅使得本附件作为全书的一部分展现出其价值，而且从附件自身来说，亦是独立而完整的，是区别于本书其他章节的，从而具有更高的个体价值。

首先，必须指出这三者之间的关系是具有复杂性的，当下学术界对三者各自适用的领域也是存在争议的。目前，学术界在对法学（法律）方法进行研究的过程之中，对法学方法与法律方法的争论、辨析等已有了诸多的成果，基本上已经达成了最为基础的共识，亦即法学方法主要是在进行法学研究的过程之中所适用的方法，其作用是提供基础的理论、价值判断等；法律方法则更多的是指在法律实践过程中所使用的具体方法，如法律推理（传统的所谓法律教义学）、法律论证、价值平衡、法律解释等方法，相对于法学方法更具有操作性意义，其发挥的作用也基本是围绕指导法律的实践。为此，笔者赞成郑永流先生在这个方面的见解："至于法律方法与法学方法的关联，从中不难看出，两者各占地盘。法学方法是研究和预设法律的方法，主要着眼于什么是法律的本体性理论，形成一定的法律观；法律方法是应用法律的方法，致力于实现既有的法律又生成新的法律。"[①]更进一步说则是，法学方法实际上是一种想象法律的方法，而法律方法则是在法学方法所想象的法律的基础上利用诸多技术性的方法来实现法律。但学界在进行法学（法律）方法的研究之时，却存在一个共同的缺陷，就是有意或无意地将立法

---

① 郑永流等：《法律论证与法学方法》，山东人民出版社 2005 年版，第 35 页。

方法给遗忘了。我们认为，法学方法、法律方法和立法方法共同构成了法学学科的方法论的全部，因此在进行法学学科的方法论研究过程中，对其中的任何一种方法的忽视都不是完整的研究，但也不是说必然要进行面面俱到的研究，在研究的过程中侧重于其中的一种也是可以理解的。之所以作出这种判断，原因就在于我们认为法学方法是法律方法和立法方法的基础，而法律方法和立法方法则是法学方法在实践过程中的进一步延伸，因此缺少任何一翼都是偏颇的。学界有着这样一个判断，认为现在学术研究的主要着眼点应该是法律的实现问题，进而应该转向对司法过程的研究，因此对法律方法的研究也就是题中应有之义了。这种观点自身却是偏颇的，那就是即使现在的时代是司法的时代，但司法过程的依据仍旧是立法，进而，哪怕有再高明和先进的法律方法，如果没有很好的立法的话，那法治的实现也仅仅是水中月、镜中花。基于上面的理由，我们认为作为法学学科完整的方法论理论的构建，在进行方法论研究的过程之中同样应该对立法的方法加以研究和重视。

法学方法主要是对法律的本体论进行研究，也就是对想象法律应该是什么样的活动进行研究，对此，在法学发展史上是存在若干不同理论和学派的。就西方法学发展史来说，至少存在自然法学派、历史法学派、法律实证法学派、法律社会学学派以及法律实用主义学派等；就中国法学发展史来说，如果以鸦片战争为分水岭的话，那么在鸦片战争之前的传统中国对法律的想象则主要是引礼入法、以刑律为主的格局。鸦片战争之后，中国掀起了一股向西方学术学习的热潮，进而在学术流派上也就逐渐地与西方趋同，当然在学术旨趣上中国学者也在不断反思自身理论体系的构建问题。西方的自然法学派历史悠久，学术发展绵延不绝，最早的是古希腊的柏拉图、古罗马的西塞罗等对自然法学的论述，如西塞罗认为自然法就是人的理性；自然法学派后经中世纪的奥古斯丁和阿奎纳的发展，形成了一个完整的学术体系，但值得注意的就是中世纪自然法学的发展是与神学的发展紧密地勾连在一起的，也就是说自然法并没有自身的独立性和正当性，其正当性来源于上帝；再后就是启蒙运动时期，格劳休斯、霍布斯、斯宾诺莎、洛克、孟德斯鸠、卢梭等人对自然法学的发展，启蒙运动时期发展的自然法学虽然侧重点各自有所不同，但其中有一些共同的旨趣，如社会契约理论就具有极强的社会革命冲动，天赋人权理论则主张人的自由、平等和权利等的与生俱来。上面对自然法学的发展进行的简单勾勒，目的在于指出，自然法学作为一种法学研究方法，其想象出来的法律就是法律应该尽可能地解放人性，从而使人的自由、平等以及权利等能够得到最大化的保障，因此其也就充满了道德的色彩。历史法学派出现的时间去古不远，同时它的发展历史也是比较短的，但这些并不能成为否定历史法学派曾经所具有的恢宏气象的理由。历史法学派的发展是与萨维尼、梅因等紧密地联系在一起的，萨维尼在《论立法和法理学在当代的使命》中认为："法律绝不是那种应当由立法者以专断刻意的方式制定的东西。"①进而萨维尼认为，法律应该就像一个民族的语言一样，它既不是统治者专断的意志的产物，也不是刻意设计的产物，而是在一个缓慢、进化和有机发展的过程中自然而然地生成的。基于此，萨维尼认为在进行立法的过程中，应该最大限度地尊重一个民族所存在的深层的内在精神。梅因的历史法学思想与萨维尼有一些不同，比如他发现人类进行社会控制的模式存在一些共性，进而梅因在其传世之作《古代法》一书中作出这样一个判断："迄今为止的进步社会运动，乃是一个从身份到契约的运动。"虽然以萨维尼和梅因为代表的历史法学派的观点并不完全一致，但在基本精神上是相同的，都认为法律是不断进化的，以及法律的发展应该是建立在对一个民族内在精神尊重的基础上。法律实证法学派的开创者是奥斯丁，途中经凯尔森、哈特等的发展，从而成为一个生机勃勃至今仍活跃在学术舞台的学派。奥斯丁认为法律就是主权者的命令，对法律进行了有限的想象；法律实证法学在凯尔森那里发展到了顶峰，原因就在于凯尔森认为法

---

① [美] E. 博登海默：《法理学、法律哲学与法律方法》，邓正来译，中国政法大学出版社 2004 年版，第 92 页。

律体系的生成实质就是从基本规范逐级演绎下来的，进而在凯尔森那里法律的合法性除了基本规范之外而无其他；20 世纪法律分析法学派的集大成者哈特对奥斯丁和凯尔森的理论进行了部分修正，但哈特仍然是在法律实证的立场之上。法律实证法学派最为一致性的地方就在于认为法律应该是由规则构成的，进而应该对规则保持足够的尊重而不应该轻易地改变，同时规则的生成既不依赖于道德(针对自然法学派)，也不依赖于社会(针对法律社会学派)，而是有着自己的成长规律，在奥斯丁那里是主权者，在凯尔森那里是基本规范，在哈特那里是第一规则和第二规则的结合。法律社会学派是在历史法学派的基础上发展起来的，但又与历史法学派存在区别，法律社会学派的代表人物在欧洲大陆有埃利希，在美国有庞德。埃利希的思想主要在于其所提出的“活法”思想。埃利希认为，不能把成文法或制定法看成是法的唯一形式，也就是说在社会的运作过程之中，法律并不仅仅是唯一的行为控制模式，而是存在其他更多的指导行为的规则，如契约、习惯等，因为这些规则都是在不断地发展和变化的，进而埃利希将这些规则概括为“活法”；基于“活法”的思想，埃利希认为在司法的过程之中，法官不应该仅仅拘泥于字面上的法律，而应该依据“活法”进行自由判决。庞德的法社会学思想集中在以功能主义方法为基础提出的“社会工程”和“社会控制”的理论上。庞德认为法律作为一项工程，那么其就不仅仅是一道固定的工序，它应是一个过程，一种活动。进而，庞德认为法学研究的目的在于不是去争论法的性质，而是去分析社会秩序；不只去考虑所谓的法定权利，而是多考虑人们的利益、主张和要求；不去抽象地谈论法律制度，而是具体研究人们究竟得到了哪些保障和满足。法律社会学派中比较重要的还有韦伯的思想。韦伯认为在不同的经济条件下，法律的自由度有着明显的差别，而这种差别主要来自不同社会的经济结构。法律本身可以在不同意义上合法化，但它最终是由根植于背后的经济因素决定的；此外值得一提的还有以塞尔兹尼克、诺内特为代表的“伯克利学派”，他们将社会中的法律现象具体划分为三种类型：作为压制型权力工具的法律，此为“压制型法”；作为能够掌控压制并维护自己的完整性的法律，此为“自治型法”；作为回应社会需要和愿望的法律，此为“回应型法”。[①] 法律社会学派所具有的共性在于都是从社会的视角来看待法律，也就是其看到了法律与社会之间的紧密关联，如果说历史法学派是“从历史中发现法律，从法律看到历史”的话，那么法律社会学派则是“从社会中发现法律，从法律中看到社会”。法律实用主义的主流发轫于美国，代表人物有卡多佐、霍姆斯等人。法律实用主义一个最为重要的思想就是讲究手段与目的的关系，比如霍姆斯就认为判决就是对法官行为的预测，并提出了著名的“坏人理论”等，因此在法律实用主义看来法律就是达致目的的一种手段，或更为明确地说则是，要借助于法律的途径达致法律的目的。

法律方法是法律实践或法律实现过程中的工具，但法律方法自身也是具有价值的，对于这两点判断在学术界已经形成共识了，但一些学者在对法律方法的本体论式或对其体系进行构建的过程中，却将其中一个重要问题给遗忘了，即法学方法对法律方法具有的指导性甚或是支配性作用，或者说不同的对法律的想象对法律方法所产生的不同的影响的问题。在清代曾出过这样一件案子：清代末年，有一位老妇王赵氏，生有一女名叫王金凤。王赵氏将其女嫁与客民牛谋儿，为了养活王赵氏和王金凤，牛谋儿只得外出经商。而此时，另一客民马玉林乘虚而入，先将王金凤强奸而后娶王金凤为妻。待牛谋儿回来之后，诉至官府。县官先将王金凤判给牛谋儿。但刚出县衙，牛谋儿就对王金凤拳打脚踢。县官稍加思索之后，觉得该判决存在诸多不妥，从而改判为“发官媒另行嫁卖”。[②] 很显然对于这个案例，用现代的法律思维进行评判的话会觉得不可思议，因为这里面至少存在强奸行为、重婚行为等，但在传统中国的司法过程之中这样的判决和判决思路却是正当而合理的。为什么会出现这种差异？原因就在于古人和今人对法律应该为

① 李瑜青：《法律社会学教程》，华东理工大学出版社 2009 年版，第 12 - 29 页。
② 虞山襟霞阁：《刀笔菁华》，中华工商联合出版社 2001 年版，第 120 页。

何的想象不同。举这个例子的目的也在于说明法律文化或方法论意义上的法学方法对具体过程中的法律方法所具有的影响，有时甚至是起支配性的作用。在现代社会的法律实践过程中，同样可以发现法学方法对法律方法所具有的影响，如曾经发生在四川泸州的所谓“二奶继承案”。如果从法律实证主义的角度来考虑的话，在赠予人所立遗嘱有效的情况之下，按照法律实证主义对法律原理的基本构建来看，在有特殊法律规则的情况下应该是不能适用法律原则的。但在最后的判决中，法院实际上是从法律社会学的角度进行了利益的衡量，从而直接适用了《民法通则》中关于公序良俗的法律原则。对于该判决在不同理路上所产生的法律效果和社会效果，并不是我们在此所重点讨论的对象，举出这些案例进行讨论的目的在于进一步指出和论证不同的法学方法对法律方法的适用确实是有影响的这一事实。进一步来说，法学方法可以从以下几个方面来对法律方法施加影响：(1) 在进行法律解释的过程中，法学方法可以发挥作用。我们知道，“适用法律的难点在于创造性地适用，而不在于对清晰明了的法律规定的简单对号入座”。而“法律规范是死的，法律适用是活的。法律的适用效果是通过法官的创造性适用实现的，法律解释必须具有创造性，否则无法获取应有的适用效果”[①]。法律解释的具体方法包括字义解释、体系解释、限制解释、扩大解释、历史解释、目的解释等，但在具体的法律实践过程中利用哪种方法进行解释，在具体案件的结果过程中是有矛盾和冲突的，而选择哪种法律解释方法对法律进行解释，对于法律实践中的主体来说则更为重要，进而这个时候我们就要从多个角度和层面来思考利用哪种法学方法是更为合适的问题了。如曾有过这样一桩案子，原告盛丰购买了一栋楼房中的第二个层面，该栋楼的一楼为门面房，门面房房主在设置广告牌时，广告牌的高度与原告的阳台的砖面平齐，由此原告起诉至法院要求被告拆除广告牌。此案经一审、二审，最终支持原告的诉讼请求。该案中延伸出来的一个问题就是在 2003 年

① 孔祥俊：《司法理念与裁判方法》，法律出版社 2005 年版，第 169、171 页。

《物权法》没有出台时，对建筑物外空间的界定问题。很显然，就当时的法律而言，一审和二审法院在案件审理过程中使用了扩张解释的方法。但我们的兴趣更在于一审法院所提出的利用这种方法的理据，“由于现行民事立法对空间利用权未有规定，这就需要法官从当事人之间的利益冲突与所要调整的社会秩序之间寻找平衡点”[①]。（2）在进行法律论证的过程中法学方法是可以发挥作用的，法律论证最为重要的作用就是对法律结果和论证思路进行合法性证明，而在这一过程中利用哪些学术资源或法学方法对论证的结果本身来说显然是很有影响力的。曾出现过这样一个案件，丈夫吴某发现妻子新换了一个手机号码后对外联系的频率增加了，吴某心中生疑就去电信部门将妻子的通话清单打印出来，妻子认为吴某侵犯了其隐私权进而到法院起诉。法院审理之后认为通话清单不属于隐私权的范畴，这是一个纯粹的法律判断，但法院作出这一法律判断的理据却是从维护婚姻、使双方重归于好这一道德范畴出发的，这一点才是值得我们深思的。[②] 以上案例以及现在基层法院在对案件进行判决的过程中对民间法或习惯法的引用等在法律论证过程中出现的一些思路，显然是不为法律实证主义所接受的，但在具体的法律实践中，对包括法律社会学、自然法学等法学方法的引进所产生的法律效果和社会效果却是有目共睹的，这说明了一个问题，在具体的法律实践过程中法律方法可能是用，法学方法才是体。（3）法学方法同样可以在诸如漏洞填补、利益平衡等具体的法律方法使用过程中发挥作用。前一个方面的案例，如2004年发生在南京并由南京市秦淮区法院审结的一起同性恋卖淫案，基本案情为被告人李宁于2003年成立了一家名为耀身的公关公司，该公司的主要业务就是介绍男子为同性恋提供性服务。该案在当时成为轰动一时的案件，因为按照《刑法》和常理来说卖淫的主体主要是女性，据此李宁就应该是无罪的，但如果判无罪显然又有悖常理，进而江苏省高院请

① 褚红军：《运送正义：无锡法院裁判案例精选》，法律出版社2007年版，第118－121页。

② 吴春雷：“评析夫妻相互忠实的法律底线——以偷查妻子通话清单引发隐私权的纷争为例”，载《理论与现代化》2008年第6期。

示最高院，最后全国人大常委会回复认为组织、协助组织、强迫、引诱、容留、介绍他人卖淫中的“他人”，主要是指女人，也包括男人。李宁案件的定性问题在当时法律上找不到依据，属于法律上的漏洞，而全国人大常委会的回复显然是利用了类推的法律方法对李宁案进行了考量，但其背后根本的考量更有可能在于对刑法维护秩序目的的思考。就利益平衡法律方法的应用来说，典型的案例如2006年发生在南京的彭宇案，在该案中彭宇坚称原告徐寿兰老太太不是自己撞倒的，但原告徐寿兰坚称是被告彭宇所撞，最后法官依据自由心证判处彭宇赔偿徐寿兰人民币若干。彭宇案所产生的社会后果大家是有目共睹的，那就是后来没有人敢做这类好事。或许在彭宇案中法院所利用的利益平衡的法律方法和对案件事实、证据认定等所利用的自由心证模式都没有问题，但该案之所以产生如此大的不良后果，其原因更有可能是法官对法律的现象或对法学方法的使用出现了问题，而这也从另一个侧面证明了法学方法对法律方法的正确使用所具有的作用和贡献。

就法学学科完整的方法论体系来说，应该包括法学方法、法律方法和立法方法，但学界更多的是从法律方法的角度来对法学学科的方法论进行研究，对于这一点，只要对学界方法论领域比较活跃的研究者的学术成果进行仔细研究之后就会发现。对于这一研究倾向，这些学者给出的解释就是现在法治的重心已经由立法转向司法了。对于一些学者坚持的这一观点，我们是持有不同见解的。毫无疑问的就是，现在的中国已经步入了社会转型的关键时期，同时由于我国已经基本上建立起了完整的法律体系，因此法治的实现此时可能更在于法律的实现的问题。在这里我们与持有法治重心转向论学者的不同见解在下面两点之中就产生了分歧：(1) 法律的实现与司法是现代法治的中心和重心的观点有没有区别的问题，对此我们认为是有区别的。司法是现代法治的中心和重心的论断显然就认为司法应该是构建法治社会的主导了，但法律的实现问题却是从一个更为宽阔的视角来对构建法治社会以及实现法律秩序的问题进行理解，也就是说在法律的实现这一判断之中，不仅仅存在司法这一实现法治的节点和过程，同样还存在其他的诸多有助于实现法治的机构和过程，而这种见解实际上是认为使用法律方法的机构和过程并不是单一的而是多元的，也就要求在进行法律方法问题研究的过程之中始终要持有一种开放而非封闭、动态而非静态的宽阔视野。这也就进一步地要求在对法律方法这一问题进行研究之时，更应该关心和关注的就是支配和影响法律方法的法学方法。(2) 司法中心或重心这一论断的持有者，实际上都是在一种法律方法论的角度上来作出这一判断的，但这一论断的持有者却可能遗忘了这一事实：司法的过程实际上是无法脱离立法的，即使是在法律体系比较完备的今天，还是需要制定新的法律、调整不适合的法律。同时司法中心或重心这一论断的持有者之所以作出这种判断，很大程度上可能是出于对法律方法的过度迷信而导致的，认为只要构建起完备的法律方法体系之后就可以克服法律适用过程中出现的法律模糊、法律漏洞等问题了，但实践已经证明这更有可能是一种虚妄的判断。立基于此，我们认为对法律方法的研究固然是重要的，但对立法方法的关注同样不应该偏废，同时更重要的是发现法学方法是怎样支配和影响法律方法和立法方法的运用的。

基于上面的判断，我们认为不同的法学方法对立法的过程、法律的质量和立法的效果是有不同的影响的。以我国在 1986 年通过的《破产法》为例，这部法律通过之后在当时就基本上等于一部“死”法，原因就在于它是在 20 世纪 80 年代我们的国有企业尚没有实现经营机制的转换，社会保障体系也不健全的情况下出台的。由于当时并不具备实施企业破产制度的外部条件，特别是在当时没有失业救济制度、就业安置制度等相关的社会保障制度的情况下，《破产法》的实施并没有能够达到预期的效果，反而陷入了两难境地，实施的话会出现大量的没有保障的失业人员，进而可能形成严重的社会问题；不实施的话，那么《破产法》就会形同虚设。通过对《破产法》在中国法治史上的命运的考察，很容易得出的结论就是该次立法是失败的，但更重要的结论恰恰是没有能够发现那种支配着立法哲学的法律哲学、支配着立法方法的法学方法。通过简单的分析，就会发现这种弥漫着的法律实证法学方法对立法方法所带来的误导，但这样说，也并不是就要否定法律实证方法对立法方法的贡献，因为如法律实证的法学方法所提倡的法律语言的精准性、逻辑体系的清晰性等还是有其自身的价值的，进而阐明这样一个问题，即利用不同的法学方法会带来不同的后果。同样的例子，如最近的《劳动合同法》。新颁布的《劳动合同法》实际赋予劳动者以超越现实的权利，需要加以交代的就是，这并不是说不应该给劳动者以应有的权利，但值得重视的是立法应该在合适的经济基础上给予大致相当的权利。新《劳动合同法》有两个基本的值得参照的社会背景：(1) 在国家社会的视角之中，在国家从社会摄取的能力没有改变的情况下，单向度地改变劳动者的权利，无疑就是加重了企业的负担；(2) 当时出现的起源于美国而蔓延至全球的金融风暴，导致了企业的产出减少。这两个背景的存在实际导致的后果就是新的《劳动合同法》被延迟实施或被变相地改变之后而实施。这种赋予劳动者以超越经济结构的权利的立法思路，显然与自然法学这一法学方法的主张其基本理路是相同的，亦即无视整体的社会环境和社会结构而仅仅从单一的权利视角来看待法律和立法，应该记住的就是"权利永远不能超出社会的经济结构以及由经济结构所制约的社会的文化发展"①。对于这两个失败的立法案例的研究，实际上是在提醒我们，在立法的过程之中应该注意来回穿梭于法律与社会与之间，正确选择立法方法以及法学方法的重要性。

基于上面的研究，进而我们主张在法律社会学这一法学方法或立场上来选择恰当的立法方法，这就要求应该破除这样一种立法误区："迄今中国立法实践未能把立法视为科学，而主要是当作完成领导或上级布置的工作来看待。"②同时还需要破除仅仅靠专家在书斋之中通过借鉴国外的立法而搞出立法草案来的误区，破除专家在对法律本质问题上把握的迷信，因为毕竟是社会规定了法律而非法律规定着社会。总结一下可以说，立法方法这

① 《马克思恩格斯选集(第3卷)》，人民出版社1972年版，第12页。
② 刘爽："中国立法，技术'阻劣'——周旺生教授访谈"，载《法律与生活》2004年4月上半期。

一核心概念，一定是在法学方法指导下产生的，和法律方法是有所区分的。进一步来说，现在很多学者站在一种实证主义法学的角度去理解立法方法，其法学方法的局限性导致了其对于立法、立法方法理解的偏差，从而影响到其立法方法和法律方法的界定，结果就是一大批学者将法律方法和立法方法混同，将法律方法应用于立法。虽然前文承认，实证主义法学确实对立法有着一定的作用，但是从方法论的角度来说，实证主义法学也确实阻碍了对于立法方法的认识。更进一步来说，立法需要逻辑，立法需要利益平衡，但是立法的方法，归根结底是民主参与的方法、社会调查的方法等，从时间上来说，不要拿法立出来后的各种特征来打立法方法；从场域上来说，不要拿法律方法来混淆立法方法；从逻辑层面上来说，不要拿专家的逻辑面来打立法这一事业的逻辑面。这样，立法方法才是立法方法，才能与法学方法、法律方法一起构成一个完整的方法论体系。

第二节　当下司法困境的诸多面相

当下的司法改革出现了一些引人注目的新思路、新方法等，诸如为我们所津津乐道的司法调解制度、案例指导制度等，但同时又不得不指出的就是当我们仔细地对司法实践的过程及司法实践的法律效果、社会效果和政治效果进行剖析之时，便会发现司法实践并不如我们所想象的那样好，甚至在某种程度上对一些改革思路进行了扭曲性的实践，如调解制度在当下时空的司法实践之中已被扭曲至形成强制性的调解制度，甚或在一定程度上导致了正常的审理制度的虚置；而这一问题出现的原因则是诸多法律制度之外因素的刺激，如法官的晋升激励制度、法官的考核制度等。再如让各级人民法院颇为头疼的大量的涉法信访的问题。涉法信访就其包括的范围来说，既有对调解不满而带来的上访，又有对判决不满而带来的上访；既有因案件一方当事人的不满而带来的上访，又有因双方当事人的不满而带来的上访。按照二审终审的案件审理逻辑，当事人应该对调解和判决心悦诚服才对，但为什么会引起如此之多的不满，这是我们应该思考的问题；还有颇为严重的问题就是当事人对判决、调解不执行，甚或在某些时候会形成一定程度上的暴力抗法等。立基于此，笔者认为所表现出来的诸多问题实际上仅仅是司法运行不畅的皮相，因此有必要打破这些孤立的皮相之见而深入其后发现系统性的、结构性的原因。笔者认为司法运行不畅、司法权威长期不能树立起来是与中国法律的移植品格、司法的政治性以及微观的制度环境紧密地勾连在一起的，进而需要对这些深层次原因进行描述、剖析。

对于上面提到的诸多问题，是可以从多个角度和层面来加以解释和解决的。在此笔者认为问题的关键之处还应该从现行的政治构架之中去思考一个根本性问题，即立法对于消除司法运行过程中所出现的诸多恰当的行为能够做出什么样的贡献。而当这样进行反思和发问之时，一个更为前设的问题也就逐渐地浮现出来：当下的立法或立法所创造出来的制度环境在哪些方面还没有满足司法的良好运行所需要具备的条件？立基于此，我们可以从以下几个角度来思考这一既具有现实意义同时也具有学术意义的问题：其一，当下的立法或立法创造的制度环境在哪些方面对于司法良好运行所应具备的条件是欠缺的？其二，立法应该如何解决这样的问题？其三，进行这样的思考从法律方法角度来看具有什么样的意义？

一、中国法律的移植品格

当下中国的法律体系具有非常强烈的移植品格，这已成为学术界众所周知和公认的事实了，一如左玉河所言："近代意义之法学，是鸦片战争之后从西方传入的。"[①]但对于这一移植品格是如何形成的却没有足够多的论述来加以阐释，因此有必要将法律所具有的移植品格是如何逐渐被构建起来

① 左玉河：《从四部之学到七科之学——学术分科与近代中国知识系统之创建》，上海书店出版社2004年版，第266页。

的过程描述清楚，进而勾勒出其所导致的后果。

1840年鸦片战争之后，中国所面临的首要问题就是回应经由西方的武力挑战而形成的涉及政治体制存亡的问题，以及由此而形成的如钱穆、秦晖等学者所指出的文化自信心丧失的问题。为了应付经由西方的挑战而形成的包括但不限于军事在内的问题，最早的有如魏源等纯粹从技术角度考量的“师夷长技以制夷”的主张，再到张之洞等人在希冀保留政统的前提之下而提出的“中学为体、西学为用”的主张，进而有康有为等人的“戊戌变法”以及其后的更为激进的“五四运动”，梁启超将这一过程视为一个逐渐由物质到制度再到文化的向西方学习的进程。但近来也有学者对这一概括提出了自己的不同见解，如金观涛、刘青峰①等。但无论学者们怎样去概括这一历史进程，有一个不可更改的事实就是中国学者的思维是在以西方为模板的历史过程之中逐渐形成的。另外一个值得注意的问题就是，中国法律所具有的移植品格的形成还与当时政府争夺司法管辖权与解决国际争端等问题紧密地勾连在一起。鸦片战争之后中国被迫进入了世界结构之中，但当时的政府却没有能够掌握主导当时国家之间游戏的规则，同时在国内也逐渐丧失了司法管辖权，因此从处理国家关系和争夺司法管辖权的角度来考虑，很显然的问题就是当时中国并不具备这样的法律制度来回应这些问题，加之当时的学人的知识储备也不足以构成有效的回应，因此最为直接的方法就是照搬照抄照用西方所通行的诸多游戏规则。

当时在政府对西方法律的照搬照抄照用和学人对西方知识、制度及技艺引进的过程中，由于诸多因素的存在从而并没有能很好地加以分辨，但这其实也只是一种历史的表象，我们应该更为深入地分析中国学人及政府以西方为模板的前见结构并对此前见结构不加以思考的现象是如何形成的这个问题。如果仅仅是从当时中国受到了西方的武力威胁这一角度去理解的

① 金观涛、刘青峰：《观念史研究》，法律出版社2009年版。他们认为基本的模式应该是有限式吸收阶段到开放式吸收阶段，再到诸如中国因素的有效整合阶段。

话，那么显然不足以深刻地说明中国法律所具有的移植品格的形成原因，因为历史上有着元朝的建立并没有导致中国文化丧失的历史参照。但这一解释对于鸦片战争之后政府及学人的行为，笔者认为还是具有一定的解释力，因为当时一个颇为关键的问题就是民族的存亡，对有利于民族生存的知识、技艺、制度都加以学习是情有可原的，但对于新中国改革开放之后为什么政府和学人还对西方知识保持一种跟风、移植的心态的问题就不具有解释力和说服力了，因为此时的中国及政府已经建成了一个足够强大的主权了，进而对于这一问题我们应该从观念史的角度来加以理解和解释。

周宁在《天朝遥远》一书中对自1250年以来近千年的西方眼中的中国形象进行了研究，同时指出西方眼中的中国形象是一个不断变化的过程，这种变化其实是与西方本身的现代性逻辑的展开紧密地勾连在一起的。比如在西方的启蒙运动期间，中国形象在西方眼中达到了最高点，但紧随其后的就是这种至高境界的消失，一如周宁所言："西方现代性语境中乌托邦化的中国形象的话语谱系，在法国大革命前后出现了一次关键性的转折。"而这其中的原因则在于"法国大革命之前，启蒙运动高潮时期，启蒙主义者对开明君主的幻想已经破灭，作为开明君主专制的楷模的孔教理想国，自然也就失去了魅力；法国大革命之后，人们对人民暴政的幻想也破灭了，哲学家同样不可能成为国王"[①]。这实际仅是西方近千年来为中国所构建起来的众多形象之中的一种而已，但这其实提出了一个更为重要的问题，即西方眼中的中国形象并不是西方随心所欲而自然生成的，更多的是与西方本身的命运紧密地勾连在一起的。萨义德认为这是与权力、政治等联系在一起的，套用其论述即是"西方与东方之间存在着一种权力关系、支配关系、霸权关系"[②]，进而"与其说它与东方有关，还不如说与我们的世界有关"[③]。意识形态作为一种总体性的思维方式，包括思想范畴等在内，一如曼海姆所直言："当知识不

① 周宁：《天朝遥远》，北京大学出版社2006年版，第137页。
② [美]萨义德：《东方学》，王宇根译，三联书店1999年版，第8页。
③ [美]萨义德：《东方学》，王宇根译，三联书店1999年版，第17页。

能解释随着形势而变化的新的现实时，当它试图以不适当的范畴来思考这些现实从而掩饰它们时，知识便成了歪曲的、意识形态的东西。”[①]同时在曼海姆看来，乌托邦就是“一种思想状况如果与其所处的现实状况不一致，则这种思想就是乌托邦”[②]。周宁对西方自1250年至今的有关中国形象进行的研究和分析就是建立在这两个基础概念之上的，一如其所言“西方的中国形象是西方文化投射的一种关于他者的幻想，是西方文化自我审视、自我反思、自我想象与自我书写的方式，表现了西方文化潜意识的欲望与恐怖”[③]。这里表明的逻辑即西方眼中的中国形象的变化实际是遵循着自身的发展逻辑的，亦即当西方自身认为自己处于发展的低潮而需要改革、改变现实的时候，就展现出一种与当时的知识不同的知识，进而以此来笼罩并引导社会自身的改革、改变；当西方认为自身处于上升的时刻之时，其在知识的层面上就表现出一种傲慢，进而将他者的形象予以弱化甚或丑化的状态，以此来巩固自身的地位，以便获得话语的霸权。19世纪末20世纪初的西方实际是处于社会的急剧变革也是急剧上升的重要历史时期，因而在此时期对他者的形象进行丑化也就成了情理之中的事情了。而中国学者正是带着西方知识的“有色眼镜”错误地认为西方所构建出来的中国形象即是中国的真实现状，并且将这一错误认识错位地延续至今。

国家之间对文化、制度及技艺等的相互借鉴是一个不可否认的客观现象，尤其是在当今整个世界都深深嵌于其中的全球化过程之中，相互之间的借鉴、移植是不可避免的，从这个角度来看中国政府所进行的对西方法律的移植以及学人所具有的移植心态是可以理解的；但问题的关键之处则在于我们在对包括法律制度在内的诸多制度进行移植的过程之中，将自身所应置于的立场遗忘了，同时对移植过来的制度将会在何种环境之中加以运行的问题也遗忘了，更为可惜的就是这一毫无立场或以西方立场为立场的移

① ［德］曼海姆：《意识形态与乌托邦》，黎鸣等译，商务印书馆2007年版，第198页。
② ［德］曼海姆：《意识形态与乌托邦》，黎鸣等译，商务印书馆2007年版，第196页。
③ 周宁：《天朝遥远》，北京大学出版社2006年版，前言第3页。

植心态从鸦片战争至今并没有任何实质性的改变。

中国法律所具有的移植品格与司法的良性运行所应具备的基础性的法律制度要件之间发生了抵牾，司法的良性应该有良好的法律环境，亦即必须有适合自身国情要求的法律环境，而这一法律环境的获得是以优良的立法为前提的。同时，制定出的法律必须是以法律将会运行的环境作为其基本的思考点和着力点的，但一如上文所言，中国的立法恰恰是将自身立出的法律将要所处的环境给遗忘了。经由移植过来的法律就立法的角度来说已经是足够优秀了，但对司法的顺畅运行来说却是远远不够甚至背道而驰的。因此，想要为司法的良性运行创设良好的法律环境，就要求我们的立法或法律制度应该逐渐地褪除和改变自身所具有的移植品格，逐渐地构建其以中国为思考立场的法律体系。

二、司法权运行的体制环境

当下中国司法权的运行也遭遇到政治体制的限度带来的运行不畅的问题。现代世界的一整套政治思想和政治制度都是发轫于西方的，这其中要以洛克、孟德斯鸠等人的思考最为有力。洛克认为国家的权力可以分为立法权、执法权和对外权，同时其又认为立法权和执法权是必须加以分开的。在洛克看来，如果同一批人既拥有立法权又拥有执法权的话，所导致的后果就是这一批人将会滥用权力，并将会使自己免于服从自己所制定出来的法律。因此洛克认为立法权和执法权应该加以分开并且由不同的机构来执行，同时其还认为立法权应该是最高的权力。洛克的三权分立说无疑是现代西方政治学术史上的破冰之旅，而这也就注定了其分权理论是不完善的，但即使如此，也为孟德斯鸠的三权分立理论和制约理论打下了坚实的基础。孟德斯鸠认为，国家的权力可以分为立法权、行政权和司法权，而三权分立的目的在于保障公民的政治自由，并且这三种权力之中的任何两种权力都是不能被同一机构同时拥有的，而且机构与机构之间还应该保持必要的制约，司法权的目的则在于“惩罚罪犯或裁决个人之间的争端”。如果说洛克和孟德斯鸠的理论还仅仅是书生之见和理论构建的话，那么经由潘恩、华盛顿等人的努力，则在美国构建起了一个现实的将国家权力分为立法权、行政权和司法权，并且这三种权力之间保持必要的制约和平衡的政治架构。至此我们便会发现，司法权其实是在一个权力分立和平衡的政治架构环境之中运行的，进一步引申的话，就是司法权的运行既是在制约的环境之中运行的，同时又是在独立的立场之上运行的。这一现象到概念法学盛行的时候更是达到了顶峰。概念法学在保持西方特有的权力分立的体制运行环境的前提之下认为，经由人的理性和概念的演绎，人类是可以创造出一种涵括人类所有法律关系的法律体系来的，法院或司法权所要扮演的就是“自动售货机”的角色，亦即案件当事人将案件的事实投入法院之后，法院仅仅依靠立法机构制定出来的涵括一切的法律就可以输出案件的判决。当然概念法学的梦想最终没有能够实现，但西方法治社会构建的成功可以说明，无论是从理论构建的角度来说还是从实践的历史经验的角度加以考量，司法权都是在一个独立的立场之上，在一个受到立法权、行政权制约的环境之中加以运行的。

我国的政治体制与西方国家的政治架构之间存在着非常大的差别，即我国并没有以西方国家的政治体制作为模板，而是形成了具有自身特色的政治体制，即人民代表大会制度下的“一府两院”。人民代表大会制度是我国的根本政治制度，同时行使着立法权的职责，人民政府、人民法院和人民检察院由其选举产生并对其负责。就人民法院所享有的司法权来说，其与立法权之间并不存在平衡的问题，而是受制于立法权，这就导致了中国法院所享有的司法权在运行的过程中具有极大的政治性。一如翁子明所言：“如果我们把司法服从政治意识形态、服务于政党的政策，看成为司法的政治响应性，而把司法保持自身的独立性和自主性、回应于社会，看成为司法的社会响应性，那么可以认为，当代中国司法仍然具有强烈的政治响应性。”①司

① 翁子明：《司法判决的生产方式：当代中国法官的制度激励与行为逻辑》，北京大学出版社 2009 年版，第 49 页。

法所具有的政治响应性在我国历来都是存在的，不同之处仅仅在于不同时期这种政治响应性的强弱程度以及叙述方式不同而已。强世功在对“马锡五审判方式”进行研究的过程中发现，“具体的调解技巧已经不重要了，方便群众的就地审判或者巡回审判也不重要了，这些不过是形式而已，重要的是遵循群众路线，遵循党的路线方针”①，“在这些关于（马锡五审判方式）的政治话语中，我们发现关于（马锡五审判方式）的种种述说不再关心这种审判技术本身，它们围绕着这一具体的司法技术或司法实践，滋生出一种话语醚，这种话语醚在不断地发酵、孳生、繁殖、蔓延，以至形成一个独立的话语空间，这个话语空间越来越远离它由此产生的母体”②。正是在这种时空之中，在中国的政治与司法关系的场域之中，逐渐地形成了一个新的法律传统，即政法传统。“之所以说这是新传统，就在于这种法律传统既不是对中国古代的法律传统的简单继承，不是对苏联的马克思主义法律传统的简单模仿，也不是对西方的法律传统的简单抛弃，而是在法律治理化的原则下，对中国传统的、苏联的乃至西方的法律传统进行全面的改造和组合，对各种不同的法律技术的重新组装。”③而这种法律治理化的政法传统主要体现在这样几个方面，即司法审判作为直接的政治体现形式、司法审判作为改造社会的工具和司法机关的一体化。黄宗智在对新中国成立前后离婚法实践进行研究的过程之中也印证了这种判断，他研究发现在新中国成立前“一个兼容传统乡村惯习和新的共产党实践的制度的逐步形成。前者着重调解和妥协，有一套邀请当地有威望的人士劝说当事人以彼此都能接受的办法解决纠纷的独特方法”，“共产党将这些内容纳入自己的实践”。“同时另一方面，共产党的特殊作风也重塑了这一过程。因此，判定是非的最终标准是党的原则和政策，而非儒家或传统的公共道德规范。”④1949 年之后虽然在毛泽东时代国家干预婚姻的方式已经不再是显而易见的，但黄宗智认为通过细心

①②③ 强世功：《法制与治理：国家转型中的法律》，中国政法大学出版社 2003 年版，第 120、123 - 124 页。

④ ［美］黄宗智：《过去和现在：中国民事法律实践的探索》，法律出版社 2009 年版，第 114 - 115 页。

观察和仔细揣摩仍然是可以发现的，“这种控制的关键之一是将日常生活的细节提高到更大的政治原则，‘文化大革命’时期尤其如此”，“此外，政治权力的行使也经过了精心包装，从而避免以专断的面目出现”[①]。对于这种现象，张文显认为其实就是“把法学的任务简单等同于对政治路线、政策、政令的解说、宣传与辩护，致使法学成为政治的婢女”[②]。但从“阶级斗争的范式”走出来之后，中国的整个法学不再是利用政治化的语言，而是形成了自己的话语表述范式，法学和司法也逐渐遵循自身的内在逻辑向前发展。但同时值得注意的就是，其实这种发展并不是完全的独立而仅仅是有限的独立，就司法来说其表现在某些行动或话语上还是在对政治进行回应，区别仅在于语言形式发生了变化，即以法言法语包裹着政治性行动。这种表现之一是法院自 20 世纪 80 年代开始，维护稳定一直是其工作的主题之一，而这在审判工作的大部分领域都是有所体现的，最为明显的两类则是在刑事审判中的“严打”和民事审判中的“破产”。“虽然有法律为依据、通过法律程序、由司法机关处理，但并不能掩盖其强烈的政治色彩。通过司法形式的严打，恰恰反映了对政治的强烈响应性。”“由于破产涉及企业职工的安置，进而涉及社会稳定的问题，法院实际上不可能根据法律规定的破产条件执行，更多的必须考虑维护稳定的政治需要，根据政治形势的需要有选择地确定破产企业。”[③]

经由上面的论述可以发现，全国人民代表大会制度之下“一府两院”的政治体制与西方三权分立时的政治体制实际上并不存在高低优劣之分，各种体制都是对自身所存在的问题的有效回应和构建。但在关涉司法权运行的问题上便会发现它们产生了不同的影响，具体来说则是中国政治体制之中的司法权在运行的过程之中具有更多的政治性，而恰恰是这种政治性的

---

① [美] 黄宗智：《过去和现在：中国民事法律实践的探索》，法律出版社 2009 年版，第 106 页。

② 张文显：“权利时代的理论景象”，载《法制与社会发展》2005 年第 5 期。

③ 翁子明：《司法判决的生产方式：当代中国法官的制度激励与行为逻辑》，北京大学出版社 2009 年版，第 52 页。

存在，导致了法院在运用司法权解决现实中的具体问题和争议之时，并不能仅仅遵守司法的逻辑或法律的逻辑。司法权的运行一方面具有政治响应性，即在司法权运行过程中存在着政治性考量，另一方面司法权在运行过程中所有主体都必须遵守法律所规定的实体法和程序法，这两者之间的背离所导致的后果是立竿见影的，比如说涉法信访的大量存在、判决不能有效执行等诸多现实问题，因此司法权在运行过程中应该与政治性保持必要的距离，同时遵循自身应该遵循的司法逻辑。

三、司法权运行的微观环境

首先，司法权运行由于其本身具有政治响应性或政治性，导致其在具体的运行过程中，在一定程度上偏离了司法权本身所应遵循的司法逻辑或规则之治的逻辑，进而我们判断出必须使司法权在一种遵循司法逻辑的轨道上运行。同时在对司法权运行的具体的微观制度环境进行考察之时，我们同样会发现司法权运行之时诸多制度的存在所导致的司法权运行逻辑的扭曲化现象。就导致司法权运行逻辑扭曲化的微观制度环境而言，笔者认为至少应该考虑这样几种制度，即法院行政等级制和审理等级制的交叉、法官激励制度以及法院、法官在审理案件过程中的制约制度等。

法院之所以称之为法院，就在于法院所行使的司法裁判权，从而使其能够与人大行使的立法权、政府行使的行政权和检察院行使的司法检察权有效区分开来；就中国的基本情况来说，司法裁判权的运行应该遵循司法裁判权运行的逻辑，亦即在审理案件的过程之中“以事实为依据、以法律为准绳”“二审终审”“独立审判”等。但司法权在运行的过程之中就法院内部来说恰恰是不能做到这一点的，在笔者看来这是由于法院的行政等级制度与司法裁判权行使的等级制度的相互勾连和相互扭曲导致的。依据《人民法院组织法》规定，上级人民法院对下级人民法院仅仅具有监督权，但在实际运行过程中这种监督权却演化成一种变相的行政权，这是由于法院审级之间的相互勾连而导致的；在法院审级的制度之下，由于上级人民法院是下级人民法院的二审法院，因此一审法院在碰到任何不能确定的疑难案件时，都会向上一级人民法院予以请示，从而在某种程度上形成一种对一审判决和二审判决的共识，进而导致二审终审制的虚设。而一审法院之所以在诸多的审判问题上会向上级人民法院加以请示，原因并不在于一审法院不愿意行使自身所拥有的司法权，而是诸多的判断制度在制约着一审法院不能也不敢独立行使司法权。有什么样的结构就会导致什么样的问题和功能配置，进而笔者认为，对于此问题，应该将上下级法院之间所具有的交叉性甚或在某种程度上具有的扭曲性的行政级别和审理级别的共存予以分开，从而使上下级法院之间仅仅存在审理级别之间的考量。

其次，我们可以考察法院中所存在的诸多对法官予以考量的制约性制度，一如上文所提到的，在当下法院审理案件的过程之中所出现的案件调解制度的常规化、强制性的不正常现象。依据法律来说——即几类比较特殊的案件如离婚案件等法律设置了前置性的调解——任何调解都应该是在双方当事人自愿的前提下进行的，这其中自愿的原则包括自愿进行调解或进行部分调解等，但在实际的司法权运行过程中却逐渐地演化成一种非调不可的事实，或者不接受调解的话就对案件进行一定程度的“冻结”，尤其在当下整个法院系统所盛行的“案结事了”口号式的宣传和要求之下，更是导致了强制性调解的盛行。而强制性的调解盛行的原因部分是与法院对法官所采取的激励性制度有关的，在一些地区的法院中甚至有这样的规定，即二审推翻一审判决的话，将会导致法官失去任何形式的奖励、表扬以及升迁机会，进而具有极强的负面激励作用，其后果就是法官不愿意遵守规则之治的逻辑。但强制性调解的后果有时并不能化解双方当事人之间的纠纷，甚或更有可能的是由于调解书的制作过程和结果一定是背离法律的，从而导致双方当事人对调解书的不满，进而产生大量的涉法信访问题，因此必须对不利于法官遵守司法权运行逻辑并具有负面激励作用的诸多制度加以清理。

一如上文所言，我国的法院是在“一府两院”的政治体制之中运行的，虽然其所在的政治体制与西方政治体制之间存在巨大的差别，但是一个不可否认的事实就是,任何国家在设计政治体制的过程中都是将法院看作一种被动地运用已有法律的机构,也就是说法院在行使司法权的过程中不应该主动。但现实所凸显出来的问题就是,有时社会的发展已经远远地超越了已有法律所能涵括的范围,进而导致的后果就是法院在面对这些新型案件的过程之中不能、不敢立案或即使立案后也不能解决,从而不得不使用"鸵鸟政策"。对于这种情况,一般的解决方式就是由于政治体制的默示,地方各级人民法院可以通过请示的制度,从而得到最高人民法院的答复,或者最高院通过司法解释的方式,来回应解决新型案件的过程中所出现的法律依据的需求。但必须指出的就是,无论是请示制度还是司法解释制度都没有能够将时间因素考虑进来。要及时回应社会之中出现的新的法律需求,就需要法院因地制宜地、有针对性地加以解决。但毫无疑问的是,这一点在当下法院的运行架构中是绝对不可能实现的,因此法院如何才能够有效地回应社会需求,就需要在法律的稳定性、滞后性与法院的可信度之间作出一种平衡和决断。

上面的论述使我们发现,当下中国的司法权在实际和具体的运行过程之中遭受到各种限制,经由这种开放式的讨论也逐渐凸显了一个颇为紧迫的问题,即在当下的政治体制中,立法能够为司法权依据司法自身的逻辑运行从而达致"以事实为依据,以法律为准绳"的目标作出一些什么样的贡献来。

第三节　立法方法运用中我们应注意什么?

经由研究我们发现,立法在当下构建中国式的法律秩序和法治模式时是具有其自身的价值和作用的,无论出于何种理由的考量,都不应该放弃对立法方法的重视。但在这里首先应该对立法方法进行一个基本的界定,也就是说,从方法论的角度来谈立法方法与从法理学的视角来谈立法问题有什么区别。在上文的论述中已经基本阐释清楚了这样一个问题，即法学方法并不仅仅与法律方法存在勾连，法学方法对立法方法同样具有支配作用。在这里我们会获得这样一个洞见：在不同的法学方法的立场之上会产生不同的立法方法，在自然法学的法学方法立场之上更有可能形成的是对主体权利的关注，在法律实证主义的法学方法立场之上更有可能形成的是对立法语言、法律内部结构以及法律的逻辑的关注等，在法律社会学的法学方法立场之上更有可能关注的是法律对社会问题的回应和解决。值得注意的就是，在具体的立法过程之中不可能仅仅使用单一的立法方法，而更有可能是多种立法方法的综合运用，但某一立法方法占主导地位的事实却也是不可改变的，这也就是说，在具体的立法过程中总是有某种法学方法占据支配性的主导地位。对于上面的论述，可以进行更为抽象的表述，即立法方法是有立场的。从法理学视角来对立法问题进行研究，其可能更关心的是立法主体的问题，即对于不同形式的规范性文件的制定和修改，哪一主体才是合格的，如宪法的修改必须由全国人大来进行，法律的制定必须由全国人大及其常委会进行，行政法规必须由国务院进行等，也就是说如果行政法规不是国务院制定的话，那该行政法规的立法主体就是不合格的；立法程序的问题，亦即一部宪法、法律、行政法规等的制定要经过哪些步骤，如提出法案、法案审议、法案表决、法案的公布等。比如以朱力宇、张曙光主编的《立法学》一书为例①，该书基本体例为：立法理论、立法制度、立法过程和立法技术，在“立法制度”一编中主要研究的问题有立法主体、立法体制、立法程序，在“立法过程”一编中主要研究了立法预测、立法协调、立法解释与修正、立法监督，在“立法技术”一编中主要研究了规范性文件的结构、立法语言等问题，即使是最能体现出立法过程与社会之间关联的第一编第五章“立法民主化与公众参与立法”中，对于立法过程对民意的收集和社会问题的发现也仅仅是从制度的角度进行了简单的论述。基于上面的研究，可以作出这样一个

① 朱力宇、张曙光：《立法学》，中国人民大学出版社 2001 年版，第 1 页。

判断，从法理学视角来对立法问题进行的研究，其更关心的是从制度的视角出发的问题，并没有能够很好地体现出法律与社会之间的关联性。同样也可以在侯淑雯所著的《立法制度与技术原理》一书中发现这种研究倾向[①]，在该书中作者分别研究了立法的概念、立法的发展史、立法权与立法体制、立法准备、立法程序、立法的完善、立法技术以及立法监督等，在本来应该最能体现法律与社会之间关联性的“立法准备”一章中，同样不能找到利用立法方法来对社会问题和民意收集问题展开的相关研究。通过对两部书的体例安排的研究，可以作一个基本判断，从法理学视角和从方法论视角对立法问题所展开的研究是存在较大差别的。基于此，还可以进一步地判断，从法理学视角对立法进行的研究更有可能是一种规范性研究，比如依据《立法法》进行的立法研究，同时从法理学视角对立法进行的研究可能也是在一种无立场的立场上进行的，进而其也更有普适性的资格。

将从方法论视角与从法理学视角对立法方法进行的研究途径相区别，目的在于使我们知道哪些是方法论视角下的立法方法所应该做的，哪些是不应该做的。根据上面的厘定，同时基于法律社会学这一法学方法视角，我们认为在法律社会学视角下的立法方法的研究应该注意这样两个问题：(1) 在立法没有形成法律之前，如何发现法律需要回应和解决什么样的社会问题的问题，也就是说在立法的过程之中如何收集问题、发现民意等。对于这一问题从立法方法的视角看，我们认为问题的收集、民意的发现等应该借助于社会学中的相关方法，如问卷法、访谈法、观察法等，同时跳出自然法学方法和法律实证主义法学方法的窠臼。(2) 在法律发生法律效力之后，在具体的实施过程之中，制定出来的法律具有什么样的法律效果和社会效果的问题的研究。对于该问题，我们认为应该进行相应的立法评估，也就是对立法的质量进行考察，就具体的方法来说，应该建立相关的指标体系，才具有证明力。

在当下的社会之中，博弈是无处不在的，无论在何处总能够发现博弈过

① 侯淑雯：《立法制度与技术原理》，中国工商出版社 2003 年版，导论部分。

程的存在，立法过程中的博弈也不可能幸免，也就是说法律的制定实际上就是一个充满博弈的过程，法律集中体现了博弈的结果。一方面，博弈对法律的制定是具有好处的，因为它能将法律涉及所有主体充分表述的利益要求，在此基础上形成均衡，从而也有益于当事人对法律的遵守。但当下中国的立法过程并不能充分地体现主体之间的博弈，甚至可以这样说，一些主体连进行博弈的资格都是没有的，在这种情况下制定出来的法律所具有的正当性就成了问题，从而法律在具体的实践过程中能在多大程度上得到遵守也就成了问题。

另一方面，现代化潮流加剧了博弈过程中的各方利益的分化。从世界历史进程的角度看，现代化可以分为两种基本的实现途径：一是通过传统社会内部自发的因素实现现代化，二是在外部的压力下通过变革实现现代化。从制度变迁和国家作用的角度出发，蒋立山将法制现代化模式分为两种：一种是社会推动型的法制现代化模式，另一种是政府推进型模式，基于上面的判断其认为中国的法制现代化模式属于后者。① 在这一判断的基础上，我们同意周汉华对中国法律体系建设所作出的判断，即我国的法制建设一开始就是在政府的推动下进行的，表现出一种国家主导的模式，同时法律和立法也往往流于成为实现现代化的战略工具②，这在我们对《破产法》《劳动合同法》的讨论和分析之中就可以发现端倪。现代分工体系的形成，使立法部门不能充分地掌握足够的信息，而作为最大社会信息源的部门就成为法律草案起草的承担者了，同时又由于我国的法制现代化模式是政府推进型的，其所导致的最大问题是在立法的过程之中部门本位的倾向过于严重，再加之立法过程的透明度不高、诉求表达渠道不畅等，都使本来应该进入其中进行博弈的利益主体缺失了③，带来的后果就是法律表达的利益诉求与法律主体的利益诉求之间不一致，进而导致有法不依、执法不严等诸多问题的出现。所以要走出这一立法—不守法—不执法的中国式法制怪圈，制定出的法在

---

① 蒋立山："中国法制现代化建设的特征分析"，载《中外法学》1995年第4期。

② 周汉华：《现实主义法律运动与中国法制改革》，山东人民出版社2002年版，第75-116页。

③ 布小林：《立法的社会过程》，中国社会科学出版社2007年版，第36-60页。

利益表达上就必须与被法律规制的主体利益诉求相一致。那么，如何达致这种一致呢？有学者对这一问题进行了一些分析，认为问题的根源在于中国诉求表达渠道的不畅或者是缺乏相关的制度，有的学者认为根源在于中国的特殊文化形态使得民众的公共参与意识不强。对于这些判断我们基本同意，但更值得重视的就是"在现代社会，社会法治意识的形成、法治秩序的构建，不仅取决于人们的法律素养和政治理念，更主要的还在于法律是否能给他们带来方便和利益，以及带来多大的利益"①。在现有的文化模式和制度结构之下，要使法律能为人们带来尽可能大的利益，主要就在于法律要能够发现社会问题以及收集民意。对于这个目的的达致，在法律社会学这一法学方法的指导下利用具体的立法方法还是可以实现的，一如朱景文所言："法社会学区别于概念法学和自然法学的地方在于，它所研究的对象是事实，而不是规范或者价值。这就决定了法社会学具有明显的经验研究的性质。进行经验研究，就是要通过社会学的方法，实验、调查、观察和运用统计资料，研究法律现象与社会现象之间的关系。"②同样俞江也认为，在立法的过程之中是需要进行民事习惯调查的，"民事习惯调查的任务，主要是掌握市民社会在身份关系、财产关系中的习惯"，但"在这些领域，行政部门只需要发挥公共政策的指导和调控功能，不需要也不应该插手过多"。③ 这也就是说，在立法的过程中收集民意和发现社会问题的时候，一方面，要重视行政部门在其中所起的推动和协调作用；另一方面，更多的是要借助于社会学中的一些研究方法，为此，社会学中对立法方法有所启示的方法可能有问卷法、访问法、量表与测验法、观察法、实验法以及文献分析法等。由于文献分析法在以往立法的过程中使用得比较频繁，同时它也不能较好地凸显出法律社会学这一法学方法对立法方法所产生的影响，因此在这里对其不加讨论；实验法更多是在虚拟的空间之中，对特定的问题进行观察，而这与现实

① 布小林：《立法的社会过程》，中国社会科学出版社 2007 年版，第 101 页。
② 朱景文：《现代西方法社会学》，法律出版社 1994 年版，第 27 页。
③ 俞江：《近代中国的法律与学术》，北京大学出版社 2008 年版，第 224 页。

世界的生活及社会中问题的发现和民意的收集关系不大，在此也不加讨论，进而我们将主要对问卷法、访问法、量表与测验法以及观察法等进行介绍性研究。问卷法主要就是利用问卷的方法来发现问题和收集民意，其中关键的问题就在于进行问卷的设计，一般认为在进行问卷设计的过程中要注意这样几个原则：(1) 把为被调查者着想作为问卷设计的出发点；(2) 对阻碍问卷调查的因素有明确的认识，比如在调查涉及个人隐私的问题之时就应该注意保密等；(3) 尽量从多个角度来考虑问卷的设计工作。访问的过程实际上是访问者与被访问者双方面对面的社会互动过程，访问资料正是这种社会互动的产物。一般又将访问分为结构式访问和无结构式访问，结构式访问是一种对访问过程高度控制的访问，其在访问对象、访问过程等方面都是按照统一的标准和方法来进行安排的；反之，则是无结构式访问。在社会科学研究中，观察法是一种收集社会初级信息或原始资料的方法。这种方法是通过直接感知和直接记录的方式，获得由研究目的和研究对象等决定的一切有关的社会现象和社会运行的情报。①

上面对立法过程中在收集民意和发现社会问题的过程之中可能运用到的立法方法进行了基本的研究，该研究的重点在于指出法律社会学这一法学方法对立法方法以及立法过程所产生的影响。如果将上面的过程称为立法的前期准备工作的话，那么显然这种准备工作的目的就在于制定出高质量的规范性文件来，但一部规范性文件的质量如何，或究竟会产生怎样的社会效果和法律效果，也是值得重视和研究的。对于规范性文件在实施的过程中究竟产生了怎样的法律效果和社会效果，在法律社会学这一法学方法的指引之下，是可以利用建立法律指标体系的立法方法来加以研究、归纳和发现的。以李瑜青等人对劳资关系与上海民营企业的现状进行的实证研究为例②，

① 有关社会学研究中的方法问题的论述参考了这些著作：袁方：《社会研究方法教程》，北京大学出版社 1997 年版；邹农俭：《社会研究方法通用教程》，中国审计出版社 2002 年版。

② 李瑜青："劳资关系指标与上海民营企业的现状——以上海普陀区民营企业入手的研究"，载《工会理论研究》2008 年第 6 期。

他们在对这一问题进行研究的过程之中并没有重复以往学界常用的从定量研究到定性研究的路径，而是通过问卷调查法和访谈法对这一问题进行了研究。具体来说就是，首先构建起一个能够统摄这一问题的指标体系来，然后通过问卷和访谈的方法收集相关的数据，最后在足够数据资料的基础上来对问题的状况进行定性研究和分析。在对指标体系的构建中，他们设计了总分为100分的10个指标：劳动合同指标、工资报酬指标、社会保险指标、劳动保护与劳动安全指标、民营管理指标、职工文化和技能指标、权益实现指标、企业投资环境指标、企业发展指标和企业有序管理指标，然后在这些指标之下再设定较详细的、可以进行量化的指标。通过建立指标体系来对法律的实施效果进行评估，所具有的优势就在于能够使结论建立在坚实可靠的基础之上，防止流于表态性的发言，进而可以增强结论的可靠性和说服力。就此，可以发现通过建立法律指标体系对法律的实施效果进行评估的方法是可以作为一种独立的立法方法的。

一般认为，法律指标体系是一种特殊的社会指标，主要用来描述和评估某一法律的实施状况和实施效果的量的数据。法律指标体系具有具体性、可量化性、质性和时空性等特点。就法律指标体系的具体性来说，主要是指法律指标体系在评估法律实施的状况和效果的时候，不是进行一种笼统的、抽象性的表述，而是比较具体和明确的；法律指标体系的可量化性是指，对某一法律实施的效果和状况的反映与评价是通过可以计算、比较、量化的数字、符号等来进行的；法律指标体系的质性是指，指标的建立并不是毫无目的的，而是建立在一定的目的基础之上的，同时利用法律指标体系进行测量的最终目的并不仅仅在于获得数据，而在于为定性分析提供数据，所以最终目的还在于对法律的实施状况和效果进行整体性的定性分析；法律指标体系的时空性是指，法律指标体系从纵向的角度来看，会随着社会变迁而发生变化；从横向的角度来看，会随着国家与社会相互之间关系的变化而变化，也就是说法律指标体系所测量出来的数据仅仅是在一定的时空范围内才具有效果。在设计指标体系的过程中应该坚持这样几个原则：（1）目的性。

在确定指标体系中的每一个单项指标时，都应该考虑此项指标在整个指标体系中的地位和作用，依据它所反映的某一特定研究对象的性质和特征，来确定该指标的名称、含义和范围。(2) 科学性。依据一定目的设计出来的指标体系在理论上必须有科学依据，同时在实践上必须是可行而有效的。(3) 体系性。即各个单项指标应该能够相互衔接并且具有联系，只有这样才能对法律的实施状况和实施效果有全面而深刻的认识。(4) 统一性。即指标体系内部数据应该是统一的，如度量的统一性、符号的统一性等，这样指标体系才能有效地反映问题。(5) 可比性。在建立指标体系的过程中，要注意指标体系在不同地区测量之后得出的数据要具有可比性。(6) 可行性。即建立起来的指标体系在实际进行测量的过程中要便于具体的操作和分析。

社会指标体系是由许多具有内在联系的单项指标组合而成的，进而在进行指标体系设计时，既要从整体上全面地考虑指标体系所应该包含的内容及框架，也要考虑每一个单项指标的含义、范围及计算方法等。一般认为，建立指标体系包括这样几个步骤：(1) 设计出指标体系的总体性框架。即制定社会指标体系所应该包含的内容和范围，考虑如何分类、编排、设计结构与层次等。(2) 确定指标的名称、含义和范围。在确定指标体系中各项指标的名称和含义时，主要的依据是相应学科的科学概念、实践的需要，同时也要便于实际操作和分析，值得注意的就是指标的名称和含义实际上往往制约了指标的范围，因此必须科学地界定各项指标的名称、含义和范围。(3) 确定指标的计算方法和计量方法。由于任何一个指标在具体的操作中都是有着一定的社会内容的，所以就指标体系的计算来说，无论计算方法是简单还是复杂，都必须结合不同指标的性质和要求，设定相应的计量单位和计算方法。(4) 确定指标体系的时间和空间范围。由于任何指标体系所反映的内容总是在一定的时空范围内有效，所以设定好时间和空间范围就显得尤为重要了。①

① 设计指标体系的原则和过程参考了朱庆芳、吴寒光：《社会指标体系》，中国社会科学出版社 2001 年版，第 11－27 页。

参 考 文 献

一、中文著作

[1] [德]阿图尔·考夫曼.当代法哲学和法律理论导论.郑永流,译.北京:法律出版社,2002.

[2] [德]阿图尔·考夫曼.法律哲学.刘幸义,等译.北京:法律出版社,2004.

[3] 北京大学法学理论教研室.法学基础理论.北京:北京大学出版社,1984.

[4] [美]E.博登海默.法理学:法律哲学与法律方法.邓正来,译,北京:中国政法大学出版社,2010.

[5] [美]伯尔曼.法律与革命.贺卫方,等译,北京:中国大百科全书出版社,1993.

[6] [美]伯纳德·施瓦茨.美国法律史.王军,译,北京:法律出版社,2007.

[7] 布小林.立法的社会过程.北京:中国社会科学出版社,2007.

[8] 曹茂君.西方法学方法论.北京：法律出版社，2012.

[9] 陈金钊.法律方法论.北京：北京大学出版社，2013.

[10] 陈颐.立法主权与近代国家的构建：以近代早期法国法律为中心.北京：法律出版社，2008.

[11] 重庆市高级人民法院.重庆审判案例精选(第二集).北京：法律出版社，2007.

[12] 褚红军.运送正义——无锡法院裁判案例精选.北京：法律出版社，2007.

[13] [意]登特列夫.自然法——法律哲学导论.李日章，等译.北京：新星出版社，2008.

[14] 丁巧仁.民商事案件裁判方法.北京：人民法院出版社，2006.

[15] 杜吉泽，李维香.自然辩证法简明教程.北京：高等教育出版社，2007.

[16] 鄂振辉.自然法学.北京：法律出版社，2005.

[17] [美]埃尔曼.比较法律文化.贺卫方，高鸿钧，译.北京：清华大学出版社，2002.

[18] 范和生.现代社会学(上册).合肥：安徽大学出版社，2005.

[19] 风笑天.社会学研究方法.北京：中国人民大学出版社，2001.

[20] 高其才.法理学.北京：清华大学出版社，2007.

[21] 葛洪义.法与实践理性.北京：中国政法大学出版社，2002.

[22] 葛洪义.法律方法讲义.北京：中国人民大学出版社，2009.

[23] 郭星华.法社会学教程.北京：中国人民大学出版社，2015.

[24] [美]汉斯·采泽尔，戴维·凯.用数字证明——法律和诉讼中的实证方法.黄向阳，译.北京：中国人民大学出版社，2008.

[25] 何家弘，刘品新.证据法学.北京：法律出版社，2008.

[26] 何勤华，严存生.西方法理学史.北京：清华大学出版社，2008.

[27] 何勤华.西方法律思想史.上海：复旦大学出版社，2009.

[28] 何勤华.西方法学流派撮要.北京：中国政法大学出版社，2003.

[29] 何勤华. 西方法学史. 北京：中国政法大学出版社，2003.

[30] 侯淑雯. 立法制度与技术原理. 北京：中国工商出版社，2003.

[31] 黄茂荣. 法学方法论与现代民法. 北京：中国政法大学出版社，2001.

[32] 黄茂荣. 法学方法与现代民法. 北京：法律出版社，2007.

[33] [美] 黄宗智. 过去和现在：中国民事法律实践的探索. 北京：法律出版社，2009.

[34] [美] 吉尔兹. 地方性知识——事实与法律的比较透视//邓正来，译/编. 西方法律哲学文选(下). 北京：法律出版社，2008.

[35] 金观涛，刘青峰. 观念史研究. 北京：法律出版社，2009.

[36] [德] 卡尔·恩吉施. 法律思维导论. 郑永流，译. 北京：法律出版社，2004.

[37] 孔祥俊. 司法理念与裁判方法. 北京：法律出版社，2005.

[38] [苏] 拉契科夫. 社会关系——一般理论问题. 王中宪，谭英秋，译. 北京：东方出版社，1991.

[39] 李步云. 法理学. 北京：经济科学出版社，2000.

[40] 李瑜青. 法理学. 上海：上海大学出版社，2005.

[41] 李瑜青. 法律社会学教程. 上海：华东理工大学出版社，2009.

[42] 梁慧星. 裁判的方法. 北京：法律出版社，2012.

[43] 梁慧星. 民法解释学. 北京：中国政法大学出版社，1995.

[44] 中央编译局. 列宁选集(第 1 卷). 北京：人民出版社，1972.

[45] 刘治斌. 法律方法论. 济南：山东人民出版社，2007.

[46] 刘焯. 法社会学. 北京：北京大学出版社，2008.

[47] 中央编译局. 马克思恩格斯选集(第 1 卷). 北京：人民出版社，1995.

[48] 中央编译局. 马克思恩格斯选集(第 3 卷). 北京：人民出版社，1972.

[49] 中央编译局. 马克思恩格斯选集(第 4 卷). 北京：人民出版社，1995.

[50] [德] 曼海姆. 意识形态与乌托邦. 黎鸣，等译. 北京：商务印书馆，2007.

[51] [英] 梅因. 古代法. 沈景一，译. 北京：商务印书馆，1959.

[52] [美] 诺内特，塞尔兹尼克. 转变中的法律与社会. 张志铭，译. 北京：中国政法大学出版社，1994.
[53] 欧力同. 孔德及其实证主义. 上海：上海社会科学院出版社，1987.
[54] [美] 帕克，伯吉斯，麦肯齐. 城市社会学. 北京：华夏出版社，1987.
[55] 潘德勇. 实证法学方法论研究. 北京：中国政法大学出版社，2015.
[56] 强世功. 法制与治理：国家转型中的法律. 北京：中国政法大学出版社，2003.
[57] 任东来，陈伟，白雪峰. 美国宪政历程：影响美国的 25 个司法大案. 北京：中国法制出版社，2005.
[58] [美] 萨义德. 东方学. 王宇根，译. 北京：三联书店，1999.
[59] 沈宗灵. 法理学. 北京：高等教育出版社，1994.
[60] 沈宗灵. 法理学. 北京：北京大学出版社，2009.
[61] 沈宗灵. 法学基础理论. 北京：北京大学出版社，1988.
[62] 舒国滢. 法学方法论问题研究. 北京：中国政法大学出版社，2007.
[63] 苏联科学院法学所. 马克思列宁主义关于国家与法权理论教程. 北京：中国人民大学出版社，1955.
[64] 孙国华. 法学基础理论. 北京：法律出版社，1982.
[65] 孙笑侠. 法律对行政的控制. 济南：山东人民出版社，1999.
[66] 王泽鉴. 法律思维与民法实例. 北京：中国政法大学出版社，2001.
[67] [德] 魏士德. 法理学. 丁晓春，吴越，译. 北京：法律出版社，2003.
[68] 翁子明. 司法判决的生产方式：当代中国法官的制度激励与行为逻辑. 北京：北京大学出版社，2009.
[69] [英] 沃克. 牛津法律大辞典. 李双元，等译. 北京：法律出版社，2003.
[70] 吴方桐. 社会学教程. 武汉：华中师范大学出版社，2007.
[71] 奚从清. 现代社会学导论. 杭州：浙江大学出版社，2012.
[72] 徐爱国. 分析法学. 北京：法律出版社，2005.
[73] 杨仁寿. 法学方法论. 北京：中国政法大学出版社，2013.

[74] 俞江. 近代中国的法律与学术. 北京：北京大学出版社，2008.

[75] 虞山襟霞阁. 刀笔菁华. 北京：中华工商联合出版社，2001.

[76] 于语和. 民间法. 上海：复旦大学出版社，2008.

[77] 袁方. 社会研究方法教程. 北京：北京大学出版社，1997.

[78] 张乃根. 当代西方法哲学主要流派. 上海：复旦大学出版社，1993.

[79] 张文显. 法理学. 北京：高等教育出版社，2011.

[80] 张文显. 法哲学范畴研究. 北京：中国政法大学出版社，2001.

[81] 张文显. 西方法社会学的发展、基调、范围和方法//李循. 法律社会学. 北京：中国政法大学出版社，1999.

[82] 郑永流，等. 法律论证与法学方法. 济南：山东人民出版社，2005.

[83] 郑永流. 法学方法抑或法律方法//郑永流. 法哲学与法社会学论丛(六). 北京：中国政法大学出版社，2003.

[84] 周汉华. 现实主义法律运动与中国法制改革. 济南：山东人民出版社，2002.

[85] 周宁. 天朝遥远. 北京：北京大学出版社，2006.

[86] 周旺生. 法理学. 西安：西安交通大学出版社，2006.

[87] 周相卿. 法人类学理论问题研究. 北京：民族出版社，2009.

[88] 朱景文. 法理学. 北京：中国人民大学出版社，2008.

[89] 朱景文. 法社会学. 北京：中国人民大学出版社，2005.

[90] 朱景文. 现代西方法社会学. 北京：法律出版社，1994.

[91] 朱力宇，张曙光. 立法学. 北京：中国人民大学出版社，2001.

[92] 朱庆芳，吴寒光. 社会指标体系. 北京：中国社会科学出版社，2001.

[93] 邹碧华. 要件审判九步法. 北京：法律出版社，2010.

[94] 邹农俭. 社会研究方法通用教程. 北京：中国审计出版社，2002.

[95] 左玉河. 从四部之学到七科之学——学术分科与近代中国知识系统之创建. 上海：上海书店出版社，2004.

二、中文期刊文献

[1] 陈金钊.法律思维及其对法治的意义.法商研究,2003(6):62-70.

[2] 高其才.论中国少数民族习惯法文化.中国法学,1996(1):71-80.

[3] 葛洪义.法律方法与几个相关概念的比较.法制与社会发展,2010(3):125-132.

[4] 顾肃,[日]小田桐忍.法律实证主义的哲学基础与方法论特色.南京大学学报(哲学·人文科学·社会科学版),1995(2):112-118.

[5] 何海波.何以合法?对“二奶继承案”的追问.中外法学,2009(3):438-456.

[6] 胡晓进,任东来.保守理念与美国联邦最高法院——以1889—1937年的联邦最高法院为中心.美国研究,2003,17(2):48-72.

[7] 胡玉鸿.方法、技术与法学方法论.法学论坛,2003(1):101-104.

[8] 胡玉鸿.西方三大法学流派方法论检讨.比较法研究,2005(2):20-32.

[9] 黄辉.法学实证研究方法及其在中国的运用.法学研究,2013(6):15-18.

[10] 黄竹胜.法律方法与法学的实践回应能力.法学论坛,2003(1):104-105.

[11] 蒋立山.中国法制现代化建设的特征分析.中外法学,1995(4):10-17.

[12] 李其瑞.论法学研究方法的多元化趋向.法律科学,2004(4):16-22.

[13] 李瑜青,等.劳资关系指标与上海民营企业的现状——以上海普陀区民营企业入手的研究.工会理论研究,2008(6):21-24.

[14] 李瑜青,张建.论民间法研究的内在精神.甘肃政法学院学报,2010(4):25-31.

[15] 林来梵,张卓明.论法律原则的司法适用——从规范性法学方法论角

度的一个分析. 中国法学,2006(2):122-132.

[16] 林来梵,郑磊. 法律学方法论辩说. 法学,2004(2):3-10.

[17] 刘爽. 中国立法,技术“阻劣”——周旺生教授访谈. 法律与生活,2004(4):10-13.

[18] 马青连. 法律解释目标评析——寻求中国语境中判决理由的正当性. 铜陵学院学报,2009(1):71-73.

[19] 潘德勇. 从价值到事实:法学实证方法的变迁. 社会科学,2015(3):100-109.

[20] 戚渊. 法律方法与法学方法. 政法论坛,2009(2):35-42.

[21] 舒国滢. 17、18 世纪欧洲自然法学说:方法、知识谱系与作用. 比较法研究,2014(5):1-19.

[22] 苏力. 解释的难题:对几种法律文本解释方法的追问. 中国社会科学,1997(4):11-32.

[23] 童之伟. 法律关系的内容重估和概念重整. 中国法学,1999(6):24-32.

[24] 吴春雷. 试析夫妻相互忠实的法律底线——以偷查妻子通话清单引发隐私权纷争为例. 理论与现代化,2008(6):114-117.

[25] 吴丙新. 法律漏洞补充理论的三个基本问题. 法制与社会发展,2011(2):17-27.

[26] 谢晖. 论诸法学流派对法律方法的理论支援. 法律科学:西北政法大学学报,2014(2):3-14.

[27] 严存生. 作为技术的法律方法. 法学论坛,2003(1):99-101.

[28] 湛洪果. 法律思维:一种思维方式上的检讨. 法律科学:西北政法学院学报,2003(2):9-14.

[29] 张文显. 超越法律实证主义和自然法理论:制度法理学的认识——方法论和本体论. 比较法研究,1995(1):74-88.

[30] 张文显. 权利时代的理论景象. 法制与社会发展,2005(5):3-15.

[31] 郑成良. 论法治理念与法律思维. 吉林大学社会科学学报,2000(4):3-10.

[32] 郑永流. 道德立场与法律技术:中德情妇遗嘱案的比较和评析. 中国法学,2008(4):179-189.

[33] 郑永流. 法律判断形成的模式. 法学研究,2004(1):140-149.

[34] 郑玉双. 法律道德主义的立场与辩护. 法制与社会发展,2013(1):117-125.

[35] 周雪峰,李龙. 从方法论视域论理性的法和法的理性:兼论自然法学与实证法学的异同. 贵州大学学报(社会科学版),2010,28(6):41-49.

[36] 周永坤. 法学的学科定位与法学方法. 法学论坛,2003(1):96-99.

[37] 周祖成,张印. 对奥斯丁法律概念的再认识. 现代法学,2015(1):184-193.

三、文件及其他文献

[1] 《[2001]泸民一终字第 621 号》民事判决书。

[2] 《[2001]四民初字第 645 号》民事判决书。

[3] 《[2003]肇刑初字第 26 号》刑事判决书。

[4] 《[2007]民二终字第 33 号》民事判决书。

[5] Plessy v. Ferguson,163 U. S. 537(1896).

后　记

本书是集体智慧的结晶，我所在的华东理工大学法律社会学研究中心工作团队的一些研究人员积极参加了本书的创作。其中：第一章“方法上的一个问题”由李瑜青、夏伟执笔；第二章“从法学方法到法律方法”、第七章“法律推理与法律论证”、附件“立法如何为司法创设基础”，由张建、李瑜青执笔；第三章“法律渊源与法律发现”、第四章“案件事实查明”、第五章“法律解释”、第六章“法律漏洞填补”，由邢路、李瑜青执笔。李瑜青设计了全书整体的研究框架，最后由李瑜青、李思豫对全书进行了统稿、修改等工作。华东理工大学出版社对本书的出版予以了资助，在此表示深切的谢意！

李瑜青

2016 年 12 月 8 日